Kanae Yamaguchi

山口　香苗 著

市民がつくる
社会の学び

台湾「社区大学」の展開と特質

大学教育出版

市民がつくる社会の学び
― 台湾「社区大学」の展開と特質 ―

目　次

図表一覧

市民がつくる社会の学び
― 台湾「社区大学」の展開と特質 ―

序　章

研究の課題と方法

1. 研究の課題意識

　本研究は、台湾において、1990 年代末に社会の民主化運動とともに生まれ、近年急速な発展を見せている社区大学を取り上げ、その理念と展開、および実践の特徴を明らかにし、その台湾社会における位置づけをとらえようとするものである。

　台湾における新たな教育・学習の場である社区大学の設置と普及は、台湾の歴史と密接な関係をもっている。台湾は、1894 年から 1895 年の日清戦争による清朝の敗北によって日本に割譲され、半世紀にわたって日本の植民地下におかれ、1945 年に解放された。しかし、解放の喜びもつかの間、台湾民衆は国民党の圧政下におかれることとなり、さらには 1949 年から 1987 年までの長期にわたり、戒厳令下での生活を余儀なくされた。しかし、厳しい統制下におかれながらも、東西冷戦という世界情勢の中で、社会主義中国に対する前線となっていた台湾は、良好な対米関係を基礎に、1960 年代から経済が飛躍し、1980 年代にかけて急速な経済発展を遂げ、香港、韓国、シンガポールとともにアジアの「4 つの小龍」とまで称されるようになった。これによって、経済的な中間層の形成がなされ、戒厳令解除（1987 年）後の 1990 年代には、この中間層を基盤に、社会の民主化を進めるための数多くの社会運動が展開された[1]。

　これらの運動の主翼を担っていたのが四一〇教育改革運動である。1994 年4 月 10 日に台北市内で初めてのデモ行進が行われたことで、「四一〇」教育改

革運動と称されるようになったこの運動は、民衆が教育改革を目指す知識人や市民団体を中核として、政府に教育体制の改革を訴えたことで、全国的にも広まっていったものである。社区大学は、この運動のリーダーであった黄武雄らが提唱した「知識の解放と市民社会の実現」という理念、つまり市民に大学教育を開放することで、知識を一部の知識人や上流階層の手から解放し、これによって高度な自覚的市民を育成することを通じて、市民社会を建設するという理想に基づいて構想され、設けられたものである。すなわち、社区大学は、38年間の長きにわたって戒厳令が敷かれた台湾社会の民主化をよりいっそう推し進め、市民が自らの手で民主的な社会である市民社会を形成し、その社会を担う主体となるための拠点として設けられたものといえる。

　社区大学の歴史と理念については、本書の第1章で詳述するが、こうした社会運動の産物である社区大学は、高等教育の社会への開放を目指すものとして、中央政府ではなく地方政府が設置する、成人のための高等教育機関として、当初、構想された。ここでいう高等教育機関とは、正規の四年制大学のことであり、短期大学や職業教育を行う高等専門学校や専門学校のような機関ではない。社区大学は正規の四年制大学と同様、単位や学位の授与も可能なものとして構想されたのである。しかし、正規の大学といっても独自の校舎をもたないことや、18歳以上であれば学歴を問わずに学習できるなどの点が、大学とは異なるものであり、これまでにない新たな形態の大学として提唱された。そして、そこでの講座は、大学の講義に匹敵する学術的な教養教育を提供する学術課程、市民の文化水準を高めるための文化教養学習の機会を提供する生活芸能課程、市民が社会団体（以下、社団という）を組織して、学習成果を社会的な実践へとつなげていく社団活動課程の3種類をおき、これらの学習を通じて、市民が公共政策に関与することを促し、市民を中心とした民主的な社会、つまり市民社会を形成していくことを目指すものとされた[2]。

　しかし、実践の過程で現実化した社区大学は、構想のような正規の高等教育機関としての大学ではなく、市民の多様な学習要求に応えるための生涯学習機関として設置され、学位授与なども行っていない[3]。しかも、講座は特に生活芸能課程が市民の支持を得て、急速に拡大するようになっており、構想通りの

姿になっているわけではない。

　こうした社区大学の現状は、社区大学を構想し、設置を進めてきた黄武雄ら教育改革者を中心とした啓蒙主義的な立場からは、本来の理念からの逸脱として批判されてきた。台北市文山社区大学の初代主任であり、教育改革運動のメンバーでもある蔡傳暉（2000）は、「社区大学の基本理念と発展現状」において、多くの学習者は大学に憧れをもっており、社区大学は大学としての風格をもつからこそ学習者を引き付けているのだから、余暇の充実を目的にしたような講座に偏ったり、単に学習者の需要や市場原理に従って講座を設置したりすべきではないとし、社区大学の大学としての役割、つまり高等教育の機会を提供するという役割を重視するとともに、理念を中心にして社会改革につながる学習をすべきであるとした[4]。

　台湾師範大学教授で社会教育学研究者であり、社区大学のあり方についても影響力をもっている林振春（2001）は、「社区大学の危機と挑戦」において、社区大学を高等教育機関としての大学としてとらえてはいないものの、社区大学は経営のために市場の需要によって講座を開講し、生活芸能課程ばかりを発展させていく現状があると指摘し、余暇の充実のような生活芸能課程の講座を多く開設することは、社区大学の運営にとって「市場化の危機」であると表現した[5]。同じく社会教育学研究者である黄富順（2002）も「台湾地区の社区大学の発展と省察」において、学術課程や社団活動課程といった学術性、公共性の強い講座の学習者はとても少なく、開講不能に陥っているものの、生活芸能の講座は民衆の熱烈な参加と反響を獲得しているとし、「これは民衆の実用的な学習の意向を示すもので、この発展趨勢は社区大学が掲げた目標とは不一致、むしろどんどん離れていく現象がある」とし、「社区大学の目標と理想は、民衆の実際の要求とは大きな落差がある」[6]と指摘した。このように、市民からは趣味や生活に活かせる実用的なものへの需要が高く、そのために社区大学がこれに応えて、生活芸能課程ばかりを展開していくことは、社区大学の本来のあり方とは異なるため、理念と実践の乖離として問題視され、そしてこれらは改善されるべきであると考えられてきた。

　しかし、市民が社区大学の設置理念に基づくような学術性、公共性が高いと

される課程の講座より、生活芸能課程といった文化教養講座を好み、それを発展させながら学習を志向するようになっているという現実には、市民が生活している社会の構造や、市民の価値観などの影響があると見るべきではないだろうか。こうした観点から、本研究の初歩的な課題意識を述べれば、それは、社区大学がなぜ市民によって本来の理念とは異なる方向へと利用されてきたのかその原因を探り、そしてそれによって社会の構造的な変化や、それにともなう価値観の変化をとらえ、市民がつくり出す社会のあり方について考えることである。そのためには、教育改革者や研究者が主張する社区大学の理念だけでなく、社区大学の利用者である市民の視点から社区大学をとらえておく必要がある。以上のような課題意識のもと、まず先行研究を検討していくこととする。

2. 先行研究の検討

2.1 日本における社区大学の先行研究

　社区大学の先行研究は日本においては少なく、楊武勲と楊碧雲による論文があるのみである。楊武勲は、博士論文の中で社区大学について言及しており、しかも、社区大学を高等教育機関としての大学とみなす立場から、その特殊性や課題について論じている。楊武勲（2004）は、博士論文「大学改革下の大学開放の研究：日本・台湾の比較を含めて」の中で、「社区大学は生涯教育と高等教育との接点にあり、社会改造の実践の場でもあり、一種の大学開放でもある」「高等教育および生涯学習の接点における改革のみならず、人的・システム的ともに大学開放に大きな示唆を与えている」と、教育改革者たちの主張同様、社区大学の形態がこれまでの伝統的な大学とは異なり、特殊性をもっていることを強調し、これが大学開放の新たな側面を開いていると述べている[7]。

　また、社区大学の課題として、社区大学は、生涯学習法に非正規教育の一部として規定されたとはいえ、台湾の高等教育政策は依然として中央政府が主導権を握っているため、民間運動を背景にもつ社区大学は、容易に政権交代の影響を受ける可能性があること、福祉政策などの予算拡大によって社区大学の予算配分が縮小することで、社区大学の安定性が脅かされる可能性があることを

指摘し、政府・社会との信頼関係の構築とさらなる組織化・体系化が必要であると指摘している[8]。

　楊武勲は、社区大学の隆盛の背景には、生涯学習の思潮、市民による学歴社会是正の要求と市民社会づくりがあることや、社区大学の形態の特色、抱えている課題などを明確にしているが、社区大学を高等教育の機会を与える大学ととらえている点で、実現化した実際の社区大学をとらえきれていないといえる。

　また、台北市政府教育局の専門員として、台北市社区大学の設置・監督業務を担った楊碧雲は、自身の論考（2006）「台北市社区大学の設立とその発展・評価」[9] において、台北市では、社区大学を大学ではなく生涯学習機関として設置し、市民に多様な学習機会を提供していると、台北市における社区大学の位置づけを明示するとともに[10]、設置から10年以上が経つと、台北市社区大学は市民社会の建設につながる多くの公共課題学習を展開していること[11]、地域づくりのための中心的な学習施設としても位置づくようになってきていることを報告している[12]。しかし、これらの論考は、台北市社区大学の紹介や現状を報告するにとどまるものである。

　これらの研究は、社区大学設置の背景と理念、社区大学の法的位置づけや財政的な問題などに言及し、新しい教育・学習機関である社区大学の特徴と課題を提示している。しかし、運動から始まった社区大学がどのようにして台北市政府によって認可・開設されるに至るのかといった点や、大学として構想された社区大学が、なぜ生涯学習機関として設置されたのかという、社区大学の設置過程の詳細な内容にまでは触れられないままになっている。一方で、台湾では社区大学に関する研究は、かなりの量的な蓄積がある。どのような研究がなされてきたのか、以下、台湾における先行研究を検討していく。

2.2　台湾における社区大学研究の種類

　台湾で発表された著作・論文を保管する国家図書館の検索サイトで、「社区大学」との用語が題目についている学術誌掲載の論考を検索すると、2018年4月現在で233編ある。また、台湾全土の大学に提出された、社区大学をテーマにした修士・博士論文は同じく2018年4月現在で307編（そのうち博士論

文は16編）ある。多くの論者が社区大学をテーマにした論考を発表している
ため、その内容も多岐にわたる。すべての先行研究を内容別に分類し、その本
数を示すと、表1のようになる。⑦のその他に分類した実践報告や学習者の感
想を除き、それぞれの内容を概観すると、以下のようにいえる。

　①学習者を主題にした研究は、一見、学習者に焦点を当てているように見
えるが、学習者を社区大学の理念に一致させることを目的とする、理念ありき
のものが多い。これらの論文は、学習者の需要を分析し、社区大学の運営に役
立たせようとするものと、社区大学は理念と現実に差異が生じていることを背
景に、学習者の需要把握によって、理念実現のための方途を探ろうとするもの
の大きく2つに分類が可能である。例えば、前者の例として、魏銀河（2003）
は、学習者は講座内容や教師の教え方には高い満足度を示しているが、社区大
学の行政的なサービスには満足していない傾向にあり、また、講座が市民社
会の建設や社区（おおよそ「地域」の意味。4.2で詳述）づくりとの関わりが

表1　台湾における社区大学をテーマとした先行研究の内容分類

論文の内容		編数	
		学術誌掲載論文・報告	学位論文
①	学習者を主題にしたもの（需要、満足度、動機、社区意識など）	19	108
②	社区との関わりを主題にしたもの（社区づくり、社区の学習ネットワーク構築など）	10	16
③	講座を主題にしたもの（計画、内容、効果、形式など）	44	56
④	教師を主題にしたもの（教育方法、専門職化、クラス経営など）	10	28
⑤	経営に関するもの（財政、業務評価、校務、職員養成、ボランティアの育成など）	17	58
⑥	理念、歴史、制度、位置づけ、外国比較などの原理	79	41
⑦	その他（実践報告、学習者の感想など）	54	0
	合計	233	307

出典：国家図書館サイト（https://www.ncl.edu.tw。最終閲覧 2018/4/28）で検索した情
　　報をもとに筆者作成。

薄いと感じていることなどを明らかにし、安定した運営のために、学習者の評価の低い部分を強化していく必要性を述べている[13]。また、後者の例として、黄玉湘（2002）は、学習者の動機は趣味学習が最も多いため、学習者の需要を考慮して講座を開講する必要があるが、同時に理念に近い講座をもっと強化するとともに、理念と現実との差異を縮小するために、理念を適度に修正することや、生活芸能課程でみられるような学習者の学習に対する熱意によって、この差異を調整していく必要があるとしている[14]。このように、学習者を主題にした論考は、学習者をサービス提供の対象とみなし、運営に役立たせるために学習者の情報分析を行うもの、あるいは学習者の需要に合わせた講座の開講の重要性を述べると同時に、理念と現実の差異があることに触れ、これらを調整していくことが今後の課題であると結論づけるものがほとんどである。

　一方、学習者へのインタビューから、学習者の変容を分析する論考も提出されている。これらは、社団活動課程の学習者を対象に、彼らが学習によって社区に対する意識を高めていることを主張するものが多い。周聖心（2006）は、公共課題学習を行う社団の学習者の自己変容に迫り、学習者が自己実現を果たし、人と交流することによって自己認識が変化し、さらにそこで社会実践を行うことで、公共へと意識が開けていっていることを明らかにしている[15]。劉秀香（2013）も、環境保護活動を実践する社団の学習者は、公共への関心ではなく、職能の向上と個人的興味から学習に来ているが、社団活動課程での学習経験によって環境問題に目を向けるようになり、積極的に社区に関わっていくようになっていることを明らかにしている[16]。これらの研究は、学習者の内面に焦点を当てたものといえるが、結果的には、こうした学習者の変化を示すことで、市民社会構築のための社団活動課程の有用性を示すことに重点がおかれているといえる。

　②社区大学の社区との関係について論じるものは、社区の学習拠点である社区大学は、社区とどのように連携していくべきかを問い、先駆的な学習活動を紹介するものが多い。例えば、巫吉清（2006）[17]は、社区にある住民組織である社区発展協会と社区大学の関係について論じており、李瑋婷（2013）[18]は、台南市社区大学の分校と社区の協働による学習活動を論じている。これらは、

社区大学が社区組織と連携して講座を開講することや、積極的に学習活動を展開していくことを提案し、社区大学の社区づくりにおける役割を確立していこうとするものであるといえる。

　③社区大学の講座編成について論じたものは、いかに学習者が集まり、そして教育効果の高い講座を計画するのかを問うものが多く、その代表として、徐敏雄（2008、2009）[19]の研究が挙げられる。徐は、社区大学の生活芸能課程は増加していくが、学術課程と社団活動課程の開講率が低いことの背景には、学習者の嗜好の問題だけでなく、講座の質も関わっているとし[20]、主に1980年代のアメリカで使われたという「融入式課程（infusion curriculum）」の視点から、社区大学の講座編成を論じている。これは、学術課程のような客観的で抽象的な内容と、生活芸能課程のような学習者の生活世界に近い内容を組み合わせて教授することで、抽象的な内容だけでなく、また学習者の経験に基づいた感覚的な内容だけでもない、知識と体験を融合した講座の計画を提唱するものである。学習者が集まるような質の高い講座を、いかにして計画するかを問うものといえる。

　④教師に焦点を当てた研究は、教師の専門性の指標づくりや、教師が抱えている困難を明らかにし、教師自身がこれを克服していくための方法や、社区大学が教師に対して行うべき支援を論じる研究が多い。黄昭誌（2006）[21]は、社区大学が教師の専門性を高めていくための研修を計画する際に役立てられるよう、社区大学の教師がもつべき専門性を検討し、それを指標化しており、徐心浦（2004）[22]も、社区大学の教師が教育を行ううえで抱えている困難と、その困難をどのように克服しているのかを調査し、社区大学が行うべき支援の提案を行っている。社区大学の教師はさまざまな領域の専門家ではあるものの、必ずしも、生涯学習の知識や成人に教える経験が豊富にあるというわけではないことから、これらの研究は、こうした教師が、成人の学習の場である社区大学で教えるうえでの能力向上を目的にするものであるといえる。

　⑤社区大学の運営に関する研究は、社区大学の業務評価や、職員の専門性向上のための研修を行ううえで役立てることのできる指標作成を行う研究が数多く見られる。郭怡立（2010）[23]は、社区大学の継続的で安定的な運営のために、

企業で用いられる業務評価を取り入れることを提案しており、張涵洋（2002）[24)]
や梁恩嘉（2010）[25)] は、社区大学の学習活動を計画する職員や教師の専門能力
を調査して指標を作成し、必要な研修内容を提案している。社区大学の永続的
な運営に資することを目指すものといえる。

　そして、先行研究の中で最も大きな比重を占め、しかも上述したこれらの研
究の前提になってきたものとして、⑥の理念研究がある。次に、理念研究の論
述を見ていく。

2.3　台湾における社区大学研究の論調

　社区大学の理念に関する論文は、社区大学の実態を、社区大学の設置理念で
ある「市民社会の建設」という視点から検証しようとする研究が数多く見られ
る。既述のように、社区大学の学術課程や社団活動課程などの、学術的なもの
と公共課題を内容とするものに学習者がなかなか集まらないことは、理念と現
実の乖離とされてきたが、理念研究は、この乖離状態をいかに解消していくの
かを問い、社区大学がなすべきことを説くというものである。そのために、そ
のなすべきこととして、上述した学習者需要の把握や社区との連携、講座設
計、教師、経営の視点を切り口にして、社区大学を論じてきたという面がある。

　そこで、ここでは特に、理念研究の論調を検討しておく。陳定銘（2002）
「台湾社区大学の研究：市民社会建設と生涯学習政策の実践」（「台湾社区大学
之研究：公民社会建構与終身学習政策的実践」）は、社区大学は、市民社会形
成のために重要な役割を果たしている非営利組織（NPO）が運営を行ってい
るため、公共的、ボランティア的、非営利的、社区的な特質をもち得るが、現
状においては、宗教団体が教育改革に参入し、社区大学の経営を担うように
なっており、こうした宗教団体は人心の成長、精神の改良を目的にするがゆ
えに、民衆の需要に合わせた講座の開講をしていったため、「市民社会の構築」
という理念からは遠ざかることになったとしている [26)]。そのため、生活芸能
課程に偏っている社区大学がやるべきこととして、社団活動の活性化、生活芸
能課程の講座から社団を組織すること、ワークショップの開催、1週間は公共
課題の講座のみを開講する「公民週間」の設定、学習者、教師、職員、行政な

ど、多様な人びとが公共課題を討論する公開の場である「公共論壇」の開催などを挙げ、学習者の社区への参加を促していく必要があるとしている[27]。

　陳翠娥（2000）「社区大学による公民意識形成の研究：台北市４つの社区大学を例に」（「社区大学建構公民意識之研究：以台北市四所社区大学為例」）は、学術課程と社団活動課程の開講率が低いという現状をもとに、どのようにしてこれらの課程の開講率を高め、市民社会の構築を行うのかを論述している。陳は、公共論壇の開催、NPOとの協力、社団活動の活発化、政府機関や社区組織と住民の協働の機会の創出によって、学習者の公民としての意識を形成していく必要を述べている[28]。

　曹議鐸（2004）「宜蘭社区大学における市民社会の建設」（「宜蘭社区大学公民社会之建構」）も、公共論壇、社団の社会参加、公益活動への参加、社区大学の非営利組織としての経営、社区形成の講座の開設などが、学習者の公共事務への参加と公民としての意識の向上のためには重要であるとしている[29]。

　これらの研究は、市民社会の実現のためには、公共論壇や公民週間の設定、社区活動の強化など、社区や社会問題などを扱ういわゆる公共的な学習活動を、社区大学は強化すべきであると主張するものが一般的である。つまり、黄武雄のいう規範的な市民社会像に社区大学を一致させていくために、市民を啓蒙していく学習活動を社区大学が促進することを説くものといえる。

　こうした理念と公共的な学習活動の重要性を主張する研究が先行するなかで、周玉泓（2001）「公民意識の実践ロジック：台湾社区大学の歴史発展とケーススタディーの比較研究」（「公民意識的実践邏輯：台湾社区大学歴史発展与個案比較研究」）は、２つの社区大学を事例に、社区大学は「知識の解放と市民社会の実現」という理念をもとに、学術・生活芸能・社団活動課程の３つをおいている点に普遍性をもつが、運営者や社会資源の違いにより、それぞれの運営は特殊性をもつとし、理念を同じくする社区大学でも、それぞれの社区大学の条件によって、学習者の公民意識を形成するプロセスは異なっていることを指摘している[30]。これは、社区大学といっても多様性があるという事実に言及している点で、規範的な社区大学像にどのように現実の社区大学を合わせていくのかを問う上述の先行研究とは異なっているといえるが、社区大学の異な

る特徴を提示したにとどまっている。

　このように、目指すべき市民社会の姿に社区大学を導いていくべきだと主張し、その方法を提案する理念研究は、社区大学設置後10年が経った後も続いた。林美和（2008）は、「生活芸能課程の計画は、やはり市場原理に傾いている。民衆の需要にかなうものではあるが、当初の社区大学の設置理念とは距離がある」とし、これを解決するために「業務評価を通じて、計画性のある課程の研究・開発を奨励し、学術性の課程の他にも、市政の宣伝に合わせた公民週間活動を開催し、社区民衆を教育して現代公民としての素質を育成することを通じて、市民社会を建設する必要がある」としている[31]。林は、設置理念に近づくための課程をおくことで、民衆を公民へと教育していくことを提案しており、啓蒙主義的に社区大学をとらえているといえる。

　また、徐敏雄（2008）も社区大学がこの10年で量的、質的にも発展を遂げたことを高く評価しながらも、「心配なのは、1998年から今まで、台北市の多くの社区大学で学術課程の学習者募集が困難な状況にあることである。生活芸能課程には学習の価値が欠如していると言いたいのではなく、興味深いのは、学習が『私人』あるいは『個人』の側面に偏っており、『公共』や『集団』という議題にはなかなか関心が及ばないという点である」[32]としている。徐は、学術学習は公共的であるが、生活芸能のような学習は、私的、個人的であると認識したうえで、公共的ととらえられる学術課程を充実させていくために、講座を計画する教員と職員の力量向上と、講座の工夫を提唱している[33]。徐と同様に、生活芸能課程のような趣味的な学習は私的であるという認識は他の研究者にも見られ、楊志彬（2008）も、個人化する学習をどのように公共化するのかが、今後の社区大学の課題であるとしている[34]。

　こうした「公」と「私」という対立的な概念について、社区大学の設置に関わった教育改革者であり、市民社会論者の一人でもある顧忠華（2005）は、欧米の学者の理論を援用して、それが及ぶ範囲、その働きを享受できる人の多寡、分配の正義、あるいは人類に対する貢献などを考慮に入れて「公」と「私」を区分できるとし、最も直接的な区分方法は、その可視性と集合性による区分であるとしている。可視性から見ると、それが及ぶ範囲が広く、不特定の人

が接近あるいは使用することができるものが「公」、その反対が「私」であり、集合性から見ると、多数あるいは集合が「公」であり、個人を「私」とすることができるとしている[35]。こうした解釈を参考にすると、徐や楊は、人類の知的財産としての高度な学術知識を獲得していく学術課程や、広く社会実践を行っていく社団活動課程は「公」であり、学習者の趣味という個人的な嗜好を基礎におく生活芸能課程は「私」であると認識しており、そのため、社区大学は「公」を重視すべきものであるから、「私」の生活芸能課程を発展させていくのは問題であるという立場をとっているといえる。

このように、教育改革者と研究者は、学術課程や社団活動課程には学習者が集まりにくい一方で、生活芸能課程には学習者があふれることは、市民の意識が個人的に興味・関心のある趣味という「私的な領域」にとどまっているためと解釈したのであり、そして、こうした現状を打破するには、公民週間や公共論壇、社区活動の強化が必要であり、これによって市民を教育・啓蒙するとともに、市民を指導する教師や職員の力量を形成していくことが重要だと考えたといえる。こうした先行研究に共通しているのは、黄武雄らが主張した理念的な社区大学をあるべき姿とし、この姿に社区大学の実践を一致させるために、市民を教育・啓蒙し、導いていくべきであるという、きわめて規範的、啓蒙主義的な視点であるといえる。

上述のような研究に加えて、社区大学が設置10年を過ぎた頃から、理念の再検討を行う研究も見られるようになった。張德永（2009）は、「社区大学の核心理念実践の探究と検証」（「社区大学核心理念実践之探究与検証」）において、「公共領域への参加」といったとき、各社区大学によって解釈が異なり、これまでの理念が曖昧になっていると指摘し、社区大学関係者への聞き取りから、理念は「知識の解放と市民社会の実現」のほかにも、「社会的弱者へのエンパワーメント」や「社区への参加と改革」などを含んで解釈されていることを明らかにしている。そのため、こうした多様化する解釈を含むかたちで、新たに理念をおく必要があるとしている[36]。

また、社会のグローバル化によって、社区大学の理念を再検討していく必要があると説いたのは陳淑敏、胡夢鯨、蔡秀美らである。これらの論調は、1990

年代以降、アメリカを中心に論じられるようになった「地球市民社会（global civil society）」や「国際市民社会（international civil society）」概念[37] から影響を受けたものと考えられる。陳淑敏（2006）は、「グローバル化における成人のシチズンシップの研究：宜蘭、信義、永和社区大学の課程内容の分析を例に」（「全球化脈絡下成人公民身分之研究：以宜蘭、信義和永和社区大学課程内容分析為例」）において、グローバル化が個人の生活と社会制度に衝撃を与えるようになっている現在、政治的な選択と決定は、公共圏だけでなく日常生活の内部に延伸しており、「公民としての資格（いわゆるシチズンシップ）」は、個人の日常生活においても重要視されるようになったとし[38]、そして、社区大学の講座をシチズンシップ教育の視点から検討し、すべての社区大学では、「自己発展」「エスニック」「世界市民」の視点からのシチズンシップ教育はなされているが、「職業倫理」「階級問題」「ジェンダー問題」「家族関係」の内容は少ないことを明らかにしている[39]。つまり、この研究は、これまで公民といったときに強調された、公共政策への参加というものだけでなく、民族問題や階級問題など世界的な課題にも関心をもち、理解をしていく人びとのことを公民とおき、こうした新たな公民の育成を目指すことの重要性を主張し、新たな価値観のもと、社区大学の課程を再構築していくべきであると論じるものといえる。

　同じような論調として、胡夢鯨（2008）「グローバル化の観点から社区大学が育成する現代公民の発展方向を論じる」（「從全球化観点論社区大学培育現代公民的発展方向」）も、グローバル化の挑戦を受け、「社区大学の基本使命は、拡充の挑戦に直面している」とし、今後の社区大学は、これまでの3課程だけでなく、社会変化に適応するための知識・技能の更新によって自己実現を行う課程や、高齢者や社会的に不利な立場におかれている人びとへの関心を育成するための課程などの開設によって、現代的な公民を育成していく必要があるとしている[40]。

　蔡秀美（2011）も、「グローバル公民と在地化の観点から社区大学の発展戦略を論じる」（「由全球公民与在地化観点論社区大学的推展策略」）において、「社区大学が提出した、市民社会を実現するための学習内容は、時代の脈絡に

よって変動する。今後は、これまでの社区の公共議題だけでなくグローバルな議題を重視すると同時に、全民の生涯学習の任務を背負う必要がある」とし、今後の社区大学の共通ビジョンとして「グローバル・シチズンシップ」を掲げ、生涯学習社会の形成、市民社会とグローバル社会への志向、社区のエンパワーメントを強化していく必要を述べている[41]。

　このように張、陳、胡、蔡の研究は、多文化理解や高齢社会、社会的弱者への関心などの視点を加えることで、これまで民衆の「公共政策への参加」といった政治的な部分を強調してきた市民社会の概念を、環境問題、民族問題、貧困問題といった、生活的、文化的な内容を含む概念へと解釈しなおしたといえる。そして、この新たな概念をもとにして、これまでの3課程にはとらわれない、新たな社区大学像を生み出そうとしている。

　このように見ていくと、台湾における社区大学の先行研究は、すべて理念先行型であるといえ、理念をもとにして現状の社区大学を批判したり、改善策や新たな発展のあり方を提示したりするものといえる。

3. 研究の課題

3.1　研究の課題と内容

　以上の先行研究の検討から、これまでの社区大学研究は社区大学を理念にあてはめて解釈するものが主流であることがわかる。しかし、実際の社区大学では、学術課程、生活芸能課程、社団活動課程の別にかかわらず、市民は楽しそうに学んでおり、自らの生活を豊かにしていっているという現実がある。本来、市民社会の形成といったとき、こうした市民のあり方こそが基盤におかれるべきものなのではないだろうか。なぜなら、38年間にわたった戒厳令から解放され、自由と民主の空気の中で新たな生活を始めた市民たちにとって、新たに設置された社区大学で、好きなことを自由に学べるということ自体が、日常生活において素朴ではあるものの、だからこそ強い喜びを感じられることであったと思われるからである。そのため筆者は、社区大学で見られる市民の生き生きとした姿こそが、民主的な社会の基盤ともいえる生活の豊かさをつくり

出すことにつながるものなのではないか、それゆえ、社区大学で学ぶ市民の姿から社区大学をとらえ返すことは、台湾社会を構成している市民の生活の地平から、台湾社会のあり方をとらえ返すことにつながるのではないかと考える。

　しかし上述のように、これまでの研究は、社区大学に市民が集まり、自由に、楽しそうに学んでいる実際の現場をとらえたものではなく、市民の意識に注目したとしても、それを理念にあてはめ、いかにして市民を矯正していくのかという立場から社区大学をとらえてきたといえる。つまり、これまでの研究からは、社区大学が台湾社会で実際どのように機能しているのか、市民は社区大学をどのように利用しながら、生活の豊かさをつくり出しているのかということを見ることができなかったといえる。

　こうした先行研究の問題をふまえ、本研究では、社区大学で学んでいる市民の学びの実態から、社区大学は台湾社会においていったいどのようなものとして位置づいているのかを明らかにすることを目的とする。そして、ここでの市民の学びは、市民社会の形成とどのような関係にあるのか考察していくこととする。そのために、本研究は、社区大学の歴史と理念、制度と運営の特徴を明らかにすることに加えて、実際に学術課程、生活芸能課程、社団活動課程の講座で学んでいる市民の学びの実態と意識について明らかにしていくこととしたい。

　具体的な内容は、以下の通りである。

　第1に、社区大学の全体像を把握するためにも、社区大学が設置されるに至った過程と設置理念を、当時の時代背景を考慮に入れながら実証的に検証する。社区大学の設置過程に関しては、これまでの研究の中で「四一〇教育改革運動」を背景にもつことには言及されてきたものの、運動からどのように社区大学の設置に向けた動きへとつながっていくのかという点、つまり、運動の産物である社区大学が、なぜ、どのようにして台北市の政策へとなっていったのかという点には触れられてこなかった。しかも社区大学は、教育改革者たちの構想では、成人に高等教育を与えるための新たな大学であったが、なぜ生涯学習機関として設置されたのか、そしてなぜ法的にも生涯学習機関として規定されたのかという点にも、ほぼ言及されてきていない。そのため、この点を重視

しながら、社区大学の歴史と理念を明らかにしたい。

　第2に、社区大学の制度と運営のあり方の特徴を明らかにする。これまでの研究では、黄武雄が構想した理念的な社区大学をあるべき姿としてきたこともあり、社区大学の運営の内実の多様性をとらえる視点が欠如していたといえる。実際の社区大学は、設置理念は一律に「知識の解放と市民社会の実現」であるが、運営は公設民営方式を採るところが多く、それぞれ異なる民間団体によって運営されていることから、この設置理念と主管機関である地方政府が構築した社区大学制度をもとにしながらも、それぞれが独自に教育理念・目標を設定して講座を設計し、運営を行っている。しかも、それぞれ特色をもって展開している社区大学は、これまでの研究において、社会改革型社区大学と生涯学習型社区大学の大きく2類型に分類されてきた。社会改革型社区大学とは、教育改革者が提唱したような、社会改革や社会運動に直結する学習を軸とするものであり、生涯学習型社区大学は、市民の文化教養的な学びの促進を軸とするものである。本書では、この2類型の社区大学の運営のあり方を、台北市社区大学を例に明らかにしていくとともに、こうした類型化は妥当かどうかを検討していくことによって、台北市社区大学の運営の特徴を明らかにする。

　第3に、あらゆる社区大学には、学術課程、生活芸能課程、社団活動課程の3つがおかれている。それぞれの課程の講座では、どのような学習活動が展開されているのか。また、市民はどのような動機をもって学び、学んだ結果どのような自己変化を感じているのか。台北市社区大学の参与観察と、学習者への聞き取りから明らかにする。

　これら3つの課程はどの社区大学にも設置されているものであるが、それぞれの社区大学によって展開のされ方が異なっている。本研究では、学術課程の例は社会改革型である文山社区大学、生活芸能課程は生涯学習型である士林社区大学、社団活動課程は生涯学習型の中でも社団活動が充実している南港社区大学から選出する。その理由は、以下の通りである。

　社区大学の3課程は、黄武雄の思想をもとにおかれた。学術課程は、市民の批判的思考能力（critical thinking）を育てることを目的にするものであり、黄は、ここで人文科学、社会科学、自然科学の大学レベルの学術教養を学ぶこ

とで、市民の物事の根本を理解する能力と深い思考能力を獲得することを目指した[42]。ここで養う市民の社会に対する批判的で論理的な思考能力を、黄をはじめとする教育改革者たちは社会改革の基礎にすることを目指したのである。この考えに基づいて、台北市社区大学では、学術課程を人文科学、社会科学、自然科学の3領域とし、経済学、心理学、科学、音楽史、人類学、法律知識、生態環境などの講座を開講してきた[43]。

　一般に、学術課程は市民からの需要が低く、学習希望者が集まりにくいために、開講不能になることが多いが、台北市文山社区大学のような社会改革の理念を色濃く反映している社会改革型社区大学では、意識的に学術課程の開講に力を入れているため、現在も質が高い講座を開講できており、思考性の高い学術的な内容を求める市民に支持されているという現状がある。したがって、文山社区大学の学術課程は、他の社区大学に比べて学術課程としての代表性をもつといえるため、学術課程の講座は文山社区大学から選出することとする。

　生活芸能課程は、市民の学習欲求を満たし、生活を充実させることで、健全な私的領域を育てていくために設けられたものである。特に、資本主義の拡大によって消費文化が広まり、生活に必要な労働である家電修理やものづくり体験の喪失が起こっていることを、「生活の空洞化」として問題視していた黄は、学習者が生活芸能課程で、自らの手でものを作ることや、生活に関わる技能を習得すること・体験することを重視し、これによって生活の質を向上していくことを目指した[44]。この思想をもとに、また市民の高い需要から、台北市社区大学では生活芸能課程として、絵画、ダンス、手芸、楽器演奏、茶道、料理など、趣味的で実生活に活かすことができるような講座を開講してきた。市民がこれらの内容を学ぶことが、健康維持や芸術的、人文的な素養を高めることにもなり、生活の質の向上につながると考えたためである[45]。こうした生活芸能課程は、市民の多様な学習を促し、生涯学習的な要素を強くもつ生涯学習型社区大学で特に大きく展開されている。そのため、生活芸能課程の講座は、生涯学習型社区大学であり、生活芸能課程としての典型的な講座を多く開講している士林社区大学から選出することとする。

　そして社団活動課程は、市民が自主的に組織した社会団体（つまり社団）で、

公共課題に関する社会実践を行い、社会に対する意識を高め、公共政策に関与していくようになることを目的に設けられたものである[46]。さらに、ここでの社会実践を学術課程の理論学習と結合していくことが理想とされた。こうした黄武雄の思想をもとに、台北市社区大学は、社区大学が主導で公共活動を行う社団も組織してきたが、実際には生活芸能課程の講座で学んだ学習者が、趣味学習の延長として社団を組織することが多い。そして、徐々にこうした趣味的な学習活動のために組織された社団が、学術課程との連結はないものの、公共的な活動を行うようになっている。こうした社団の変化には、社区大学による公共活動促進の影響があるといえるが、社区大学が促進したところで学習者の気持ちがなければ公共活動は展開されないため、学習者にも何らかの変化があると考えられる。台北市社区大学の中でも生涯学習型社区大学である南港社区大学は、生活芸能課程の講座で学んだ学習者たちを集めて社団を組織し、しかも、活発に公共的な学習活動を展開するようになっている社団が増えている。このように社団の学習者が自発的に公共活動を行うようになっているという点において、南港社区大学の社団活動課程は社団としての代表性をもつといえるため、社団活動課程は南港社区大学から選出することとする。

　これらの社区大学から、課程としての代表性をもつ講座・社団を選出し、学習者の実態を明らかにしていく。

　そして第4に、社区大学の中でも、台湾先住民の文化を学ぶことに特化した「原住民族（先住民族のことを指す）部落大学」が果たしている役割を考察する。原住民族部落大学は、社区大学設置運動の精神に共感した先住民の知識人らが、先住民の居住地区である「部落」に、2000年頃から開設していった社区大学であり、開設当初は「原住民部落社区大学」と呼ばれていたものである。台北市では、2004年に台北市原住民部落社区大学との名称で設置してから、都市部に住む先住民族のみならず、漢民族に対しても先住民族の文化を学ぶ機会を提供してきた。このような、台湾社会の中の少数者である先住民族の文化を学ぶ形態の社区大学は、市民社会の建設とどのような関係にあるのか、台北市の原住民部落社区大学を例に、明らかにしていく。

　そして最後に、市民の社区大学における学びの実態から、社区大学は台湾社

会においてどのようなものとして位置づいているのかを検討し、さらに、社区
大学での市民の学びは、市民社会の構築とどのような関係にあるのかを考察し
ていくこととする。

3.2 研究対象を台北市社区大学に限定する理由

　本研究では、対象を台北市社区大学に限定する。その理由は以下の通りで
ある。

　台湾の首都であり、政治の中心である台北市は、1994年4月10日に「四一〇
教育改革運動」が行われた場所であるとともに、教育改革者によって社区大学
構想が提出されてから、最も早く社区大学の設置に乗り出し、台湾で初めて社
区大学を設置したところである。教育改革を通じた社会改革、つまり市民社会
の構築を主張した黄武雄によって構想された社区大学は、当時の台北市長で
あった陳水扁の許可を得て、台北市で設置事業が開始され、1998年9月、台
北市は文山区に文山社区大学を設置し、1年間の試行運営を開始した。そこに
おいて台北市は、黄の構想をもとに試行錯誤のうえに運営体制を整え、講座を
編成し、社区大学の中身を整えていった。その後、4年間のうちに台北市の12
行政区すべてに社区大学を設置し、現在もすべての運営が続いている（表2）。

　しかも、社区大学は、運動を背景にもつため、教育体制内に位置づくもので
はなく、2002年に生涯学習法に規定されるまで、法的根拠をもっていなかっ
た。そのため台北市は、文山社区大学設置後すぐに社区大学の設置根拠となる
法規定の整備に取りかかり、1999年7月「台北市政府社区大学試行運営実施
要点」を制定して社区大学設置の根拠とした。また、設置の法的根拠だけでな
く、開設講座や運営の委託方法、学費の徴収など、運営面に関わる規則も整え
ていったという経緯がある。このように、台北市は全国の地方政府に先駆けて
社区大学の設置と普及を行いながら、法的にもこれを保障してきたのであり、
こうした台北市の動きは、その後、全国に社区大学が普及していく際のモデル
を提示することにもなったといえる。

　このように、歴史的にも、台北市における社区大学の設置と展開過程におけ
る試行錯誤の道のりは、台湾の社区大学の展開プロセスを代表するものである

表2　台北市社区大学一覧

台北市社区大学名	成立年月	設置場所	委託運営団体（法人の種別）
文山社区大学	1998年9月	市立景美中学校	台北市社区大学民間促進会（社団法人）
士林社区大学	1999年9月	市立百齢高等学校	崇徳文化教育基金会（財団法人）
萬華社区大学	2000年9月	市立龍山中学校	愛家文化事業基金会（財団法人）
南港社区大学	2000年9月	市立成徳中学校	致福感恩文教基金会（財団法人）
大同社区大学	2001年9月	市立建成中学校	浄化社会文教基金会（財団法人）
信義社区大学	2001年9月	市立信義中学校	光宝文教基金会（財団法人）
北投社区大学	2003年2月	市立新民中学校	台北市北投文化基金会（財団法人）
内湖社区大学	2003年2月	市立内湖高級工業職業学校	愛心第二春文教基金会（財団法人）
松山社区大学	2003年2月	市立中崙高等学校	泛美国際文教基金会（財団法人）
中山社区大学	2003年2月	私立稲江護理家事職業学校	私立稲江護理家事職業学校（学校法人）
中正社区大学	2003年2月	私立開南高級商工職業学校	私立開南高級商工職業学校（学校法人）
大安社区大学	2003年2月	私立金甌女子高等学校	私立金甌女子高等学校（学校法人）

出典：台北市社区大学ホームページ（http://www.ccwt.tp.edu.tw/files/11-1000-106.php。最終閲覧2017/11/25）より筆者作成。

といえ、こうした台北市社区大学のもつ代表性から、台北市社区大学を研究対象として選定した。

3.3　研究の方法

　本研究は、社区大学の歴史と理念、制度、および学習者の学びの実態、意識変容を明らかにするため、研究方法はその対象に合わせて複数の方法を使用する。具体的には、社区大学の歴史と理念、制度を明らかにする部分においては、社区大学の設置運動に関わった教育改革者たちによる著作や、研究者らによる学術論文、当時の新聞記事や雑誌記事、政府が公刊した文書などの文献資料分析と、社区大学の設置に関わったキーパーソンへの聞き取りを主とし、学習者の学びの実態を明らかにする部分においては、社区大学の講座の参与観察と、学習者に対する聞き取りを主とする。

　社区大学に関する文献資料は、主に教育部（日本の文部科学省に相当）と地方政府が発行した資料や文献、報告書、さらに社区大学が公刊した報告書や

資料などがある。教育部の資料は、主に社会教育・生涯学習政策に関わることや、社区大学の法制化に関する内容が中心であり、地方政府が発行した文献資料には、社区大学の主管機関は地方政府であるため、社区大学の制度や規則、組織に関わるあらゆる情報がある。そのため、本研究で対象にする台北市社区大学に関する重要資料は、主に台北市政府教育局が公刊したものとなるため、教育部による資料に加えて、台北市政府教育局が公刊した社区大学に関わる資料を中心に収集する。また、各社区大学も独自に冊子や資料集などを作成、発行しているため、これらも収集する。

　さらに、全国の社区大学の情報を取りまとめる民間組織として、社団法人社区大学全国促進会（以下、全促会）がある。台北市文山社区大学が台湾初の社区大学として設置された当時、社区大学は、中央政府からの設置認可はなく、そのため法的規定、補助金支給などもなかった。台北市で文山社区大学の運営が始まってから、教育改革者たちは、全国に社区大学を普及していくために、そして社区大学の法制化に向けて取り組んでいくために、拠点となる組織が必要であるという認識のもと、1999 年 9 月に全促会を組織した。現在、全促会の中枢メンバーは、社区大学の設置に関わった教育改革者や全国の社区大学校長などである。また、全促会は北部・南部事務所をおき、主任、秘書長、職員らが全国の社区大学が参加する会議の企画、法制度の改正や社区大学の環境改善のための中央政府への働きかけ、公共課題プロジェクトの実行などの事務作業を行うとともに、社区大学の全国大会を毎年開催し、台湾全土の社区大学の課題の把握と、発展状況についての討論を行っている [47]。このように全促会は社区大学に関する多くの資料を保管しているため、全国大会に参加して情報の収集を行うとともに、全促会が収集・発行した資料も収集する [48]。

　また、文献資料に加えて、実地調査で得られた情報も活用する。筆者は、2013 年 8 月から 2016 年 2 月の 2 年 6 か月間にわたり、上述した台北市の文山、士林、南港社区大学と原住民族部落大学に学習者として通い、講座や活動に参加して実態を把握するとともに、参与観察を行った。現場において、社区大学の講座や学習活動を体験し、講座の雰囲気および学習者同士や教師、職員との関係性を理解することに努めた。ここで蓄積した記録も使用する。加えて、こ

の実地調査の期間に、社区大学関係者に聞き取り調査を行った。具体的には、台北市社区大学の設置に関わった中心人物である台北市政府教育局の専門員、全促会の理事および管理職職員、そして上記4か所の社区大学の校長あるいは副校長、職員、教師に行っており、ここでの聞き取り調査のデータも、文献資料と併せて使用する。

　さらに、市民の視点から社区大学を検討していくために、社区大学の学習者には半構造化インタビューを行った。半構造化インタビューでは、以下の5点を軸に質問項目を設定した。

（1）基本情報：年齢、職業、学歴・経歴、居住地
（2）社区大学で学ぶようになった動機
　①いつから社区大学に通っているのか。社区大学の情報をどのように得たのか。
　②この講座に通うようになった動機は何か。
　③当講座以外にも通った（通っている）講座はあるか。
（3）講座での経験
　①講座で学んでいて、楽しい、おもしろいと思うことは何か。
　②なぜ継続して学ぶのか。何に引き付けられ続けて学ぶのか。
（4）自己変容
　①講座で学習を始めてから、どのような変容を感じるか。
　②あるいは家族や友人から、どのような反応があったか。
（5）今後の展望
　①今後の学習展望は何か。
　②社区大学に対して思うこと。

　（1）において、学習者の基礎的背景を把握し、（2）では、学習者と社区大学との出会いと、その講座を選んだ動機を知ることを目指した。その講座以外にも、どのような講座で学んできたのかを聞いたのは、その学習者がどのようなことに関心がある人物なのかを知るためである。

　そして（3）では、学習者が社区大学での学びのどのような点に楽しさを感

じているのかということ、そして、何が楽しいかだけでなく、その楽しさはどこからくるのかを明らかにするために、現在まで講座に参加してきた理由、つまり何に引き付けられて継続して社区大学にやって来るのかという、学習者が感じている社区大学の魅力を知ることを目指した。学習者は、現に講座で学んでいる時点で、社区大学での学びの経験を肯定的にとらえていると考えられ、そこで何かしらの楽しさや喜びを感じているものといえる。そのため、聞き取り開始当初は、学んでいて大変だと感じることも聞いたものの、すべての学習者は「ない」と回答したため、その後、質問事項には学びの困難を聞く項目は設定しなかった。

　（4）では、社区大学で学ぶ前と後で、学習者はどのような自己の変化を感じ、何を思っているのか知ることを目指した。また、家族や友人の反応を聞いたのは、人から言われて初めて自分の変化に気がついたという学習者もいたためであり、身近な人から指摘された変化があれば、それも含めて語ってもらうことにした。そして（5）では、今後の学習展望と、学習者が社区大学に対してどのような印象をもつようになっているのかを理解するため、社区大学に対して思うことを自由に語ってもらった。

　本研究は、学習者の実態から社区大学の台湾社会における位置づけを明らかにすることを目的とするため、学習者である市民が社区大学で学ぶことで、どのように自らの生活基盤、社会基盤を形成しているのかを、インタビューデータをもとに検討していく。その際、分析の枠組みとして、学習者が語った感情や生活に対する感覚、満足度に注目することとし、そこから社会形成のあり方、社会改革のあり方を考えるという手法をとる。この枠組みに基づき、収集したインタビューを用いて、学習者の意識を析出することとする。

　半構造化インタビューは、2014 年 6 月から 2015 年 12 月の間に、文山社区大学の学術課程、士林社区大学の生活芸能課程、南港社区大学の社団活動課程の学習者を中心に行い、29 名分のインタビューデータを収集した。インタビュー対象者の基礎情報は、表 3 の通りである。

　インタビューは以下のように進めた。まず、対象の社区大学職員と講座の担当教師に、学習者へのインタビューの許可を取った後、講座において学習者に

表3　半構造化インタビュー対象者一覧

課程 (社区大学)	氏名	性別	年齢	最終学歴	職業	居住地	本講座に通い始め た年（社区大学に 通い始めた年）	インタビュー日
学術課程 （文山社区 大学）	CG	男	61	大学	エンジニア	大同区	2011 年（2000 年）	2015 年 10 月 15 日 2015 年 12 月 3 日
	HD	男	49	大学	無職	信義区	2007 年	2015 年 10 月 15 日
	ZP	女	63	大学	退職	文山区	2006 年（1999 年）	2015 年 11 月 12 日 2015 年 11 月 19 日
	XD	男	62	院（修士）	保険業	文山区	2008 年	2015 年 11 月 19 日 2015 年 12 月 31 日
	ZY	女	42	大学	大学職員	新北市	2010 年（2002 年）	2015 年 12 月 17 日
	BN	女	47	大学	中学校教諭	文山区	2010 年（2002 年）	2015 年 12 月 17 日
	LY	女	47	大学	製造業	新北市	2005 年（1999 年）	2015 年 12 月 24 日
	LZ	男	42	院（修士）	中学校教諭	内湖区	2007 年	2015 年 12 月 24 日
生活芸能 課程 （士林社区 大学）	LS	女	61	大専	会社監事	大同区	2000 年（1999 年）	2015 年 4 月 17 日
	JR	男	68	高職	会社員	士林区	2000 年	2015 年 4 月 17 日
	LQ	男	48	大学	自営業	文山区	2014 年	2015 年 4 月 12 日
	LM	女	48	大専	エンジニア	士林区	2014 年（2008 年）	2015 年 5 月 1 日
	XJ	女	49	院（博士）	大学教員	士林区	2011 年	2015 年 5 月 8 日
	LG	女	40	高校	専業主婦	士林区	2014 年	2015 年 5 月 29 日
	CS	男	51	高校	自営業	士林区	2005 年	2015 年 6 月 3 日
	ZW	男	54	高校	自営業	北投区	2000 年	2015 年 6 月 3 日
	FY	38	大学	会社員	新北市	2012 年	2015 年 6 月 12 日	
	ZZ	女	44	大学	専業主婦	新北市	2013 年	2015 年 11 月 20 日
	XL	女	58	中学	専業主婦	士林区	2000 年	2015 年 11 月 27 日
	CC	女	38	大学	塾講師	新北市	2010 年	2015 年 12 月 4 日
	WC	女	58	大専	退職	北投区	2011 年	2015 年 12 月 4 日
社団活動 課程 （南港社区 大学）	LA	女	65	小学	退職	南港区	2007 年（2006 年）	2015 年 6 月 18 日
	HY	女	68	高校	自営業	南港区	2007 年（2000 年）	2014 年 10 月 10 日
	YS	男	62	大学	自営業	内湖区	2010 年（2008 年）	2014 年 12 月 6 日
	CX	女	61	小学	自営業	南港区	2008 年	2014 年 12 月 6 日
	ZM	女	62	高商	退職	新北市	2013 年	2015 年 3 月 21 日
	CQ	男	65	小学	里長	新北市	2010 年（2009 年）	2015 年 5 月 18 日
	LT	女	64	専科	退職	南港区	2007 年（2005 年）	2015 年 10 月 31 日
	XQ	男	71	小学	自営業	信義区	2010 年（2009 年）	2015 年 5 月 16 日

注：年齢・職業・居住地は、インタビュー当時のものである。学歴のうち、院は大学院、
　　大専は日本の短大、専科は専門学校、高職は職業高校、高商は商業高校にあたる。

声をかけ、調査の趣旨を説明した。その中で、調査を承諾してくれた学習者に対し、あらかじめ質問用紙を渡し、回答を考えておいて欲しいとお願いした。こういう手法をとったのは、「調査に協力できるが、どのような内容を聞かれるのか」「その場で聞かれてすぐに答えられるかは分からない」「思い出すまでちょっと時間を欲しい」などの声が聞かれたからである。そのため、先に質問用紙を渡すことであらかじめ自身の経験を振り返ってもらい、それをもとに後日、筆者が質問し、詳しく聞いていくという手法をとった。

　なお、なかには時間が取れないことや、学び始めて1学期も経っておらずまだ自己変容を感じていないという理由からインタビューがかなわなかった学習者もいる。また、なかなか講座に来られない学習者にはインタビューのお願いをすることもかなわなかったこともあり、講座の全員にインタビューを実施できたわけではない。そのため、収集できたデータは、講座で筆者と比較的よく顔を合わせており、かつインタビューを快諾してくれた学習者の語りという制限がある。また、インタビューは、講座外の時間に社区大学の外（学習者の自宅や職場、喫茶店など）にて行ったもの、あるいは講座当日、社区大学において講座開始前や講座終了後、休憩時間などに行ったものがあり、時間は長いもので1時間半、短いもので30分程度であった。整理をしていくなかで、再び質問が出てきた場合、同一人物に再度インタビューを行った場合もある。インタビューの際に使用した言語はすべて中国語であり、インタビューのほとんどは、許可を得てICレコーダーで録音した。

4.　研究の前提

　研究の前提として、本論に入る前に、全国の社区大学の設置状況と、社区大学というときの「社区」の意味を確認しておきたい。

4.1　社区大学の全国分布

　台湾全土において、社区大学は100か所以上設置されていた時期もあるが、市町村合併や財政難によって統合、廃止されたものもあり、2017年11月時点

表4　社区大学の全国分布

地区	地方政府	社区大学名称				数（分校数）
北部	台北市	文山	士林	南港	萬華	12
		信義	大同	大安	中正	
		内湖	北投	松山	中山	
	新北市	蘆荻	板橋	永和	新荘	12（1）
		林口	新店崇光	淡水	三重	
		萬金石海洋	三鶯	樹林	中和	
	基隆市	基隆				1
	宜蘭県	宜蘭	羅東			2
中部	桃園市	桃園	新楊平	八徳	中壢	5
		蘆山園				
	新竹市	竹塹	科学城	竹松		3
	新竹県	竹北	竹東			2
	苗栗県	苗栗県	大明			2
	台中市	潭雅神	后豊	甲安埔	南湖	11
		五権	後驛	文山	北屯	
		山線	海線	大屯		
	彰化県	二林	鹿秀	美港	社田	7（3）
		員永村	彰化市	湖埔		
	南投県	南投				1（11）
南部	雲林県	山線	虎尾	平原	海線	4
	嘉義市	嘉義市	博愛			2
	嘉義県	邑米	邑山			2
	台南市	台南	曽文	南開	新営	7（1）
		北門	新化	永康		
	高雄市	第一	旗美	鳳山	岡山	5
		港都				
	屏東県	屏北区	屏南区			2
東部	花蓮県	花蓮県	郷村			2
	台東県	台東県	南島			2
離島	金門県	金門県				1
	澎湖県	澎湖県				1
社区大学校数合計						86（16）

出典：全促会ホームページ（http://www.napcu.org.tw/index.html。最終閲覧 2017/11/24）
を参考に筆者作成。

で、86 校が設置されている（表 4）。社区大学の設置が開始された場所である
台北市と隣接する新北市に多くあり、北部地域に多く設置されている傾向にあ
るといえるが、社区大学は、離島にも設置されており、まさに台湾全土に普及
していることがわかる。分校も含めれば、社区大学の学習拠点は 102 か所に及
ぶ。本研究では、86 か所設置されている社区大学のうち、台北市社区大学を
事例にして論述していく。

4.2 「社区」の意味

「社区」とは英語の community の中国語訳であるため、社区大学は「コミュ
ニティ・カレッジ」と表記することも可能ではあるが、本研究では台湾で使用
されている「社区大学」の表記をそのまま使用する。そのため、まず「社区」
の意味を確認しておきたい。

「社区」とは、もともとは社会学における専門用語であったが、1960 年代
から行政施策や日常生活においても使用されるようになったという[49]。「社区」
は、台湾の行政体系のうち郷・鎮・市の下部に存在する村や里や郷・鎮単位、
あるいは都市部の区のような行政区画を指す場合もあり、多くの住民が集住す
る居住区やマンションも社区と呼ばれることがある。また、祭祀組織や血縁組
織などの性質をもつ自然村も社区と呼ぶことがあるが[50]、重点は、地理空間
的な意味だけでなく、居住する人びとに共同体としての意識があることが「社
区」の条件であると考えられている。陳其南（1995）は「社区」について、
「『社区』とは決して伝統社会の地方意識を指しているわけではない。また、限
定された地理空間を指しているのでもなく、形式化された行政組織を指してい
るのでもない」「一つの村は社区であり、一棟のアパート、一本の街道、一つ
の区、一つの鎮（町）、一つの都市も、すべては社区と言える。唯一の条件は、
この限られた範囲に住んでいる住民みんなが共同体社会としての共通認識を有
していることにある」としている[51]。曹旭正（2013）も、社区とは地理的に
集住しているひとかたまりの人びとが、社会的、心理的なつながりである「社
区感」を有して形成している空間であり、自然に形成されるものではないとし
ている[52]。

　このように「社区」とは、地理的に集住している人びとが、人びとの間に社会的、心理的なつながりを形成し、共同体としての意識をもって生活している空間と考えることができるのである。

　社区大学設置に向けた動きが始まった頃と時を同じくして、1994 年に、行政院文化建設委員会（現：文化部）によって、住民主体の社区づくりを目指した「社区総体営造（総合的なコミュニティの形成）」という政策が開始され、文化・芸術、地域産業を通じて、人びとの社区への帰属感を形成することで、生活の基盤である社区を担う人の育成が目指されるようになった[53]。市民の社区意識の形成と、社区における公共事務への参加を重要な目的としている社区大学も、この政策と連携することが目指されたことから[54]、社区大学という名称は、行政区画としての社区に設置している学習機関であることを意味しているのではなく、市民が心理的なつながりをもって暮らす空間としての「社区」、市民生活に根付いた「社区」の形成に関わる学習機関という意味で、社区大学と呼ばれているといえる。

5.　本書の構成

　本書は、以下の構成からなる。第 1 章と第 2 章では、社区大学の歴史、理念、制度、運営面を、第 3、4、5 章では、社区大学で学ぶ市民の実態と意識変化を、そして第 6 章では社区大学の特殊な形態である原住民族部落大学の役割を明らかにする。

　第 1 章では、社区大学がどのように構想され、どのような理念をもち、どのように設置されていったのか、歴史と理念の部分を明らかにする。社区大学が構想・設置されていくきっかけとなった四一〇教育改革運動と、社区大学の設置理念のベースにある黄武雄の社会改革思想を検討することで、社区大学の理念を確認するとともに、社区大学が構想から実際に設置に至るまで、どのような過程を経たのか、そしてなぜ大学として構想されたにもかかわらず生涯学習機関となったのか、生涯学習機関として法制化されたのかということを明らかにしていく。

　第2章では、社区大学の制度と運営面の実態を明らかにする。社区大学が
もつ社会改革型と生涯学習型という類型の違いを概観するとともに、こうした
社区大学の類型化について検討を加える。また、台北市社区大学の制度を整理
し、この制度をもとにして、台北市社区大学の社会改革型と生涯学習型の社区
大学がどのように運営されているのか、それぞれの特徴を明らかにする。具体
的には、社会改革型は文山社区大学を、生涯学習型は士林社区大学と南港社区
大学を例にする。また、一般の社区大学とは異なる形態の原住民族部落大学の
運営実態についても確認し、社区大学の多様な運営実態を明らかにする。

　第3章では、学術課程の学習者の学びの実態と意識変化のあり方を考察す
る。対象は、社会改革の思想を維持し、学術課程に重きをおいている社会改革
型社区大学である文山社区大学のうち、学術講座として典型的な性質をもつ「視
野の外の世界：非主流の読解」講座とする。

　第4章では、生活芸能課程の学習者の学びの実態と意識変化のあり方を考察
する。対象とするのは、人びとの生涯学習を促すことに重きをおく、生涯学習
型社区大学である士林社区大学の中で、生活芸能講座として典型的な性質をも
つ「茶道芸術：十大茶法」講座とする。

　第5章では、社団活動課程の学習者の学びの実態と意識変化のあり方を考察
する。社団活動課程は、生活芸能課程から組織されることが一般的となってい
るため、ここで対象とするのも生活芸能課程が充実している生涯学習型社区大
学とし、なかでも社団活動が充実している南港社区大学の社団を例とする。こ
こでは、社団としての典型的な性質をもつ「peopo 公民新聞社」の学習者を対
象とする。

　第6章では、台北市原住民族部落大学の実態を明らかにし、原住民という台
湾社会の中の少数派の文化を学ぶことに特化した社区大学が、市民社会の構築
に果たしている役割を考察する。

　これらをふまえて終章では、社区大学の設置過程、運営の特徴で明らかに
なったことを整理することに加え、各課程における学習者の学びの実態と意識
のあり方を明らかにし、市民は社区大学での学びを通じて、どのように豊かな
生活基盤を形成していっているのかを検討することで、社区大学は、台湾社会

にどのようなものとして位置づいているのかを考察する。そして最後に、ここで明らかとなった社区大学での市民の学びは、市民社会の建設という理念とどのような関係にあるのかを考察していくこととする。

注

1) 蕭新煌によると、1987～1989年の期間において、消費者保護運動、環境破壊に対する住民運動、生態保護運動、先住民人権運動、婦女運動、教師人権運動、新約教会抗議運動、老兵帰郷運動、老兵福祉運動、障害および社会の弱者団体抗議運動、農民運動、政治受難者人権運動、労働者運動、反原子力運動、台湾人帰郷運動、客家人権運動など、20種類近くに及ぶ社会運動が開始されたという（顧忠華『社大文庫005　解読社会力：台湾的学習社会与公民社会』左岸文化、2005、p.207）。

2) 黄武雄等著、顧忠華編『成人的夏山：社区大学文献選輯』左岸文化、2004、pp.28-37。

3) 単位を社区大学が独自に認め、履修証書などを発行している場合もあるが、この単位は政府から認められたものではなく、正式に学歴に関わるものとして扱うことはできないものである。

4) 蔡傳暉「社区大学的基本理念与発展現況」楊碧雲、蔡傳暉、李鴻瓊編『台北市社区大学教学理念与実務運作（一）』台北市政府教育局、2000、pp.33-61。

5) 林振春「社区大学的危機与挑戦」『社教雙月刊』106、2001、pp.41-44。

6) 黄富順「台湾地区社区大学的発展与省思」『教育資料集刊』27、2002、pp.105-125。

7) 楊武勲「大学改革下の大学開放の研究：日本・台湾の比較を含めて」早稲田大学博士学位論文、未出版、2004、p.178。

8) 同上、p.197。

9) 楊碧雲「台北市社区大学の設立とその発展・評価」『東アジア社会教育研究』11、東京・沖縄・東アジア社会教育研究会、2006、pp.55-74。

10) 同上、p.65。

11) 楊碧雲「台湾社区大学の発展と市民社会の建設：10年の道程と将来」『東アジア社会教育研究』13、東京・沖縄・東アジア社会教育研究会、2008、pp.155-159。

12) 楊碧雲「台北市社区大学と社区学習体系の構築」『東アジア社会教育研究』19、東京・沖縄・東アジア社会教育研究会、2014、pp.161-172。

13) 魏銀河「台南市社区大学学員学習満意度及其相関因素之研究」中正大学修士学位論文、未出版、2003、pp.96-106。

14) 黄玉湘「我国社区大学学員学習動機与学習満意度之研究」中正大学修士学位論文、未出版、2002、pp.134-138。

15) 周聖心「従個人学習到公共参与的転化歴程：以永和社区大学公共性社団学員為例」台湾

師範大学修士学位論文、未出版、2006、pp.127-128。

16）　劉秀香「社区大学社団活動課程推動学員社区意識歴程之研究：以台南市曽文社区大学生態研習者為例」中正大学修士学位論文、未出版、2013、pp.229-230。

17）　巫吉清「従社会交換観点分析社区大学与社区発展協会之合作関係：以彰化県為例」大葉大学修士学位論文、未出版、2006。

18）　李瑋婷「社区教育与社区営造如何共構？：以台南社区大学台江分校為例」屏東教育大学修士学位論文、未出版、2013。

19）　徐敏雄「融入式課程設計的操作策略：以社区大学為例」『当代教育研究季刊』、第16巻第3期、2008.9、pp.59-95。徐敏雄「社区大学融入式課程設計之研究：基隆和新竹青風香社大的比較分析」『教育科学研究期刊』第54巻第3期、2009、pp.53-84。

20）　同上、徐、2009、p.55。

21）　黄昭誌「社区大学成人教師専業素養指標建構之研究」中正大学修士学位論文、未出版、2006。

22）　徐心浦「社区大学成人教師教学困擾及其因應方式之研究」中正大学修士学位論文、未出版、2004。

23）　郭怡立「台北市社区大学績効評估之研究」台湾師範大学博士学位論文、未出版、2010。

24）　張涵洋「社区大学方案規画人員専業能力重要性及実際応用之分析」中正大学修士学位論文、未出版、2002。

25）　梁恩嘉「我国社区大学主管人員経営管理能力指標建構之研究」中正大学博士学位論文、未出版、2010。

26）　陳定銘「台湾社区大学之研究：公民社会建構与終身学習政策的実践」政治大学博士学位論文、未出版、2002、p.404。

27）　同上、pp.409-412。

28）　陳翠娥「社区大学建構公民意識之研究：以台北市四所社区大学為例」政治大学修士学位論文、未出版、2000、pp.91-93。

29）　曹議鐸「宜蘭社区大学公民社会之建構」佛光人文社会学院修士学位論文、未出版、2004、pp.146-152。

30）　周玉泓「公民意識的実践邏輯：台湾社区大学歴史発展与個案比較研究」台湾師範大学修士学位論文、未出版、2001、p.170。

31）　林美和「社区大学課程与教学案例之分享与反思：以『台北市社区大学創新課程教学与学習経験之師生案例』為分析場域」『台北市社区大学十年回顧与前瞻』台北市政府教育局、2008、p.147。

32）　徐敏雄「1998-2007年台北市社区大学学術類課程発展之研究」『台北市社区大学十年回顧与前瞻』台北市政府教育局、2008、p.159。

33）　同上、p.183。

34）　楊志彬「社区大学深化公共参与的創新機制」『台北市社区大学十年回顧与前瞻』台北市政

32

府教育局、2008、pp.86-102。

35）　上掲書1）pp.145-146。

36）　張德永「社区大学核心理念実践之探究与検証」『台湾教育社会学研究』9巻1期、2009、pp.135-174。

37）　山口定『市民社会論：歴史的遺産と新展開』有斐閣、2004、pp.155-159。

38）　陳淑敏「全球化脈絡下成人公民身分之研究：以宜蘭、信義和永和社区大学課程内容分析為例」台湾師範大学博士学位論文、未出版、2006、p.229。

39）　同上、pp.23-235。

40）　胡夢鯨「従全球化観点論社区大学培育現代公民的発展方向」『台北市社区大学十年回顧与前瞻』台北市政府教育局、2008、pp.245-265。

41）　蔡秀美「由全球公民与在地化観点論社区大学的推展策略」『成人及終身教育』36、2011.9、pp.21-27。

42）　上掲書2）pp.30-31。

43）　楊碧雲「台北市社区大学経営管理之探討」楊碧雲、蔡傳暉、李鴻瓊編『台北市社区大学教学理念与実務運作（一）』台北市政府教育局、2000、p.66。

44）　上掲書2）pp.36-37。

45）　上掲論文43）p.67。

46）　上掲書2）pp.29-30。

47）　全促会の全国大会のテーマは、次頁の表の通りである。

48）　全促会は、社区大学の設置理念に賛同する個人や社区大学が加入するという会員制度をとっている。団体会員と個人会員の別があり、団体会員とは全国各地の社区大学であり、2015年の時点で86か所の社区大学のうち58か所が加入している。個人会員は現在26名おり、社区大学開設に携わった教育改革者や社区大学関係者らが多い。また、全促会には、理事15名と幹事5名がおり、事務所には職員をおいている。役員（理事・監事）席は20であるため、台湾の22県市すべての県市から役員を選出することはできないが、台湾の東西南北全土から平均的に選出されるようにしている（副理事長への聞き取り（2015年8月13日）と、『社団法人社区大学全国促進会第6屆第2次会員大会手冊』）(2015.9）より）。

49）　蔡宏進『社区原理』三民書局、1985、p.5。

50）　星純子『現代台湾コミュニティ運動の地域社会学：高雄県美濃鎮における社会運動、民主化、社区総体営造』御茶の水書房、2013、p.22。

51）　陳其南「社区総体営造的意義」『水沙連』2、1995.10、pp.8-12。

52）　曹旭正『新社会・新文化・新「人」：台湾的社区営造』遠足文化、2013、pp.11-13。

53）　上掲論文51）。

54）　李丁讚「従社区総体営建邁向社区大学」『竹塹文献』7、1998.4、pp.8-10。

表　全促会による全国大会のテーマ一覧

	大会開催日	主題：副題	開催場所
1	1999 年 3 月 7 ～ 8 日	高等教育の地方での実行：社区大学時代の到来を迎えて	新竹市
2	2000 年 4 月 8 ～ 9 日	社民大学と社会発展：南台湾における社区大学	高雄市
3	2001 年 4 月 14 ～ 15 日	社区大学の普及から深化へ：社区力量の跳躍と上昇	宜蘭県
4	2002 年 4 月 20 ～ 21 日	自己の超越と永続的経営：グローバル化における社区大学	彰化県
5	2003 年 4 月 19 ～ 20 日	社会変遷下での全民教育：社区大学の使命と挑戦	台北市
6	2004 年 4 月 17 ～ 18 日	成人高等教育新契機の創造：社区大学と知識社会の挑戦	台南市
7	2005 年 4 月 23 ～ 24 日	社区大学の社会的責任：反省と創造	台北市（現 新北市）
8	2006 年 4 月 28 ～ 30 日	地域文化の深耕：社区大学と地方学の実践	屏東県
9	2007 年 4 月 28 ～ 29 日	社区大学と成人学歴教育：ノンフォーマル教育の曙光	台中市
10	2008 年 5 月 24 ～ 25 日	グローバル視野・在地行動	台北市
11	2009 年 4 月 11 ～ 12 日	市民社会：趨勢の探索と草の根行動	高雄市
12	2010 年 5 月 1 ～ 2 日	社区大学の教育発展と制度の創造：展望・飛躍・永続	台北市
13	2011 年 5 月 14 ～ 15 日	社区大学の市民参加：市民社会と学習社会に向けて	雲林県
14	2012 年 5 月 25 ～ 27 日	社区大学と低炭素社会：公私協力のビジョンと行動	宜蘭県
15	2013 年 5 月 17 ～ 19 日	社区大学と地域文化の創造	桃園県（現 桃園市）
16	2014 年 5 月 16 ～ 18 日	地域の創造と教育対話	台南市
17	2015 年 5 月 22 ～ 24 日	成人学習の新たなモデル：社区大学の実践と前進	新北市
18	2016 年 5 月 27 ～ 29 日	協力、助け合い、幸せの創造	屏東県
19	2017 年 5 月 20 ～ 21 日	文化を根付かせ、地域を躍動させる：永続的な新地域の創造	彰化県

出典：全促会による毎年の全国大会冊子より、筆者作成。

第1章
社区大学の設置過程と理念

はじめに

　台湾では、1987年に戒厳令が解除されたことで、1990年代は社会の自由化を進めるための市民運動が活発になった。この時代の運動の主翼を担ったものとして、1994年4月10日に台北市で起こった教育改革デモを発端に、全国的な規模で展開された四一〇教育改革運動がある。この運動を主導したのは、当時、台湾大学数学科の教授であり、社区大学の構想者でもある黄武雄である。そして黄の考えに賛同する大学教授などの知識人や、市民団体などで活動する社会運動家たちが、この四一〇教育改革運動を担い、その後、社区大学の設置も進めていった。社区大学が教育改革（または民主化）運動の産物といわれ、教育改革者たちの社区大学設置に向けた取り組みが社区大学設置運動と呼ばれるのは、こうした経緯から来ている。1998年9月に台北市文山区において、台湾初となる文山社区大学が設置されると、これを皮切りに全国へと普及が始まっていった。

　また、台湾では1980年代後半から成人教育政策の促進が始まり、1998年3月に、教育部が白書「学習社会に向けて」を公刊すると、生涯学習社会の構築を目指した動きが加速していった。社会がグローバル化し、科学技術が急速に進歩するとともに、戒厳令解除によって個人が自由に能力を発揮していくことができるようになった社会において、人びとの知識水準を向上させ、自己を実現していき、これによって社会を発展させ、国際的な競争能力を向上させてい

くという考えと、そのためには人びとの学びが必要であるという認識のもと、学校教育の期間に限らない生涯にわたる学びを生涯学習とし、その学習の機会を整備するための行政的な動きとして、生涯学習政策が促進されるようになった[1]。こうした生涯学習の始まりの時期において、成人の新たな教育・学習機関である社区大学の動きは重要視されたともいえる。

　本章では、社区大学の歴史を概観し、社区大学がどのように構想され、どのような理念をもち、どのように設置されていったのかを明らかにする。第1節で、社区大学が構想・設置されていくきっかけとなった四一〇教育改革運動の内容、黄武雄が立てた社区大学構想と設置理念、および台湾における社会教育・生涯学習政策と社区大学との関係を、まず確認する。これをふまえて第2節では、社区大学の設置理念のベースとなった黄武雄の社会改革思想を検討することとする。そして第3節では、社区大学が構想から実際に設置に至るまで、どのような過程を経たのか把握するため、特に設置運動を担った教育改革者たちの動きと、それに対応した台北市政府教育局の動きを明らかにする。ここでは、社会運動を背景にもつ社区大学が、台北市政府の生涯学習政策として設置されていくようになった経緯と理由を明らかにする。

　そして最後に第4節で、社区大学の法制化の議論を検討する。社区大学は、社会運動から生まれたものであるために、開設当初、法的な根拠などは何ひとつとしてもっておらず、2002年の生涯学習法制定時に規定されたことによって、初めて法的な根拠をもつことになった。しかし、社区大学は黄武雄によって、高等教育機関、つまり学位授与が可能な新たな大学として構想されたものである。運動側は当初、高等教育関係の法律への規定を求めていたが、それが生涯学習法に規定されるということは、法的に社区大学が、学位授与を行わない生涯学習機関になるということを意味している。成人のための新しい大学として構想された社区大学が、なぜ、どのように生涯学習機関として法的に位置づくことになったのか、そしてそれに対する教育改革者たちの反応はどのようなものであったのか、社区大学の歴史と設置理念を概観し、これらのことを明らかにすることで、社区大学の全体像を提示する試みを進めたい。

1.　社区大学構想と設置に向けた動き

1.1　四一〇教育改革運動の起こり

　1987 年、およそ 38 年間にわたった戒厳令が解除された台湾では、社会のさらなる民主化を求めて社会運動が盛り上がりをみせるようになった。この時期の社会運動の主翼を担ったのは、四一〇教育改革運動であった。1994 年 4 月 10 日、当時台湾大学数学科の教授であった黄武雄を発起人に、大学教授を含む知識人らと 210 以上の市民団体、そして 3 万人近くの民衆が集まり、台北市内で中央政府に対して教育体制の改革を訴えるデモ行進を行った。

　彼らがここで要求したのは、①大規模学校の教育環境を改善し、学校組織の管理体制の改革と教師の負担軽減をするための「小クラス小規模学校の実現」、②経済的な上層階層にしか与えられてこなかった高等教育の機会を一般民衆に開き、民衆全体の文化水準を向上させるための「高校・大学の増設」、③個人の自主性と創造性を尊重するための「教育現代化の促進」、④そしてこれらを法制化して保障するための「教育基本法の制定」の 4 つであり、これによって教育改革者たちは、教育体制を柔軟化し、管理主義、進学主義によって教師と子どもたちの自主性がないがしろにされている教育現状を改革していくとともに、社会の文化的な水準を高めていくことを目指した。

　重要なのは、黄がこうした大規模な教育改革運動を行った理由は、教育の改革だけを目的としていたわけではなかったことである。黄は、教育改革運動の目的は、「教育の再建だけにあるのではなく、社会の再建を兼ねている。学生と教師の心理と知恵を解放するだけにあるのではなく、半世紀において萎縮してしまった台湾の社会力を呼び起こすことにある」[2] と述べている。つまり、黄が四一〇教育改革運動を主導した背景には、長期にわたり戒厳令下におかれた台湾の人びとの思想や精神を、教育改革によって解放することで、社会変革を進め、活気ある民主的な社会を構築していくという目的があったといえる。

　この運動に応えて行政院（日本の内閣に相当）は、同年 9 月 21 日、日本の臨時教育審議会を参考に、行政院内に「教育改革審議委員会」を組織して教育

改革に取りかかり、1996 年 12 月に委員会を解散するまで 4 冊の報告書を提出
した。報告書では、教育法令の制定・修正と教育行政体系の改革、小中学校教
育の改革、幼児教育の普及と特別支援教育の発展、技術・職業教育の多元化と
高度化の促進、高等教育の改革、多様な入学ルートの開拓、民間による学校
（私立学校）建設の促進、生涯学習社会の建設を、改革事項として明記した[3]。
社会教育・生涯学習政策に直接関わる項目は、「生涯学習社会の建設」であり、
ここで教育部は、成人や地域の人びとを対象とした学習・教育機関として、社
区学院の設置を明言した。

　社区学院とは、後に教育部長（日本の文部科学大臣に相当）となる林清江が、
アメリカのコミュニティ・カレッジを参考に、学習者に準学士の学位を与える
二年制の準高等教育機関として構想したものであり、成人に学習の機会を与え
るとともに、当時問題となっていた大学進学競争を緩和するという目的のもと
に構想され、その内実は職業教育体系を強化する性質が強いものであった[4]。
台湾では 1960 年代から職業教育を提唱しており、当時の中学校卒業者の進学
ルートは、主に、日本の普通高校にあたる高級中学校（以下、高中）、工業高
校にあたる高級職業学校（以下、高職）、高等専門学校にあたる五年制専門学
校（以下、五専）の 3 種類があり、1980 年代初頭には、高中と職業系の高職・
五専の進学者は、3 対 7 の比率であった。従来、この 3 割を占める高中卒業者
が、主な大学進学者であったが、1990 年代になると、所得の大幅な増加と産
業構造の変化により、多くの職業系学校の卒業者と、かつて進学の機会に恵ま
れなかった成人が大学進学を希望するようになり、熾烈な進学競争が繰り広げ
られるようになっていた。そのため、社区学院のような新しい教育機関をつく
り、ここに大学進学希望者の一部を入学させることで、進学競争を緩和させる
ことを計画したのである[5]。

　しかし、運動の主導者である黄からすれば、教育部が提案したこの社区学院
は、教育問題の根本を改善し、社会を変革していくものとは思えなかった[6]。
黄は、中卒者の 7 割が、職業教育系の学校に進学していたのには、高中に進
学したくてもできなかったという事情があり、そこには国家が高中への進学者
数を抑えているという政策的な問題と、人間を経済発展の道具とみなす国家の

教育観の問題があるとした。高中と職業系の高職・五専への進学者の比率は、1967 年の時点では 6 対 4 であったが、1970 年代の経済発展により、1980 年代になって 3 対 7 に逆転しており、黄は、この背景には、技術人材を育成するという、経済発展を背景にした国家による計画的な人材分配の目的があるとし、これを批判的にとらえたのである。さらに、台湾は 1990 年代には高度な新しい産業段階に入っていたため、黄は、初級レベルの技術人材は必要なくなっているとも考えており、職業教育体系を強化することになる社区学院の設置には賛成しなかった[7]。

　黄が、高中および大学の増設を唱え、高等教育の大衆化を目指した理由は、多くの民衆に大学レベルの学術的な教養を与えることで、政治や社会に対する高度な自覚をもつ市民を育成するためであり、これによって社会改革、すなわち市民社会の形成を行うことを目的としていたからであった。そのため黄は、これ以降、四一〇教育改革運動を担った教育改革者たちとともに、自らが構想した社区大学の開設に向けた動きを開始した。

1.2　社区大学構想と設置理念

　黄武雄の経歴と社会改革思想は第 2 節で詳述するが、ここではまず、黄が社区大学をどのようなものとして構想したのか確認したい。

　黄は、大学レベルの知識を市民に与え、これによって市民社会を形成することを目指して、社区大学の設置理念を「知識の解放と市民社会の実現」とした。つまり、大学レベルの教養をもつ市民が社会参加をしていくことで、市民社会を実現していくという考えを基本理念においたのである。さらに、この設置理念を実現するために、社区大学の目的を次の 5 点とした。

　①公共圏を開き、民衆の連帯を発展させること。

　②社会全体に反省を促し、批判的思考能力を育てること。

　③学習者を主体とし、協同で社区大学を経営すること。

　④成人学習の特徴をつかみ、問題から出発した討論を重視すること。

　⑤生活芸能課程において生活の内容を充実させ、私的領域の新たな価値観を
　　創造すること[8]。

　これらの目的を果たすため、黄はさらに以下のような構想を練った。①を実現するために、市民が自主的に組織した社会団体、つまり社団で、公共課題をテーマに社会実践を行っていく、社団活動課程をおくとした。ここで市民の社会に対する関心を高め、公共政策に関与していくようになることを目指したのである。しかも社団は、社会運動との連結点となり、将来的には社会運動に関与していく人材を育成することも想定されていたといえる[9]。

　また、②を実現するために、学術課程で市民の批判的思考能力（critical thinking）を育てるとした。学術課程では、人文、社会、自然科学を基礎に、物事の根本を学ぶことで、自己と他者・社会・自然との関係を広く、深くとらえられる思考力、主流価値観を受け売りすることのない思考力、つまり批判的思考能力を育てることが目指された。こうした広い世界観と深い思考回路は、社会を根本から改革していくための基礎になるとして重要視した。しかも、社団活動課程での実践を、学術課程での理論学習と結びつけることで、実践の理論的基盤を作っていくことも目指された。

　③に関しては、これまで一般の学校経営は職員と教員が主導してきたが、社区大学では、学習者に民主的な運営方法を学ばせるために、学習者が学校事務や校務会議に参加していくこととした。

　④に関しては、黄は、今まで成人教育には、知識水準の低い大衆に対して補習教育を施すことで、識字だけでなく、中産階級の言葉遣いや、いわゆる健全な生活・余暇を学ばせるという、知識エリートたちの傲慢さが存在していたとし、社区大学ではこの間違いを正し、成人が今まで積み重ねてきた経験世界をさらに充実させるという観点から、教育方法を定めるとした。

　⑤の生活芸能課程では、学習欲求を満たし、生活を充実させることで、健全な私的領域を育てていくことを目指した。特に、資本主義の拡大によって消費文化が広まり、生活に必要な労働である家電修理やものづくり体験の喪失が起こっていることを「生活の空洞化」と呼び、学習者が生活芸能を学ぶことで生活の質を向上させ、これを解消していくことを目指した。

　黄のこの構想を受けて、社区大学はカリキュラムを、①学術知識を学ぶ学術課程、②生活の質を向上させるための文化教養を学ぶ生活芸能課程、③市民が

公共政策に関与していくための実践活動を行う社団活動課程から構成することとし、この3課程において学びを展開していくことで、民衆が公共政策に参加し、さらには行政施策に影響を与えていくようになり、市民社会を構築していくことを目指すとした。

　黄は、こうした社区大学構想は、アメリカのコミュニティ・カレッジとドイツのフォルクスホッホシューレの機能を参考にしたほか、台湾社会の特徴をとらえて計画したとしている[10]。しかし、参考といっても、これら欧米での施設の機能に直接影響を受けて社区大学を構想したとは考えにくい。黄は、アメリカのコミュニティ・カレッジをモデルにした教育部による社区学院には、大学編入や職業教育体系強化の機能に重点がおかれているとして否定的であったことを鑑みると、これら欧米の施設の機能を検討し、その結果、台湾の市民社会実現に必要なものを重点的に考え、独自的に社区大学を構想したと考えられる。

　この構想の基盤となっている、黄武雄の社会改革思想については、第2節で検討する。

1.3　社会教育・生涯学習政策の動きと社区大学

　社区大学は、成人の新たな大学として構想されたものであるが、台北市で初の社区大学が設置されるとき、社会教育・生涯学習政策の一つとして扱われ、大学という高等教育の機関ではなく、生涯学習施設として設置され、その後、台湾の社会教育・生涯学習政策の重点となっていった（設置過程の詳細は本章3.3を参照）。社区大学が構想され、設置の動きが始まった1990年代は、戒厳令が解除され、民主、自由という空気の中で、台湾の社会教育・生涯学習政策も大きく変化していった時期であった。

　本項では、1949年以降の台湾の社会教育・生涯学習政策の変化を整理し、そこに社区大学がどのように関わってくるのか確認する。また、社区大学が新たに設置されたことで、これまで台湾に存在してきた社会教育施設にどのような変化があったのかも併せて確認する。なお、時代を1949年以降とするのは、台湾に戒厳令が敷かれ、国共内戦に敗れた国民政府が台湾にやって来た年

が1949年だからであり、ここから台湾は強権的に国民政府に支配されていったためである。この年を起点に、社会教育・生涯学習政策の変化を見ていくこととする。

1949年、国共内戦に敗れた国民政府が台湾にやって来た後、教育部は蒋介石の指示のもと、1950年6月、国家の教育方針である「戡乱建国教育実施綱領」を公布し、社会教育の業務を、国に忠誠を尽くし犠牲となった人びとの事績の刊行、映画・歌曲の脚本作成による民族の気風の高揚、学校とともに社会正義・公正無私の精神を唱え、青年と一般民衆の社会公正の気風樹立を導くことなどとした。1952年の中国国民党大会では、社会教育は成人への補習（識字）教育のほか、新聞や出版、映画などの事業を立て、文学、美術、劇、音楽、体育などを提唱することで三民主義文化運動を展開するとし、孫文の三民主義をもとにした施策を構想した。また、教育部は1953年3月、「総動員期間社会教育実施綱要」を公布し、「社会教育の実施は、特に文化改造と社会改造に重きをおき、反攻の力を強化し、建国の基礎を固めることを目的とする」とした[11]。このように、この時期の社会教育政策は、「大陸反攻」「反共復国」を最高目的に据えたものであった。

さらに、日本統治下において日本の教育を受けた台湾民衆の中国人化と反共教育、および大陸反攻後の中国民衆への反共教育を主眼として社会教育法の制定が提案され、1953年9月に立法された。社会教育法には、社会教育の中心施設として社会教育館をおくことが明記され、1960年代にかけて、省立（後に国立）社会教育館が新竹、彰化、台南、台東の4か所に設置された。社会教育館は、国民政府が大陸期に作った民衆教育館を起源にもち、国民の知識水準、道徳の増進と団体活動の提唱による、国民の心身の発展を目的にしたものである[12]。しかし、台湾全土に4つという数の少なさから、実質、機能していなかったといわれている。さらに、1980年以降は、蒋経国が各県市に文化センターを設置したことで、文化センターに役割が取って代わられ、その存在意義は疑問視されていた[13]。

社会教育政策が大きく変化したのは、1987年の戒厳令解除以降である。1988年2月、第6回全国教育会議で「社会教育発展計画」が出され、教育部

は 1990 年 2 月に「社会教育工作綱要」、同年 3 月に「成人教育実施計画」を
提出した。これらは、成人教育の概念に識字教育、余暇教育、高齢者教育、環
境教育などを含ませ、この成人教育の促進を今後の新たな社会教育政策の発展
方向とするものであった。1991 年には、制定には至らなかったが、成人教育
法草案も作られた。戒厳令解除によって、社会教育政策も威権体制下のものか
ら民主体制下のものへと、新たに転換が目指されるようになったといえる。

　1994 年からは、既述の四一〇教育改革運動をきっかけに、政府は教育体制
の改革に取り組んでいき、生涯学習社会の建設を目指すようになった。そし
て、1998 年 3 月に教育部が白書『学習社会に向けて』を公刊し、生涯学習を
中核とした社会形成の目標と具体的な方法を示すと、生涯学習社会の建設が本
格化した。

　白書は 3 部からなり、第 1 部では、台湾の 21 世紀の課題として、国家競争
力向上のための人びとの教養レベルの向上、人文的な事物への関心を育てる学
習機会の提供、国際化への対応、教育体制の転換などを挙げた。そして、第
2 部において生涯学習社会の構築に向けた発展目標を、①新たな知識追求の奨
励、②学校教育体制の変更の促進、③民間参加の奨励、④学校内外の教育体制
の統合、⑤国際感覚とグローバル知識の育成、⑥学習型組織の潜在的能力の活
性化、⑦国民の学習権の保障、⑧国民の学習成果の認証という 8 つとした。さ
らに第 3 部で、この目標を実現する具体的な方法として、①リカレント教育
制度を建設する、②柔軟で多様な進学ルートを開く、③学校教育改革を促進す
る、④多様な高等教育機関を発展させる、⑤補習学校の改革を促進する、⑥民
間企業による学習機会の提供を奨励する、⑦多種の学習型組織を発展させる、
⑧社会的弱者への生涯学習の機会を創出する、⑨生涯学習情報ネットワークを
整備する、⑩民衆の外国語学習を強化する、⑪各レベルの行政で生涯教育委員
会を組織する、⑫生涯学習法制を整備する、⑬学習成果認証制度を創設する、
⑭教員の生涯学習の素養育成を強化するという 14 項目を提出し、台湾の生涯
学習政策として取り組むべきことを示した[14]。

　白書の第 3 部で明記したように、教育部は生涯学習法制の整備を目標にし
ており、1998 年 1 月から 6 月の間、台湾成人教育学会の研究グループに「生

涯教育法制定可能性の研究」を委託した。研究グループが、生涯教育（学習）法の制定は必要であると結論を出すと、教育部は、生涯学習法の条文作成にとりかかった[15]。当初は、社区大学の条文がない草案が作成されたが、2001年、行政院が社区大学を条文に組み込んだ形での生涯学習法の制定を求めたことで、草案は修正され、社区大学を規定する条文を含むかたちで、2002年に生涯学習法が制定された（生涯学習法に社区大学が組み込まれる過程は本章 4.2 で詳述）。

　行政院が社区大学を生涯学習法に含むことを提起したのには、この時すでに社区大学の存在は、無視できないほど大きくなっていたためと考えられる。白書公刊同年の1998年9月、台北市は、社会教育・生涯学習政策の一環として台湾初となる文山社区大学を設置した。これ以降、台湾各地で社区大学設置の動きが本格化し、しかも、社区大学は設置されると多くの民衆から支持を得たことで、2年後の2000年には全土に広がり、その数も25か所にまで増加していた[16]。こうしたこともあり、教育部は2001年5月に「社区大学および関連団体への補助要点（教育部補助社区大学及相関団体要点）」を制定し、「社区大学の機能の拡大を強化し、国民に生涯学習講座を提供し、人文的素質と生活能力を向上し、社区人材と公民を育成すること」を目的に、社区大学への補助金支給を開始した[17]。

　このように、社区大学は、戒厳令解除によって新たな社会教育政策の模索が始まるとともに、政府や行政が市民の多様な学習を促すべく、生涯学習政策を促進し始めた時期に提唱・設置されたこと、そして多様な学習欲求をもつようになっていた民衆から支持を得て、その存在感を増していったことによって、社会教育・生涯学習政策の重点となっていったといえる。

　社区大学が台湾の代表的な生涯学習施設になるにつれ、社会教育の中心施設であった省立（国立）社会教育館と、それを中核にして1980年代から全土におかれた社会教育実践ステーション（以下、ステーション）は文化部に移管となった[18]。1998年の台湾省の「凍結（台湾省長・省議会選挙の停止、省政府の中央直轄化・簡素化を意味する）」[19]にともなって行われた、2002年の社会教育法改正の際、省立（国立）社会教育館は、社会教育法の規定から外されて

おり、さらに2008年には社会教育館の名称は生活美学館となり、現在の文化部である行政院文化建設委員会の所管に変更となったのである[20]。ステーションも同じく文化施設となり、例えば、台南市では「生活美学ステーション」、新竹市では30か所のボランティアサークルと6つの「生活美学協会」へと変更された[21]。

　社区大学が生涯学習法に規定をもつ新たな生涯学習施設として位置づいたことと、社会教育館の文化部移管の関係は明らかではないが、この時期に中心的な施設も社会教育法に規定され、戦後から台湾社会教育の拠点とされてきた社会教育館から、生涯学習法に規定された新たな社区大学へと変換されたのである。

2.　黄武雄の社会改革思想

　本節では、黄武雄の経歴と思想を概観する。社区大学の構想と設置理念を提出した黄武雄は、いったいどのような思想をもっていたのであろうか。

2.1　黄武雄の経歴と教育改革運動への歩み

　黄武雄は1943年に台湾の新竹に生まれた。台湾大学数学科卒業後アメリカに渡り、博士学位を取得した。専門は微分幾何学である。中華民国が国連を脱退した翌年の1972年に台湾に戻り、中央研究院の数学研究所研究員および台湾大学数学科の教員として研究生活を開始した。1974年、教育部が台湾大学に作成委託をした高校数学の教材を執筆するために、1年間で50〜60か所の高校を回って実地授業を行い、各校の教師や学生と直接触れ合うと同時に、『数学教室』という雑誌を毎月刊行し、教師と学生が教育問題について討論し、意見を交換するために紙面をさいた。これが、教育改革に足を踏み入れる第一歩となったという[22]。

　1982年から台湾大学では、教養教育を促進するための大学教育改革を行っており、翌年から黄はこれに参加することになった。戒厳令下という当時において、改革はうまく進まなかったが、黄は、「社区大学の講座を構想するとき、

私は以前、台湾大学で教養教育を計画したときの基本観点をもとにした。一般大学の教養教育計画の仕事において、学生の知識と視野を開き、学習し、思考することで、心理と知性の成熟を行うことを重視した」[23] と語っていることから、ここでの経験は、後に黄が社区大学を構想する基本的な思想を形成するきっかけになったと思われる。さらに黄は、その後、教育環境の改善や、教育改革につながる活動を行っていくようになり、1987 年に同僚らとともに、コースや学科が異なる教授たちの連携を図ることを目的にした「台大教授聯合会」を組織し、同年には、進学競争の激しい学校教育への疑問から、教え子である史英とともに、「家庭、学校、社会の力を合わせ、教育当局とともに、現在の教育問題を改め、人を基本とする教育を促進する」[24] ための「人本教育促進会」を組織し、教育改革を目指す人びとのネットワークを形成した。これは 2 年後に「人本教育文教基金会」という財団となり、この財団は、後に文山社区大学が設置されたときの運営を引き受けることにもなった。

　戒厳令が解除され、1990 年代に入ると、黄は教育改革運動を起こすための具体的な行動を取るようになる。当時、公立小中学校の校長はすべて中央政府によって派遣された人物であり、黄は、こうした状態を、国家が校長の人事権を握り、そうした校長が学校において教師の人事権を握って現場を管理していることで、「進学主義」「管理主義」を引き起こしているとして問題視した[25]。なぜなら、これによって教育の第一線にいる教師たちを縛り、「学生を愛する教師は学校から認められず、学生の管理に長けている教師がかえって重用され」ているという現状があったからであった[26]。

　また、大学も同様な管理体制にあり、しかも大学は本来の役割である真理の探究を行わず、専門人材を育成するための訓練機関となっていると、黄は批判した[27]。そして黄は、教育現場がこうした環境であるために、台湾では「教育の道具化が起こって」いる、つまり短期的には学生の進学競争能力を鍛えること、長期的には良い大学に入り良い職業に就くことが教育の目的となっており、教育の根本である、独立した思考の形成、人格の成熟、創造への敏感性の育成、視野の拡大といったことが考えられていないことが大きな問題点である[28] とした。と同時に、戒厳令解除後の台湾は、社会の構造的、

根本的な調整を行っていないため、台湾民衆は教育問題について、根本的な部分を探ることができていないと考え[29]、民衆が社会の根本的な問題を思考し、討論する機会が必要であると考えた。そして 1993 年 2 月、黄は、教育改革を目指す仲間とともに教育現場を撮影した「笑罷童年（幼少期の権威体制を笑いながら解体しよう、の意）」[30] というビデオの放映会を全国 57 か所で行い、民衆を集めて教育をテーマとした討論会を行った。その後、1993 年 10 月頃に黄は「四一〇教育改革改造工作隊」を組織し、1994 年 3 月 2 日、教育改革を目指す大学教授たちを集め、街頭でビラを配布し、4 月 10 日に教育改革のためのデモ行進を行うことを宣伝した。そして 1994 年 4 月 10 日、後に四一〇教育改革運動と呼ばれるようになる、教育体制の改革を求めるデモ行進を台北市内で行ったのである。

　さらに、社会改革を実現するためには、「人びとの自覚を基礎とする必要がある」[31] と考えていた黄は、人びとの思考や知識のあり方を再構築する必要性も唱えた。黄は、知識には「パッケージ化された知識」と「経験知識」の 2 種類があるとし、「パッケージ化された知識」は、教科書に並べられているような、「 <ruby>篩<rt>ふるい</rt></ruby> にかけられ、個人の特殊経験を削ぎ落とした」ものであり、「さらにそこから細かく分別化、客観化、抽象化、系統化、さらには標準化の処理を経て編成される知識体系のこと」であるとした[32]。

　一方で、「経験知識」は、「人が知識を生み出し創造する活動の記録や、問題を中心にして学習者が一歩一歩知識の構築に参加する過程などのこと」であり、「学習者の知性の成熟を促すもの」であるとした[33]。この「経験知識」こそ、社会改革に必要な人びとの独立思考、つまり大衆や他人のやり方を受け売りしない批判的な思考を育てるものであり、人びとの自覚を呼び起こす基礎条件を形成するものと考えた。黄は、社区大学の理念を「知識の解放と市民社会の実現」としたが、この「知識の解放」には、高等教育を民衆に与えるということと、経験知識を中心に、知識のあり方を再構築するという 2 つの意味があるといえる[34]。

　つまり黄は、教育のあり方と人びとの思考を形成する知識のあり方を変革することで、社会の改革を目指したのである。

2.2　黄の目指すべき社会像としての市民社会

社会改革を目指していた黄は、どのような社会を構築しようとしていたのだろうか。結論からいうと、黄は民衆が公共政策に関与していき、行政施策にも影響を与えていくことでつくられる、民衆を主体とした民主的な社会を市民社会とし、この形成を目指していた。黄の論述から、黄が目指していた市民社会像を概観したい。

黄は 2000 年に、台湾社会の現状について、以下のように述べている。

　　戒厳令解除から十数年間、「国家理性」が台湾においても徐々に社会の共通認識になりつつある。国会改造、司法独立、反裏金、反賄賂の声が絶えず聞こえることからも、これは明らかだ。国家理性とは、ヨーロッパの啓蒙運動および近代国家が発展する過程の産物であり、国家が平等を基礎として、理性によって法律を定め、社会内部の構造を規定し、それを有効的に実施することを意味する。20 世紀末から、国家理性の概念は徐々に台湾社会に入り、台湾「近代化」の前提となった。しかし台湾の歴史を細かく見ると、人びとはこれまで直接公共圏に入り、個人と社会の関係を発展させ、近代文明の精神を把握し、国家理性に対する信念を打ち立てる機会はなかった。18 世紀末の啓蒙運動の「自由、平等、博愛」およびその後に進展した内容は、これまで台湾社会で深く討論されたことはない。国家理性は、人びとの認識において、事実、単なる「形式的な平等」なのである [35)]。

さらに黄は、この国家理性は、台湾ではすでに無効になっているという。そのため、彼は、国家理性にではなく、市民社会への期待を以下のように述べている。

　　現段階の台湾社会は、物質的にはすでにポストモダン社会に突入している。個人の経済力は大きく向上し、各種の交通はこれまでにないほど便利になり、人は絶えず流動し、情報はすばやく伝達される。ポストモダン社会が発展するための物質的条件は、何ひとつとして欠けていない。少数のエリートによって唱えられる主流の価値観は、すでに多くの社会成員には適用され得ず、その抽象的な理性によって制定された法律は、有効に社会秩序を維持することができなくなっている。現在の台湾社会の状況をみると、発展が期待されるのはまさに民衆の力である。各種の公共圏を開放し、民衆に参加させるとともに、民衆に十分な現代社会

の認識と、深く人類の精神文明を理解する学習を提供する。公共参加と深い学習によって、民衆の内在的な力を発揮させ、新たな価値観と社会の新秩序を形成する。エリート主導の国家理性を、民衆参加式の市民社会に引き上げる、これが21世紀の台湾が必ず開拓せねばならない活路である[36)]。

　このように、黄は政治エリートが主導する社会ではなく、民衆の深い学習と公共への参加によってつくられる民主社会、すなわちこれを市民社会とし、この形成を目指したのである。黄は、こうした理想的な市民社会を形成するために、中間左派に立って討論を行う大型独立メディアの成立、人びとを公共政策の決断に関わらせるための公民投票の実施、そして、基層から市民社会を経営するために、人びとが学習・討論し民主主義を担うための訓練をする場として社区大学の設置が必要であるとした[37)]。特に社区大学は、公民投票を行う前の、臨時的あるいは長期的な討論と学習の場として必要なものとした[38)]。

　そして黄は、市民社会を以下のように定義している。

　　「市民社会」とは、市民が公共事務に参加すること、さらには公共政策に影響を与える社会のことをいう。こうした「下から上」の状態は、公共討論の発展（例えば、メディアにおいて）および社会に関する深い学習（例えば、社区大学において）によって、国家中央あるいは地方事務に（民衆が：筆者注）影響を与える社会であり（例えば、公民投票と社区づくりを通じて）、エリートの支配から抜け出し、社会を社会成員の要求に適応するように発展させ、ならびに理性的に社会全体の長期的な利益を考えるものである。このようにして現代国家に欠かせない民衆の力を形成し、多くの社会資源を、政府と私人、あるいは営利集団の掌中で操作されることを防ぐ。そして民衆の力によって国家発展の方向性を変え、民衆の利益が重視される、これが私のいう「市民社会」である[39)]。

　このように、黄のいう市民社会とは、一部の政治エリートが主導していくのではなく、民衆が深い学習と討論、投票を経て、公共政策に参加していくことによって、行政施策に影響を与えていくことでつくっていく社会のことであるといえる。こうした観点から見ると、社区大学の設置理念である「知識の解放と市民社会の実現」とは、経験知識を中心にした高等教育レベルの知識をもっ

た民衆が中心となって、公共政策に関与していくことによって社会をつくっていく、という意味をもっている。そして、こうした理想を実現するために、社区大学は構想され、民主化運動の過程で、設置へと動き出したといえる。

3. 社区大学の設置過程

以上のような理念をもつ社区大学は、実際にどのようにして設置されていったのか、教育改革者と台北市政府教育局の動きを中心に見ていきたい。

3.1 教育改革者たちによる社区大学の開設に向けた動き

黄は、四一〇教育改革運動以前の 1990 年頃からすでに社区大学の構想をもっており、当時教育委員を務めていた台北県（現 新北市）教育委員会に「地方政府による社区大学設置計画草案」を提出していた。しかし、当時はこの草案は受け入れられなかったという[40]。四一〇教育改革運動を経て、黄は 1997 年 12 月 26 日、「民主の深化と新文化の発展」と題する文章を、新聞『中国時報』に発表し、台湾社会の問題点と、自らが設置しようとしている社区大学のもつべき役割を示した[41]。

黄は、台湾は長い間、専制政治によって抑圧されてきたため、政治の水準が低く、教育も閉鎖的であり、民意がすぐにメディアに流されてしまうこと、二大政党である国民党、民進党がともに「エリート主義」（政治エリートが国家の発展を主導し、民衆は単なる観衆という考え）と「拡張主義」（大規模な経済開発や軍備拡張などのために、環境を強制的に開発、支配し、資源を消耗すること）の道を歩んでおり、これが社会の主流価値観になっていることを、台湾社会の問題点だと指摘した。と同時に、今後、民主的な思想を台湾に根付かせ、社会を進歩させる新たな文化と価値観を創造するには、民衆の社会参加と社会監督が不可欠であるとし、公民投票を行い、民衆の社区の公共政策への参加を促すとともに、社区活動を通して民主的な方法とは何かについて、民衆が学習していく必要があるとした。そして、これを実現するために、民衆が思考を鍛える場所として、社区大学を設置しようではないかと述べたのである。

　社区大学の目的は、単に民衆に生涯学習の機会を提供するだけでなく、討論をし、公共的な社会団体を組織し、技芸交流をすることを通じて台湾社会を活性化させることにあり、社区大学を設置する地方政府は、民衆を社区大学に引き付けるためにも、社区大学の学歴証書を発行するとした。社区大学の設置者を中央政府ではなく地方政府としたのは、地方政府が大学を設置することは高等教育の開放を象徴すると考えたためであり、地方政府が設置することで、より多くの民衆に高等教育の機会を開くとともに、社区に根ざした経営を行っていくという目的があったからである[42]。

　これに賛同の意を示したのは、政治大学社会学部教授で、大学教員が自由に政治を論評する結社であり、四一〇教育改革運動にも関与した「澄社」[43]の一員として、黄と同じく教育改革を志向していた顧忠華である。顧は、「市民参画の拡大、社会改革の促進」と題して『中国時報』に文章を発表し、黄の考えは、民衆を基盤とする民主主義の色を強く帯びており、下から上へと新たな価値観の形成を可能にするものであると述べた[44]。

　なぜ黄は、この時期にこのような文章を発表したのか。そこには、戒厳令解除からちょうど10年が経ち、台湾の発展状況を回顧し、今後の台湾の民主社会のあり方について、議論を引き起こしたいという思いがあったことに加えて、1997年11月末の県市長選挙で、民進党が国民党に圧勝し、「政治、経済、社会条件から、社区大学計画を実行できる可能性が高まった」[45]と考えたからであった。政治面では、2000年に第二次世界大戦後初の政権交代が行われ、国民党に代わって民進党が政権をとるようになるが、この時期すでに政治状況は、政権交代に向けた機運が高まっていたといえ、こうした社会の変動は、社会改革を理念にもつ新たな教育・学習施設である社区大学の設置に有利になると考えたといえる。そのため中国時報の副編集長であった唐光華に連絡を取り、既述の文章を載せてもらうことにしたのであり、さらにその後、同じく教育改革を目指す顧や、李丁讃（清華大学教授）、彭明輝（清華大学教授）らにも声をかけ[46]、社区大学設置に向けた動きを本格的に始動した。

3.2　社区大学設置準備委員会の発足

　1998年に入ると、顧忠華は唐光華とともに、体調不良で療養していた黄のもとを訪れ、黄の社区大学構想を設置に向けて実行に移すことを提案し、一緒に行動を起こす人物として史英を紹介してもらった。史は黄と同じく台湾大学数学科の教員であり、黄とは師弟関係（黄が師にあたる）にあり、台北市に文山社区大学が設置されて1年間の試行運営を担う人本教育文教基金会[47]の代表でもあった。すでに1997年の夏頃、黄は史に社区大学設置計画への協力を要請しており、史は運営面において協力できると答えていた。

　1998年1月12日、政治大学において、黄武雄、顧忠華、唐光華、李丁讚、彭明輝、洪萬生（台湾師範大学教授）、夏鋳九（台湾大学教授）によって「社区大学未来構想検討会（以下、検討会）」が行われた。この検討会で、黄は、社区大学の理念や設置課程、場所、教師陣、学位に関する計画を提起し、「現在よくも悪くも政治家は『公共的な仕事』という言葉に反応するため、政治家からすれば今後社区大学を支持することは票集めの大切な道具となる」、さらに、「民進党が政権をとった暁には、社区大学の学位は中央政府に認められたも同然になるだろう」と述べている[48]。また、唐は、最近の政治状況は、中央では反対党（民進党）の勢力が大きくなり、地方も民進党議員が首長になる県市の比率が増えていることに言及し、「民進党は理想性の高い計画を進める可能性が高く、民進党が与党になれば社区大学を支持する可能性が高い」と述べている[49]。つまり彼らは、民進党勢力が躍進しているという当時の政治的な変動をうまく利用することで、社区大学の設置を実現しようとしたといえる。

　そして2月から設置準備に取りかかった。社区大学の設置場所として、黄の構想から既存の学校の敷地を借りることは決定していたものの、どこにするのかは未定であったが、当時、顧忠華、唐光華、洪萬生がちょうど文山区木柵に住んでおり、地縁もあるため、ここから始めることを考えていた[50]。しかも、文山区には政治大学があり、近くに台湾大学もあるため、これらの大学の資源、つまり教員や人脈などを活用することもできるという考えもあった。さらに、かつて木柵中学校で会議を開いた経験から、校長とは顔見知りであり、し

かも校長は開放的な人物であること、校長に就任してまだ日が浅いことも知っていた。そのため、木柵中学校に協力してもらうために、阮小芳（人本教育文教基金会）が校長・韓桂英に会いに行くと、韓校長は、新しく、実験的なものに対しての理解を示し、木柵中学校を社区大学開始の拠点として活用することを承諾してくれたという[51]。このようにして、文山区の木柵中学校を拠点に、社区大学を始めることにしたのである。

そして、検討会のメンバーに、史英、林孝信（後の全促会常務理事）、林朝成（成功大学教授）、成令方（中央研究院研究員）、蔡傳暉（華梵大学教授）、阮小芳を加え、1998年3月末「社区大学準備委員会（以下、準備委員会）」が発足した。同年5月4日、人本教育文教基金会は「社区大学五四スタート（五四新社会宣言）」と題して記者会見を開き、台北市文山区と新竹市香山県に社区大学を設置することを宣言した[52]。

この宣言の後、準備委員会は木柵中学校校長・韓を公式訪問し、社区大学の設置場所として教室を提供してもらうことへの承諾を正式に得た。そして、黄は当時台北市長であった陳水扁（1994年12月～1998年12月台北市長。民進党）に手紙を書き、6月には、顧は陳市長に社区大学設置の直談判に行った。すると、陳市長側は、社区大学ではなく、台北市が当時進めていた台北市立放送大学の設置に一緒に取り組むことを提案したというが、その後、放送大学と社区大学を一緒のものとして扱うことは難しいと感じ、放送大学ではなく社区大学の設置を行う意向を示したという[53]。

顧は、ここには台北市の政策の転換と、「放送大学の設置には4,000万元の予算が必要であるが、社区大学なら1,000万元で設置できる」といった、予算面の利点があったのではないかと回想している[54]。そして、陳市長から社区大学設置の承諾を得て、しかも開校初期の経費として市長の第1次予備金1,000万元（日本円にして約3,000万円）の援助を受けられることになった。これまで、国民党政権であった当時において、陳水扁という民進党員が首長になっていた台北市が、教育改革運動を背景にもつ体制外の社区大学を支援したことは、台北市政府による中央政府に対する一種の教育改革圧力だったのではないかと考えられてきた[55]。確かに、こうした意味合いがあったことを完全

には否定できないものの、政策方針や予算面の考慮という一面もあったと考えられるのである。

　このように、教育改革者たちは当時の政治状況の流れを利用することで、社区大学設置の動きを加速させたといえる。

3.3　台北市政府教育局の対応と文山社区大学の設置

　こうした教育改革者の動きに、台北市政府教育局はどのように反応したのであろうか。

　社区大学の設置を陳市長が許可した後、台北市政府教育局は7月から社区大学の設置業務に取りかかった。成人の大学として、学位授与を行う機関として構想された社区大学ではあったが、地方政府である台北市政府には高等教育科がないこともあり、成人の学習に関する業務を担う社会教育科（現　生涯教育科）が社区大学の設置を担うこととなった。

　設置業務は、当時、社会教育科専門員であった楊碧雲が中心となって担った。楊によると、当時、台北市政府教育局は、社会教育・生涯学習政策として、教育部が主導していた社区学院と台北市立放送大学の設置に取り組んでいた。社区学院は、すでに「社区学院設置条例草案」が作成されていたが、今後の少子化による学生募集の困難が予想されていたことから、法制定が順調に進まず、設置に向けた動きは停止状態にあった[56]。同じく台北市立放送大学も、設置草案はすでに完成していたが、台湾にはすでに国立放送大学が存在し、学習者の大半が台北市民であるため、台北市にも放送大学が設置されれば、学生募集の際、激しい競い合いが起こることが懸念されており、結局、台北市立放送大学の設置草案も制定されなかった[57]。

　こうしたなか、教育改革者たちから社区大学設置の提案があったことから、本来ならば社区学院、市立放送大学の設置に充てるはずであった予算を社区大学にまわし、社区大学の設置に取りかかったという[58]。既述のように、顧忠華は、台北市が市立放送大学ではなく社区大学の設置を進めた理由として、台北市政府の政策の転換と予算面の事情を述べていたが、こうした楊の証言からは、台北市が社区大学の設置を進めた背景には、社区学院と市立放送大学の設

置計画がうまく進んでいなかったという事情があったことがわかる。

　さらに、社区大学は大学として構想されたものであり、教育改革者たちは、学習者に単位を認証し、学位授与を行うことを目指していたが、楊は、社区大学を学位授与可能な機関として台北市が設置することは不可能であり、学位授与をしない生涯学習機関にしかなり得ないと考えていた[59]。なぜなら、大学法に規定された大学としての条件を満たしているものが学位授与法に規定され、学位授与をすることができるのだが、活動場所が小・中・高校の敷地内であり、学習者の学歴を高卒以上に限らず、教師も大学院卒以上に限らない社区大学は、大学としての条件を満たさないために大学法が定めるような大学ではなく、そのため学位授与法にも規定され得ないからである。つまり、学位授与を行うことは法規上不可能ということがあった。あるいは、社区大学が学位を授与できるようになるために、もし、大学法や学位授与法を修正しようとしても、修正の権限をもっているのは中央政府（教育部）であるため、地方政府である台北市には、これら法規上の問題はどうすることもできないことであった[60]。

　さらに、楊は、「社区大学の長所は、さまざま柔軟性に富む空間をもつことであると認識しており、いったん社区大学が学位ディプロマを発行できる機構になってしまうと、講師の学歴資格、学習者の入学条件の無制限や、多様化した課程編成などといった弾力性が失われてしまう」というように、社区大学がもつ曖昧さや柔軟さを、むしろ長所であると認識していた[61]。つまり、社区大学を、学位授与をする大学としてではなく、学位授与をしない、柔軟で多様な学習活動を展開できる生涯学習機関とした方がよいと認識していたといえる。こうしたこともあり、台北市は社区大学を、生涯学習政策の一環として扱い、「社区の教育資源を活用して、人文的、公共的、思考的、生活的な生涯学習講座を提供する」ことで、しかも「民衆の社区への意識と社会の公共事務への参加能力を育てることを目的」とする生涯学習機関として設置を開始した[62]。つまり、教育改革者たちによって、大学レベルの教育・学習を通じて市民社会を形成していくものとして構想された社区大学は、実際に台北市において設置されるとき、多様な生涯学習講座を市民に提供し、市民が自由に学習を展開していくことを通じて、市民社会を形成していくものへと転換されたといえる。つ

まりここで、市民による多様な学習と社会改革の理念に整合性がもたらされたといえる。

　台北市政府によるこうした行政的措置を、教育改革者たちはどのようにとらえていたのであろうか。教育改革者たちも、社区大学を大学として設置することは、多くの法的な障害があるために、当時の段階においては難しいということを理解していたといえる。顧は、社区大学が設置された後の文章において、次のように記している。

　　　「現実に存在する社区大学」（すでに設置された社区大学：筆者注）は、設置された時点ですでに、本来、「地方政府設置による社区大学計画草案」（黄武雄が執筆した社区大学の設置計画：筆者注）内で書かれたような、学位授与が可能な社区大学ではなくなっている。社区大学は、あらゆる条件が整った後に、自然的に、順調に誕生したのではなく、むしろ「早産」の方法で誕生したのである。つまり、まず先にその存在を求めた。そしてその後、本来の理想に向かって努力していくことにしたのである。理想と現実との落差を受け入れることは、原初の構想に背理することを望まない社区大学の宿命であろう[63]。

　つまり、教育改革者たちは、台北市の行政的措置によって、社区大学が生涯学習機関として設置されることになったとしても、まずは、構想だけで実体のない社区大学を実際に存在するものとすることを優先したといえる。そして、実際に設置した後に、法規の修正などによって条件を整えていくことで、学位授与をする大学という理想に近づけることを目指したといえる。

　こうして社区大学は、台北市政府教育局が経費を負担し、運営を準備委員の史英が代表を務める人本教育文教基金会に委託するという公設民営の方法で開設されることが決定した。民間の力を活用することで、運営にかかるコストを下げるという目的があった[64]。そして1998年9月28日、台北市文山区木柵中学校内に文山社区大学がおかれ、1年間は試行期間として運営が開始された。

3.4　文山社区大学試行運営の実態からみる社区大学の方向性

　このようにして開始された文山社区大学は、1年間の試行運営期にカリキュラムや運営組織が整えられ、試行期間の終わりに6種類の「台北市社区大学設置計画研究および試行計画報告書」を提出した。この報告書は、黄武雄、顧忠華、蔡傳暉を中心とし、馮朝霖、鄭同僚、成令方、李永展、洪萬生、楊碧雲ら、つまり社区大学の構想者、準備委員メンバー、台北市政府教育局職員ら（以下、研究メンバー）によって作成されたものであり、以後、台湾全土に社区大学を普及していくうえでのモデルを提示した。

　これらの報告によると、学術課程は黄の構想通りに人文学、社会科学、自然科学の領域をおき、人文学には教育類、歴史類など7種類、社会科学には社会学類、経済学類など9種類、自然科学には数学類、生命科学類などの6種類の科目を設置した[65]。生活芸能課程では、読書・作文能力やパソコン操作能力を養う「基礎学力能力」、芸術活動を生活の中に取り入れるための「芸術と人生」、創造性を喪失した生活を改善するとともに、家庭に必要な法律の学習を行う「家庭と生活」、社区活動に必要な組織能力、コミュニケーション能力を養い公共活動への参加を促進するための「社区と社会参加」、生態環境の保護に関心をもつことを目的とする「生態と環境」の5つの分野をおいた。成人を対象とした民間の学習教室が、絵画や書道、パソコン、語学、料理などのような趣味講座を中心にしているのに対し、文山社区大学の生活芸能課程では社区との連携や環境保全など、いわゆる「公共的な内容」の講座を中心に設計したことが強調された[66]。

　また、社団活動課程は、黄の構想では、学習者によって自主的な団体を組織することが理想とされたが、社区大学開始直後は、学習者がすぐに団体を組織することは難しいという理由から、まず四一〇教育改革運動に関わったNPOなどを招き、公共的な課題の発見方法や、民間団体の組織方法などに関する内容をレクチャーしてもらい、将来的に学習者自身が自主的に団体を組織できるようになるというように、段階を踏むかたちでの計画がなされた[67]。そして社団活動課程は、社会運動団体や社区組織などと連携、交流することが重要であるとし、余暇活動的な性質を帯びている将棋クラブや茶芸クラブのような団

体は含まないとした。

　試行運営を開始すると、文山社区大学には多くの学習希望者が殺到したため、学習者は抽選によって選ばれた。研究メンバーは、学期終了後、704人分のアンケート調査を回収して、学習者の反響を分析した。その結果、学習者の年齢層は20代後半から50歳までが多く、7割の学習者が大学卒業の学歴がなかったことから、成人の大学という、構想当初の社区大学の趣旨に適合する学習者層であると評価した。また、男女比は約1対3であり女性の方が多かった。この結果に関して、昔からの男尊女卑思想の影響で女性の学歴は男性に比べて低いため、女性の方が学習できる機会を尊重しており、これまでの生活の中でおさえてきた学習欲求を解放したのではないか、また男性は実用的価値を重んじるため、学位授与をしないことが、男性学習者が少なかった原因ではないかと分析した[68]。

　内容面に関しては、すべての課程において7割以上の学習者が難易度は適切だと回答し、教師の教え方に対しては8割以上が満足と答えた。しかし、なかには難しくて理解できないという学習者や、仕事による疲労で集中できなかったという学習者もいたため、今後、社区大学と教師はこうした問題の解決方法を学習者とともに探っていく必要があるとした。また、講座の終了時間が夜10時であり、その後帰宅を急ぐ人が多く、講座終了後に教師と話す時間が十分にもてないことから、講座の合間に30分の休憩を取り、教師と学習者の交流を促す時間をつくることを提案した[69]。

　さらに、学習者の動機は、どの課程でも「自己の充実」と「自己の興味」が最も多く、この2つの動機が全体の7割以上を占めていたため、講座を通じて、社区への参加という動機をどのように引き出していくのかが今後の課題であるとした[70]。そして、学習者の受講希望が多かった講座は、心理学、経済学、法律と生活、陶芸、家具の修繕であることから、これらの講座は生活に直接活用することのできる、実用的なものであるために人気が高いと分析し[71]、さらに今後、学習者が開講を望む講座は、外国語、パソコン、手工芸、絵画、料理といった、趣味講座であることも明らかにした。

　研究メンバーは、「こうした講座を大量に開講してしまうと、学習者が社区

大学に来る目的が、この講座を受講することだけになり、学術課程や社団活動課程に参加しなくなる可能性があり、社区大学の機能が変質してしまう危険があるのではないか」[72]と懸念しながらも、同時に、学習者が趣味学習や生活芸能を求めるのは、「これらに対する恐怖心がないから」、つまり「自己の、学術学習や公共参加への需要ははっきりとは認識していないが、生活における実用的な芸能の需要は明確に認識しているからである」と分析した[73]。そのため、こうした学習者の特性を生かして講座を計画することで、実用的な生活芸能課程だけでなく、社区への参加へと向かわせることができるのではないかともした。

　例えば、自然生態を学ぶ場合、まず、学習者が身近に感じやすい、自然と触れ合う余暇的な講座で学び、これを通じて、より深い生態学の学術知識への関心や、環境保護活動といった公益活動への興味へとつなげていくことができるのではないかとし[74]、そのため、3課程は内容に整合性をもたせ、講座の接合を考えるようにすることが重要だとした。そして、「あらゆる人の社区大学に対するイメージは同じでなく、各地方政府の社区大学の位置づけも同じではない」という状況、つまり「多様な発展状況」にある社区大学を「特定のモデルをつくり、枠にはめ、制限することはしてはならない」とするとともに、こうした多様な可能性を秘めている社区大学を推進していくことは、かえって新たな公共領域を開き、社会の力を動員することになるために、社会のネットワークの活性化、改革の力の凝縮、公共領域の拡大という目的を達成できるだろうと結論づけた[75]。

　多くの市民が、主に生活芸能課程で学ぶ機会を求めているということは、学術学習と公共への参加を重視する社区大学の理念とは異なるものではあったものの、生涯学習政策によって市民の学習を促したい台北市は、こうした市民の学習欲求を肯定的にとらえていた面があったのではないかと考えられるのである。

　このように、構想上は大学であったが、行政的には生涯学習機関として設置された社区大学には、多様な学習需要をもつ多くの学習希望者が集まった。そして、学習者が実用的で趣味的な生活芸能課程を求める傾向にあることを鑑

み、ここにおいて、生活芸能課程をスタートにして、学習者の公共に対する意識を育てていくといった、新たな社区大学の可能性が提示されたといえる。つまり、社区大学は生涯学習機関として市民の多様な学習を奨励し、学習者が生活芸能課程を中心にして自由に学んでいくことを通じて、市民社会を形成する、つまり社会改革を行う学習機関となるという方向性が生み出されたと考えられるのである。

　この間、文山社区大学設置から3か月後には、台北市長が民進党の陳水扁から、国民党の馬英九となった。政党の異なる市長が就任したことで、社区大学の運営は継続できるのかが不安視されたが、新任の馬市長も社区大学を支持したため、文山社区大学の試行運営は継続されることとなり[76]、しかも翌年3月には、台北市政府に台北市社区大学促進委員会を組織し、社区大学の増設を開始した（増設過程は第2章で詳述）。民進党の市長に設置許可を得て開設された社区大学が、国民党の市長になっても継続できたのは、学習者が殺到している文山社区大学を支持することで、国民党が民衆からの支持を得るという政治的な目的があったと思われるものの、生涯学習社会の建設が叫ばれ始めた当時において、市民の学習を促進するためには、社区大学のような新たな学習機関は社会に必要であると考えられたためといえるだろう。つまり、いずれの政党も、市民が自由に学びを展開する社区大学の価値を認めたものと考えられるのである。

4. 社区大学の法制化に関する議論

　成人の大学として構想された社区大学は、台北市で初めて設置されたときにはすでに、生涯学習機関として設置されており、主に生活芸能課程を通じて社会改革を進めていくことを目指す学習機関となっていった。その後、社区大学は、2002年に制定された生涯学習法に規定されたことで、法的にも正式に生涯学習機関としての根拠をもつに至った。しかし、教育改革者たちは社区大学をあくまで大学として法制化することを目指していたため、生涯学習法に規定されることに関して、さまざまな議論が交わされた。構想としては大学である

が、実際には生涯学習機関として設置された社区大学の法制化に関して、どのような議論があったのだろうか。

4.1　社区大学設置時における法的位置づけの議論（1998～2000年頃）

　教育改革者たちは、社区大学が大学としての法的根拠を得て、学位授与を行えるようになることを目指していた。その理由は一つに、これまで台湾では大学への進学機会は、一部の経済的な上級階層にしか与えられなかったため[77]、大学の学位は彼らだけが所有できるものになっていた。そのため、多くの民衆に学位を授与することで、学位自体の価値を下げ、社会にはびこる学歴主義を打破するという目的があったこと、もう一つは、学位授与ができるようになれば、社区大学の質を高度なものに保つことができるため、黄武雄が考えるような市民社会をもたらすための「知識の解放」を、真に実現できると考えていたということがある[78]。

　しかし、社区大学が大学としての法的根拠を獲得し、学位授与ができる教育・学習機関になることに対して、多くの疑問が投げかけられた。例えば林振春は、学歴主義の打破を目指した社区大学が、学位でもってその問題を解決しようとしていること、また、運動から誕生した社区大学が法体制に組み込まれようとしていることは、運動の精神やその理想性を失うことになるのではないかとの見解を示した[79]。しかし、このような意見に対し黄は、「法制的地位がなければ、社区大学は常に生存のストレスにさらされることになる」「法制化は社区大学の生存の空間を増加させるため」であり、「なぜ理想性を損なうことにつながるのかがむしろ理解できない」とし[80]、社区大学の大学としての法制化と学位授与の権利を一貫して求めた。

　中央政府も社区大学の法的地位に関してはとまどいを見せていたとみられ、文山社区大学が台北市で開設された当時の教育部社会教育司（日本の文部科学省総合教育政策局にあたる）副司長であった柯正峰は、社区大学開設のとき、高等教育司（日本の文部科学省高等教育局にあたる）と社会教育司は、業務をどちらが担うか「互いに譲り合い」、さらに、運動から出てきたこうした教育体制外の社区大学は、「当初、教育部の役人は、大学法に違反するものである

ため大学でなく、私立学校法にも違反するため私立学校でもなく、学位授与法の規定にも合わないため学位授与はできず、民間塾としての申請も出ていないため、取り締まりの対象となる」と考えていたという[81]。つまり、社区大学を教育改革者たちの本来の構想通りに大学として扱うのであれば高等教育司の所管であるべきだが、生涯学習機関として設置されている現実を見れば社会教育司の所管という状態にあり、またそれ以前に、社区大学は教育体制内に位置づかない新たなものであるため、中央政府は社区大学をどう扱うべきかで悩んでいたといえる。

教育改革者たちが目指す、社区大学の大学としての法制化を最も早く実現するための方法は、正規大学を規定している大学法に、社区大学を明記するという方法であったが、社区大学は、募集学生の学歴は問わず、入学試験を課さず、独自の校舎をもたないことなどが、明らかに大学の形態とは異なっていたため、大学法に入ることはできなかった[82]。そうなると、大学法に規定のある機関しか学位授与はできないため、社区大学が学位授与をすることは不可能であった。社区大学が、学位授与をする大学となるためには、大学法や学位授与法を、社区大学に合わせて修正する、あるいは社区大学を法律に合うように変更する必要があったが、前者はハードルがきわめて高く、後者は社区大学の独自の部分、つまり学習者の学歴不問や校舎をもたないことなどを変えなければならないことから、結局、どちらの方法でも法制化は不可能となった。

また、もう一つの方法として、教育改革者たちは、当時、教育部が制定しようとしていた「社区学院設置条例」の中に社区大学の項目を組み込むことを目指した[83]。既述のように、この条例は制定作業がなかなか進まなかったものの、2002 年 5 月頃には制定されるだろうと考えられていた。しかし、結局、制定されることはなかった。

社区学院は、既述のように、当時の教育部長であった林清江が、アメリカのコミュニティ・カレッジをモデルに、新たな教育機関として、進学を目指す成人とあらゆる高卒生に教養学習や職業教育の機会を提供することで、大学への進学競争を解消することを目的に構想したものである。一方の社区大学は、黄武雄が構想し、教養学習と公共への参加によって、社会改革を行うことを目的

とするものである。この 2 つの教育機関は、構想者は異なっていたが、どちら
も成人に教育・学習の機会を与える新たな教育・学習機関として構想されたと
いう点では一致していたため、この 2 つを 1 つにまとめ、1 本の条例内に収め
る方法を探ったのである。しかし、形態と精神が異なることを理由に、社区大
学は社区学院と合流せず、この方法も断念した[84]。

　このように、教育改革者たちは社区大学が大学として法的根拠をもち、学位
授与をする機関となることを求めていたが、社区大学の形態が、大学法にあて
はまる条件と大きくかけ離れていたため、大学になることはできなかった。ま
た、構想の核となる思想が異なるという理由から、社区大学は、準学士の学位
授与を行う社区学院の動きにも合流しなかったため、結局、学位を授与するか
たちでの社区大学の法制化は実現しなかったのである。

4.2　社区大学の生涯学習法（2002 年制定）内への規定

　こうしたなか、1998 年 3 月に教育部が白書『学習社会に向けて』を提出し、
生涯学習の促進を開始し、この中で生涯学習法の制定を行うことを明記した。
これによって中央政府は、2001 年頃から、社区大学を生涯学習法に入れる方
向性で本格的に動きだしていた。

　生涯学習法の制定に先駆けて、教育部は 1998 年 1 月から 6 月の間、台湾成
人教育学会の研究グループに、生涯教育法の制定の可能性に関する研究を委託
し、生涯学習と法学の研究者 9 名からなる「生涯学習法起草グループ」を組織
した[85]。グループは、台湾の社会状況をもとに、欧米諸国や日本、韓国など
の関連法規を参考にしつつ、1999 年 12 月に「生涯学習法草案」を完成させた。
草案は、立法目的、名詞の定義、政府責任、主管機関、生涯学習機構、基金会
の設置、経費、監督、評価、リカレント教育、遠距離教育、学習成果認証制度、
有給教育休暇制度の促進を含む全 20 条であり、社区大学の項目を含まずに行
政院に提出された。

　その後、行政院は政権交代後の 2001 年 2 月に審査会を開き、次のような意
見を提出した。

　生涯教育の展開と学習社会の建設は、国際社会の教育の新たな潮流であるだけでなく、国家が新世紀を迎えるにあたり必然的な趨勢である。そのため、生涯学習法草案の枠組みは、客観的なビジョンをもち、確実に執行できるものであるべきである。教育部は、再度、専門家および関係部会を召集し、本法の位置づけ、および有給教育休暇、財団法人生涯学習基金会の設立、総合所得税の控除、学習成果の認証制度を昇進試験の参考にするか否かの問題、および国家建設の発展、リカレント教育制度の構築、社区大学の法的根拠、および社区づくりなどの項目について、再度研究討論を行い、本法がより広いものとなり、そして具体的可能性をもつものになるようお願いしたい [86]。

そして再び教育部は会議を開き、草案を修正し、社区大学の項目を入れた新たな草案を作成した [87]。

　新たな草案が行政院から立法院（日本の国会に相当）に渡った後 [88]、審査において立法委員（日本の国会議員に相当）からも以下のような書面意見があった。

　　現在、全国に30か所以上ある地方政府設置による社区大学の（中略）財務状況はとても厳しい状況にある。（中略）政府は、生涯学習の枠組みを組織するとき、先に現存する社区大学への協力を考慮すべきではないか。社区大学の構想者である黄武雄教授、『科学月刊』創刊者の林孝信先生は、どちらも極めて進歩的な社区教育概念を有し、彼らと多くの社区教育者はすでに社区大学に多大なる心血を注いできた。教育部は、社区学院あるいは生涯学習ネットワークを計画するとき、まずこれら現存の社区大学を優先的に考えるべきではないだろうか。彼らに豊かな資源を与え、社区教育と生涯学習の目標を結合させられないだろうか [89]。

　このように、2000年代に入ると、社区大学の盛り上がりは無視できないものとなっていた。そして既述のように、教育部も2001年から社区大学へ補助金を支給しており、徐々に社区大学は、社会教育・生涯学習の重要政策の一つとなっていた [90]。

　こうした過程を経て、2002年6月、条文に社区大学を含んだ生涯学習法が制定された。そこでは、社区大学は、次のように定義、規定された。

第3条5項
　　正規の教育体制外で、直轄市、県（市）が主管単位となり、自らあるいは委託
　によって社区の民衆に生涯学習活動を与える教育機関を指す。
第9条
　　直轄市、県（市）は、生涯学習を広め、国民に生活における知識や技能と人文
　的素養を提供し、現代社会の公民を育成するため、規定によって社区大学を設置
　あるいは委託設置することができる。その設置、組織、教師陣、課程、学生募集
　およびその他の関連事項は各レベルの政府の定めによる[91]。

　ここにおいて社区大学は初めて法的根拠をもつと同時に、法的にも正式に生涯
学習機関となり、社区教育と結合しながら発展していくこととなったのである。

4.3　社区大学法制化後の動き

　社区大学が法的に生涯学習機関として規定されたということは、学位授与は
行えなくなったことを意味していた。このことは、学位授与を行うことを目指
していた教育改革者たちからすれば、完全に納得のいく結果ではなかった。そ
こで、教育改革者たちの一部は、社区大学が国立放送大学との合併によって、
「開放大学（オープン・ユニバーシティ）」となることで学位を授与できるよう
になるよう、中央政府にかけ合った。そのため、生涯学習法の制定審査時、教
育部長であった黄栄村は、「社区大学は生涯学習施設」であり「正規教育の体
制外に位置づく」もので、「学位授与を行うものではない」[92]と説明したが、
同時に「以後、社区大学が他の法律内で、学位授与の問題が探られる可能性は
排除しない。今後、放送大学と開放大学法への統合についての話をすることに
なる」「この部分（学位授与を行うか否か：筆者注）については我々も早い段
階では封殺しない（結論を出さない：筆者注）ようにしている」と述べ、社区
大学が今後、学位授与を行う可能性を、完全には否定しなかった。
　この要求は現在も続いているが、放送大学側の合意が得られず、進展は見ら
れていない。また、高等教育がすでに普及した近年は、多くの市民が学士学位
をもっているため、学士ではなく、社区大学が「生涯学習学士」という新たな
学位の授与をする道も探られている[93]。

　このように教育改革者たちが一貫して学位授与にこだわるのには、学位授与を行う機関になることで、社区大学の質を高度に保ち、知識の解放を実現するという社区大学の理念に沿った目的だけでなく、社区大学が運動の産物であるという点、つまり学位に対する社会の意識を変化させ、学歴信仰を終わらせるという四一〇教育改革運動の精神を保とうとしていることがあるといえる。

ま　と　め

　本章では、四一〇教育改革運動後に社区大学がどのように構想され、どのような理念をもち、どのように設置されていったのかを概観した。社区大学は、黄武雄の社会改革思想をもとに、成人に高等教育の機会を与えるための大学として構想され、黄と黄の思想を支持する教育改革者たちは「知識の解放と市民社会の実現」を基本理念とし、全土への設置を促していった。以下に、(1) 社区大学の設置過程と設置された社区大学の特徴、(2) 社区大学の生涯学習法への規定過程をまとめる。

(1)　社区大学の設置過程と設置された社区大学の特徴

　黄武雄と、黄の思想を支持する教育改革者たちは、1997 年頃からの民進党の勢力が拡大していくという政治的変動を利用して、社区大学を設置していこうとし、普及運動を開始した。こうした教育改革者たちの動きにまず反応したのは、教育改革運動の拠点でもあり、民進党議員が首長になっていた台北市であった。台北市は、当時の教育部が設置計画を進めていた社区学院と台北市放送大学の設置が順調に進んでいなかったという事情から、教育改革者たちから打診のあった社区大学を設置することを決定し、台湾初となる文山社区大学の設置に向けた動きを具体化していった。

　台北市における社区大学の設置業務は、台北市政府教育局の社会教育科（現生涯教育科）が担った。成人の大学として、学位授与を行う高等教育機関として構想された社区大学ではあったが、地方政府である台北市には高等教育科がなく、成人の学習を扱う社会教育科が担当した。しかも社区大学は、固有の校

舎をもたないことや、学習者や教師の学歴を問わないことなどが正規の大学としての条件に合わず、法的に大学として扱うことができないことから、台北市は当時、生涯学習社会の形成が提唱され始めていたさなかにおいて、社区大学を市民に生涯学習講座を提供し、自由な学びを促進するための生涯学習機関として設置した。ここには、社区大学を正規の大学としてではなく、学位授与を行わない生涯学習機関とした方が、社区大学がもつ柔軟な特質を生かせるという台北市側の考えもあった。

　そして台北市は、社区大学を、生活の質を向上する生活的、文化的な生涯学習講座を市民に提供することを通じて、教育改革者たちが目指す設置理念である市民社会の形成を促す生涯学習機関として設置した。つまり台北市は、社区大学を設置するとき、文化教養学習を通じて社会改革を行うというように、生涯学習と社会改革の理念の整合性をはかったといえる。

　台北市のこうした行政的措置を、社区大学を正規の大学として設置しようとしていた教育改革者たちも、社区大学が高等教育機関となるための法的な問題をクリアすることは難しいことを理解しており、まずは構想でしかない社区大学を現実に存在するものとすることが大切だと考え、受け入れた。そして、実際に文山社区大学が設置され、試行運営が開始されると、市民から高い支持を得たのは趣味講座であったことから、台北市は、生活芸能課程をスタートにして学びを展開していくことで、市民の意識を徐々に公共へとつないでいくことを目指すというように、社区大学の新たな方向性を提示した。市民の趣味講座への高い学習欲求は、教育改革者たちが構想において重視した、学術的、公共的な学習とは異なるものではあったが、生涯学習政策を進め、市民の多様な学びを促したい台北市の方針とは共鳴し合っていたといえる。

（2）　社区大学の生涯学習法への規定過程

　教育改革者たちは、社区大学の設置当初から社区大学の永続的な運営を求め、法制化することを求めていた。しかも、教育改革者たちは、社区大学を大学として構想しており、社区大学が一般の大学と同じく大学法に規定され、学位授与ができる機関になることを目指していた。しかし、社区大学は正規の大

学と形態が異なっていることから、大学法に規定することはできず、つまり高等教育機関としての大学としての法的根拠をもつことはできず、そのため学位授与を行う機関として設置することはできなかった。大学法や学位授与法を、社区大学を規定するために修正することは簡単にできることではないため、教育改革者たちの理想のように、社区大学が高等教育機関として法規定されることはなかった。

　一方で、中央政府は 1998 年から生涯学習社会の建設を促進し、生涯学習法の制定に向けた動きを開始しており、全土で普及が見られるようになっていた社区大学を、生涯学習政策の一つとして重視するようになっていた。これによって、生涯学習法制定の議論の際に、全国で普及が進む社区大学を条文に組み込むことが行政院から提案され、法整備が進んだ。2002 年、社区大学は生涯学習法内に規定され、初めて法的な根拠をもつとともに、法的にも正式に生涯学習機関として位置づいた。

　これに対して、教育改革者たちの一部によって、現在も社区大学の学位授与の権利を獲得するための動きなどが見られるものの、大きな進展はなく、社区大学は現在も法的に生涯学習機関として、市民社会の構築を目指すものとして位置づいている。

注
1)　教育部『邁向学習社会白皮書』1998.3、p.2-3。
2)　黄武雄『台湾教育的重建：面対当前教育的結構性問題』遠流、1996、p.20。
3)　行政院『教育改革審議委員会総諮議報告書』1996、pp.74-76。
4)　林振春『社会教育専論』師大書苑、2011、p.210。
5)　上掲書3）pp.47-49。
6)　上掲書2）pp.43-44。
7)　同上。
8)　黄武雄「地方政府設置社区大学計画通案」顧忠華編『成人的夏山：社区大学文献選輯』左岸文化、2004、p.28。
9)　黄武雄『社大文庫 001　学校在窗外』左岸文化、2003、p.466。
10)　上掲書8）p.29。
11)　楊国賜「中国国民党与社会教育」『社教雙月刊』4、1984.11、pp.26-32。

12)　上掲書4) p.5。

13)　楊国賜「社会変遷中我国社会教育館功能与角色再探」『社教雙月刊』12、1986.3、pp.4-17。謝国祺「社会変遷中社会教育館功能発揮之我見」『社教雙月刊』22、1987.11、pp.54-55。謝義勇「台湾地区省市社会教育館組織功能之検討与建議」『社区発展季刊』47、1989.9、pp.6-9。文化センターの設置に関して、以下のような経緯がある。1972年の中華民国の国際連合脱退により、大陸反攻が実質不可能になったことが明確になったこともあり、1970年代後半から、蒋介石に代わって国家の舵取りをしていた蒋経国は、台湾民衆の人心を台湾につなぎ止めるために、後に「台湾化」政策と呼ばれるようになる、台湾本土の発展を重視する政策を採るようになった。1977年9月、当時行政院長であった蒋経国は、大規模なインフラ整備である「十大建設（1960年代末～1970年代）」に続けて、「十二項建設（1980～1985年）」計画を宣言し、この中で、「すべての県市に、図書館、博物館、音楽ホールを含む文化センターを設置する」とし、これら施設を大量建設していった。また、省立社会教育館は、1990年代に教育部が社区学院構想を提出した際、社会教育館を社区学院へと変更することが検討されていたことからも、十分には機能していなかったことがうかがえる。

14)　上掲資料1)。

15)　「生涯学習法」起草グループのメンバーは、劉宗徳（政治大学法律学科教務長）、成永裕（東呉大学法学院院長）、郭介恆（中興大学法律学科教授）、蔡培村（中央研究院院長）、王政彦（高雄師範大学成人教育研究所教授）、黄富順、胡夢鯨、楊国徳（3名とも中正大学成人および継続教育学科教授）、林振春（台湾師範大学社会教育学科教授）の9名である（肩書はすべて当時）。

16)　黄富順「台湾地区社区大学的発展与省思」『成人教育』第69期、2002.9、pp.29-42。

17)　「教育部補助社区大学及相関団体要点」台湾教育部、2001.5。

18)　ステーションは、1980年、当時の台湾省教育庁長・謝又華の指示によって、省立社会教育館を統括施設として設置が開始された。設置目的は、当時、急速な経済発展を背景に、農村からやってきた多くの青年労働者の余暇活動を充実させることによって、過酷な労働からくる心理的疲労を取り除き、社会の乱れを前もって予防すること、また、生産の効率を上げ経済発展の安定を図ることであった。なお、2004年には、263か所のステーションが設置されていたという（『中華民国教育年報』2004年版）。

19)　第二次世界大戦後、日本植民地から解放された台湾では行政長官公署が作られ、戦後の管理と接収が行われた。台湾省政府はこの行政長官公署を廃止して、1947年4月に作られたものである。国民政府が1949年に台湾に渡った後も、国民政府は、中華民国が中国の全権を握る正統な政権であることを示すために、台湾省政府を廃止せず、中央政府の下にそのまま組織を残していた。しかし、国民政府（中央政府）と台湾省政府の管轄領域は大部分が重なっているため、二重行政となっており、特に戒厳令解除後はこれを問題視する声が大きくなっていた。そのため、1996年12月、李登輝総統が超党派を集めて「国家発展会議」を行い、

その結果、「行政効率の向上」を理由に台湾省の「凍結（機能の停止）」が合意され、1998 年 12 月に実行された。この「凍結」については、表面的には「行政効率の向上」を図るためとされているが、実際には、1997 年 7 月に香港が中華人民共和国へ主権の返還がなされることになっていたため、香港との差異化をアピールし、台湾は中華人民共和国の一省ではないことを、明確に示そうとしたからであると考えられている（若林正丈『台湾：変容し躊躇するアイデンティティ』ちくま新書、2008、p.228）。

20) 2007 年 9 月、行政院研究発展審査委員会は「図書館、博物館など文教類附属機構の所属変更および法制化作業の処理要項」を提出し、社会教育館を教育部から文化部（当時は行政院文化建設委員会）へと移管した。社会教育館の文化部移転については、社会教育学者からは、「行政院内で内密的に移動が決定されており、なぜ社会教育館の管轄が変わったのか理由が不明である」との批判の声がある。2010 年 3 月には、社会教育・生涯学習を専門とする大学教授、および社会教育館の職員らが教育部と行政院文化建設委員会に、社会教育法に定められ、40 年以上にわたり社会教育の中心であった社会教育館を、生涯学習を進めていく専門施設として教育部に戻してほしいと要望したが、これは実現せず、現在も社会教育館は生活美学館として、各地の文化事業の拠点として位置づいている（李建興「還給社会教育館真面貌」『教育新境界』師大書苑、2010.12、pp.106-109。黃富順「与部長有約：成人及終身教育五大議題的対話」『成人及終身教育』27、2010、pp.41-49）。

21) 国立新竹生活美学館『国立新竹生活美学館 97 年活動成果専輯』2009.6。

22) 上掲書 2) p.9。

23) 同上、p.144。教養教育の促進は、戒厳令下においては、保守勢力から「台湾大学が学術革命を起こそうとしている」とみなされ圧力がかかったという。しかし、戒厳令解除後の 1980 年代後半、台湾大学を筆頭にキャンパス民主化運動が起こったことで再検討されることとなり、黃は 1993 年から再度、教養教育計画にとりかかっている。ちなみに、戒厳令下の大学教育に言及すると、大学生の選挙への立候補、大学内での集会、結社や言論の自由などは制限されており、刊行物の出版、講演会や座談会の開催、ポスター張りなどは、校内の課外活動組の許可を得ねばならなかった。大学組織は、教育部 → 大学学長 → 訓導長・軍事訓練総教官 → 課外活動組・生活輔導組 → 各学部・大学院教官 → 学生のように、統制体系が組まれていた（薛曉華『台湾民間教育改革運動：「国家与社会」的分析』前衛、1996、p.116）。

24) 上掲書 9) p.133。

25) 上掲書 2) pp.241-270。小中学校の校長は、1965 年までは政府による直接派遣（中学校は 1967 年まで）、それ以降から 1999 年までは政府による選抜派遣であったが、1999 年からは各学校における審査制になった。前 2 つの方法においては、校長は行政命令によって派遣されるというものであった。1999 年に国民教育法が部分改正され、小中学校校長は審査制によって選抜されることが規定された。大学の改革はこれよりも少し早く、民主化と教育改革運動のなかで、これまで政府派遣であった学長は、1993 年から台湾大学が選挙による選抜を

開始したことで、全大学に広まった。1994 年に大学法が部分改正され、学長の選抜制度が規
定された。

26)　同上、p.9-11。

27)　上掲書9) pp.136-137。

28)　上掲書8) p.161。

29)　「四一〇開歩走 社運全新出撃：専訪『四一〇教育改造』運動発起人黄武雄」『白黒新聞週
刊』第 26 期、1994.4、pp.21-22。

30)　タイトルの「罷」には、「deconstruction」、つまり脱構築、古い構造を破壊するという
意味が込められている。

31)　黄武雄「社区大学的社会定位：発展公民社会」『教育研究月刊』92、2001.12、p.78。

32)　上掲書9) p.113。

33)　同上、p.114。

34)　黄は、パッケージ化された知識は、経験知識の抽象化、標準化の過程によってつくられ
るため、「知識の解放」とは、まさにこの逆の過程、すなわち標準化を還元する過程である
としている（同上、p.114）。

35)　上掲書8) pp.155-156。

36)　同上、p.156。

37)　上掲論文31) p.77-80。上掲書9) pp.385-389。

38)　上掲書8) pp.156-157。

39)　同上、p.22。

40)　上掲書8) p.15。

41)　上掲書9) pp.385-392。

42)　台北市政府教育局編『台北市設置社区大学規画研究暨試辦計画：課程架構与修業制度之
規画研究報告』、1999.5、pp.44-45。

43)　1989 年に、大学教授たちによってつくられた政治論評を行う団体である。「自由派教
授」の集まりといわれ、人間の価値、個性、自由を尊重し、人びとを政治、経済、社会、宗
教面における不合理な権威と抑圧から解放することを重視しており、国家教育体制の権威
性、保守性などを批判する立場をとっていた（楊国枢「我們為什麼要組織澄社」『中国時報』
1989.6.22。澄社ホームページ http：//taipeisociety.org/taxonomy/term/10（最終閲覧
2015/3/27））。

44)　顧忠華「拡大公民参与 帯動社会改革」『中国時報』11 版、1997.12.29。

45)　張玉泓「公民意識的実践邏輯：台湾社区大学歴史発展与個案比較研究」台湾大学社会学
研究科修士論文、未出版、2002、pp.57-58。

46)　同上、p.57。

47)　1988 年に発足した教育団体である。児童の心身の健康的な成長を目的に、ヒューマニズ

ムによる教育を提唱し、1990年、台北県に「森林小学校」を設立した。教育体制内の改革を求める以外に、社会改革を標榜していたともされる。

48) 上掲書8) p.58。

49) 同上、p.71-72。

50) 上掲論文45) p.109

51) 同上。

52) 宣言の日を5月4日にしたのは、中華民国における五四運動（1915～1926年）を倣ってのことである。五四運動は、パリ講和条約に対する不服によって発生し、儒教的な旧思想を打破し、民主と科学を精神に、現代的で文明的な社会建設を目指した新文化運動という側面をもっていた。これを参考に、教育改革者たちは、知識と学術を民衆の手に取りもどし、発展的で開放的な新社会を建設することをアピールするという目的があった（『人本教育札記』人本教育文教基金会、1998.6）。また、文山社区大学は予定通りに1998年9月に設置されたが、新竹市では、香山社区大学より先に新竹市青草湖社区大学（1999年1月設置）が、台湾で2番目となる社区大学として設置された。香山社区大学は2000年10月に設置されている（社団法人社区大学全国促進会『2001社区大学：現況営運分析与未来発展』2001）。

53) 上掲論文45) p.63。

54) 同上。

55) 林振春「社区大学与学習型社区」『社区発展季刊』100、2002.12、pp.91-106。

56) 2000年の政権交代の後、社区大学の勢いが強まり、国民党政権期の教育部が推進していた社区学院設置の動きは下火になっていた。そのため、公布間近と思われていた「社区学院設置条例」は、結局制定されることはなかった（張徳永『社区大学：理論与実践』師大書苑、2001、p.10）。

57) 台北市政府教育局生涯教育科専門員・楊碧雲氏への聞き取り（2014/9/6）。

58) 同上。

59) 陳定銘「台湾社区大学之研究：公民社会建構与終身学習政策的実践」政治大学博士学位論文、未出版、2002、p.622。

60) 同上。

61) 楊碧雲「台北市社区大学の設立とその発展・評価」『東アジア社会教育研究』11、東京・沖縄・東アジア社会教育研究会、2006、p.65

62) 楊碧雲「台北市社区大学経営管理之探討」楊碧雲、蔡傳暉、李鴻瓊編『台北市社区大学教学理念与実務運作（一）』台北市政府教育局、2000、p.64。社区大学の設置が社会教育科の業務として加わる前までは、社会教育科の主な業務は、識字教育を含む成人基礎教育、家庭教育、職業研修教育、婦人教育の促進、成人教育資源センターの設置、市民社区学苑の開設、生涯学習パスポートの発行、全民学習のための情報ネットワークの建設、eラーニングを行うインターネット大学の設置などであり、そこに民間からの要請によって社区大学の設置業

務が加わった。

63）　顧忠華「社区大学的基本理念与発展状況」『2001 社区大学現況営運分析与未来発展』社区
　　　大学全国促進会、2001、p.64。

64）　『台北市設置社区大学規画研究暨試辦計画：総報告』1999.5.31、p.167。

65）　『台北市設置社区大学規画研究暨試辦計画：学術課程之規画研究報告』1999.5.31、pp.15-
　　　38。

66）　『台北市設置社区大学規画研究暨試辦計画：生活芸能課程之規画研究報告』1999.5.31、p.4。

67）　『台北市設置社区大学規画研究暨試辦計画：社団活動課程之規画研究報告』1999.5.31、p.6。

68）　上掲報告書 64）p.124。

69）　同上、p.135。

70）　同上、p.132。

71）　同上、p.153。

72）　同上、p.153。

73）　同上、p.156。

74）　同上、p.155。

75）　同上、pp.172-173。

76）　楊碧雲氏への聞き取り（2014/9/6）。楊碧雲「台北市社区大学十年回顧与前瞻」楊碧雲編
　　　『台北市社区大学十年回顧与前瞻』台北市政府教育局、2008、pp.20-21。

77）　四年制大学への進学率は、1994 年に 16％、1998 年に 27％、2001 年に 30％、2003 年に
　　　32％であった（上掲書 9）p.297。上掲書 8）p.27）。

78）　同上 8）p.292。

79）　上掲論文 55）。

80）　上掲書 9）p.308。

81）　柯正峰「教育奇蹟：社区大学」『社教雙月刊』101、2001.2、pp.37-39。

82）　許育典「社区大学法制化的困難及其出路」『高雄師範大学　教育学刊』24 期、2005。

83）　許育典・李恵圓「我国社区大学立法問題的探討」『2003 社区大学法制化文集』全国社区大
　　　学促進会、2003。周志宏「社区大学法制化之可行途径」『第四届社区大学全国研討会手冊：
　　　全球化下的社区大学 ― 自我超越与永続経営』2002、pp.118-126。林振春「社区大学的自我
　　　肯定与発展願景」『社教雙月刊』113、2003.2。

84）　林振春「社区大学的危機与挑戦」『社教雙月刊』106、2001.12。

85）　教育部が生涯学習法の制定の可能性に関して研究を委託したのは、生涯学習法を制定する
　　　にあたり、制定必要派と不要派に分かれていたためである。必要派の意見は、先進国の生涯
　　　学習が世界的潮流となっている、生涯学習体系構築の目標が実現する、生涯学習を中心にす
　　　れば各種教育関連法の整備と学校教育中心主義の解体が可能となるという理由であり、不要
　　　派の意見は、生涯学習はまだ理念段階である、現行教育法を修正すればよいというものであっ

た。そのため研究メンバー（黄富順、胡夢鯨、楊国徳、蔡秀美、魏恵娟、陳淑桜）によって、独立法としての制定の必要性が、先に検討された（「制訂終身教育法可行性之研究」『成人教育』第48期、1999.3、pp.2-8。黄富順「邁向学習社会的新里程：終身学習法的研訂、内容及特色」『成人教育』第68期、2002、pp.4-5)。

86) 同上。

87) 黄富順「台湾地区社区大学的発展与省思」『教育資料集刊』27、2002.12、pp.105-125。

88) 台湾の立法過程は、行政院を経た後、立法院にて、草案提出、一読、委員会審査、二読、三読を経て制定される。

89) 立法委員・高明見の書面意見。「立法院公報」第91巻第46期（3242号）、委員会記録、2002.5.9。

90) 上掲論文81)。柯正峰、江綺雯「終身学習法」『終身学習』37、2002.12、pp.53-58。

91) 2014年6月に第1次修正が行われた。

92) 『立法院広報』第91巻第46期委員会記録（3242号）、2002.5.9。

93) 拙稿「台湾における『社区大学全国促進会』の役割：社区大学法制化と公共課題解決プロジェクトの実行を中心に」『社会教育研究』第52号2巻、日本社会教育学会、2016.9、pp.25-35。

第 **2** 章

台北市社区大学の制度と運営の特徴

　は じ め に

　本章では、台北市社区大学の制度および運営の特徴を明らかにすることを目的とする。

　前章で確認したように、社区大学は「知識の解放と市民社会の実現」を設置理念としているが、公設民営方式で異なる民間団体に運営されているため、社区大学はそれぞれ独自に教育方針、教育目標を設定している。その結果、運営のあり方にも差異が生じている。これまでの研究では、黄武雄ら教育改革者たちの理想になるべく近いかたちで運営を行うため、社会運動や社会改革という目標を学習の中核にし、学術学習や公共活動の参加に力を入れている社区大学を社会改革型社区大学、生涯学習の機会を提供することを目指し、市民の多様な文化教養学習を奨励している社区大学を生涯学習型社区大学として、社区大学を大きく2類型に分類してきた[1]。本章では、この社会改革型、生涯学習型といったそれぞれの類型の社区大学は、どのように運営されているのか、どのような特徴をもっているのかを台北市社区大学を例に見ていくこととする。

　まず第1節で、社会改革型と生涯学習型という社区大学の類型が、なぜ、どのように形成されていったのかを明らかにするとともに、現在、多様な学習活動を展開している社区大学を、こうした2類型に単純化できるのかどうか検討する。そして第2節では、台北市は文山社区大学を設置して以降、どのような社区大学制度を構築したのか明らかにする。これらをふまえて第3節で、台北

市社区大学は実際にどのように運営されているのかを、社会改革型社区大学の代表といえる文山社区大学、生涯学習型社区大学の代表といえる士林社区大学および南港社区大学の運営実態から明らかにする。また第6章で、これら一般の社区大学とは異なり、原住民族の文化に特化した講座を開講している台北市原住民族部落大学の役割を明らかにするため、第3節において、その運営の特徴についても簡単に触れておくこととする。

1. 設置過程からみる社区大学の類型とその検討

1998年9月、台北市に文山社区大学が設置されて以降、台湾全土で社区大学の設置・普及運動が進み、2001年12月の時点で、全土に35校の社区大学が設置された。これらの社区大学は台北市を例としながら、各地方政府が主管機関となって設置していき、制度が整えられていった。この頃、全促会の研究報告書『社区大学と台湾社会』(2001) で、社会改革を目的とする社区大学ではなく、生涯学習を目的とする社区大学が増加していっているとの報告があった[2]。

1998年9月以降、文山社区大学をはじめとして設置が始まった社区大学は、四一〇教育改革運動を担った民間団体が、社会改革の精神を強くもって運営を担い、その後、その社区大学を運営するための社団法人などを新たに組織して運営を継続していった。さらにその後、各地方政府は、社区大学を設置していくなかで、社区大学の運営団体を競争入札によって選定していったことで、さまざまな民間団体が社区大学の運営に参入するようになった。もちろん台北市も競争入札方式によって運営委託団体を決定する方法を採り、台北市のほかにも、台南市、高雄市 (旧高雄県を含む)、屏東県なども競争入札の方法で運営団体を選んだ。台中県、新竹市は、開始当初は協議によって運営団体を決定する方法であったが、その後、競争入札方式を採用した。

ここで入札に参入した民間団体は、宗教団体や文化教育事業団体、社区事業団体などが多く、多くの県市の社区大学は、こうした民間団体によって運営されていくこととなった。こうした宗教団体、文化教育事業団体などが運営する社区大学も、黄武雄らが提唱した「知識の解放と市民社会の実現」という設置

理念をおくものの、この理念を強固に維持するよりも、「生涯学習の促進」という点を強く主張するようになった[3]。これによって、社区大学は「『規範性』と『市場性』の意識形態」や、「『市民社会』と『生涯学習』2種の対峙」などといわれ、教育改革者たちがもつ社会改革や社会運動の精神を主軸とする「社会改革型社区大学」と、自由な文化教養学習を展開する「生涯学習型社区大学」の2類型があるとされるようになった[4]。

　以下、それぞれの類型の社区大学の成立過程を見ていくとともに、こうした類型化が妥当であるか検討する。

1.1　社会改革型社区大学の設置

　台湾初の台北市文山社区大学（1998.9（以下、設置年月を表す）。また、部分的に社区大学を社大と略す）は、四一〇教育改革運動の中心として活動した人本教育文教基金会に試行運営された後、台北市社区大学民間促進会（以下、民間促進会）という文山社区大学を運営するための団体が組織され、これによって運営されるようになった。民間促進会は、市民の知識成長と学歴向上の機会を提供することで、市民の公民としての意識を育成し、社会再建を促すことを成立の趣旨とするものである[5]。

　また、台北県（現　新北市）も社区大学を運営するための民間団体を組織し、社区大学を設置・運営していった。例えば、成人の学習を促し、学習意欲を社会の公共事務への参加能力へと転換し、市民の社会参加能力を向上させることを趣旨とする台北県成人学習推拡協会を組織して、蘆荻社大（1999.6）の設置・運営を始め、独立思考の育成と新たな知識の構築、社区文化の向上などを趣旨とする台北県知識重建促進会を組織して、永和社大（1999.9）の設置・運営を行っていった[6]。

　新竹県では、人本教育文教基金会による県長への提案を受けて、青草湖社区大学発展協会がつくられ、青草湖社大（1999.1）と香山社大（2000.10）を設置し、基隆市は、1999年4月に社区大学の設置に名乗りを上げると、四一〇教育改革運動に関わった台湾教授協会が、基隆社区大学教育基金会を組織し、基隆社大（1999.9）を設置した。苗栗県では、台北市文山社区大学開設時に、

教育改革者と地元の有力者たちによって苗栗県社大の設置が計画されると、苗栗県社区大学協進会を組織し、苗栗県社大（1999.9）を設置した。宜蘭県は、郷土教育によって地域の永続的な発展と新たな社会形成を目指す仰山文教基金会を中心にして宜蘭県社区大学教育基金会が組織され、宜蘭社大（1999.12）を設置した[7]。台南市でも、民衆に学習を促し、「知識の解放と市民社会の実現」を主旨とする台南市社区大学研究発展協会を組織し、台南社大（2001.1）を、そして高雄市は、社会改革と教育改革を目指す者たちによって、生涯学習の促進および民衆の公民としての素養の向上、市民社会の構築を目的におく高雄市社区大学促進会を組織し、新興（現 第一）社大（2000.4）を設置した[8]。

　こうした特定の社区大学の運営のために組織された団体によってではなくても、社会改革を目的とする団体である、台湾21世紀議程協会は台北県三重社大（2001.11）を、鐘理和文教基金会（美濃愛郷協進会）は高雄市旗美社大（2001.3）を設置し、運営していった。

　こうした設置状況から見られるように、設置開始当初の社区大学は、生涯学習の促進をうたうこともあるものの、社会改革や市民社会という概念を教育ビジョンの軸におく、社会改革志向の強い民間団体によって開設・運営されていったといえる。

1.2　生涯学習型社区大学の展開

　また、競争入札の結果、宗教団体や文化教育団体などによっても社区大学の運営が担われていった。これらの団体によって運営される社区大学は、市民の自己成長や生活文化レベルを向上させていく学習を軸におき、市民の多様な学習を促進していったことで、後に生涯学習型と呼ばれるようになった。

　最も早く設置された生涯学習型社区大学は、宗教団体を母体にもつ崇徳文教基金会によって運営されている台北市士林社区大学（1999.9）である。台北市はその後、文化・教育系の団体によって南港（2000.8）、萬華（2000.10）、大同（2001.7）、信義（2001.9）社区大学を続けて設置した。また、その頃、台北県では、社区サービス事業を行う淡水文化基金会の運営による淡水社大（2001.8）が、彰化県では、儒林社会福祉慈善事業基金会の運営による二林社

大（2001.9）が設置された。これ以降に設置されていった多くの社区大学は、宗教系や教育・文化系の団体、社区サービスなどを行う団体が運営していくものが一般的となり、自己成長、生活の充実、文化レベルの向上を目指して、多くの文化教養、すなわち趣味的な講座を開設していった。趣味的な講座は学習者の需要が高いため、学習者が集まりやすく、資金調達ができるため、運営を維持しやすいという利点があったといえる。

　また、台北市や新北市には、私立職業学校（学校法人）が運営する社区大学もある。これら学校法人委託の社区大学は、2002 年の生涯学習法制定以降に設置されており、生涯学習が政策として奨励されるようになったなかで、市民の文化教養学習を奨励していった。学校法人委託の社区大学の運営組織も、民間団体が運営するものと差異はない。ただ、社区大学は活動拠点として公立の小・中・高校の放課後の校舎と敷地を利用しているため、その学校の事情によって、社区大学が使用できる教室や設備が制限されることがあるが、こうした学校法人委託の社区大学は、職業学校がもつ校舎・敷地を基本的にすべて使用できるため、活動場所や設備の確保がしやすいという利点があるという[9]。

　社区大学の運営を、私立学校を運営する学校法人に委託することは、少子化で学生数が少なくなることを見込んだ行政が、設備は備わっているものの空き教室が出ると思われる私立学校にも社区大学の運営を担ってもらおうと考えたことから始まったことである。また、このことは少子化で学校経営に困難が生じ始めていた学校法人からすると、社区大学の運営に参入することで地方政府からの委託金と学習者からの学費を収入として得られるという利点があったという[10]。

　このほか、大学が運営している社区大学もあり、現在は、国立大学（放送大学を含む）運営の社区大学は、新北市の樹林社大、新竹市の竹松社大、台中市の甲安埔社大、雲林県の海線・山線社大、台東県の台東県社大、澎湖県の澎湖県社大、金門県の金門県社大の 8 校、私立大学運営は、桃園市の桃園社大、新竹県の竹北・竹東社大、台中市の南湖・後驛・五権・海線・大屯社大、彰化県の鹿秀社大、雲林県の虎尾社大、台南市の曽文社大の 11 校がある。これらは実質、大学が運営する生涯学習センターのような位置づけになっていることが

多い。ここにおいても、近年さらなる少子化によって大学の経営が厳しくなっているということが背景にある。また大学にも、社会貢献が求められるようになっていることから、多くの成人が通い、社区と連携した学習を展開する社区大学の運営に参入を試みる私立大学が増えており、こうした運営形態が増加傾向にあるという[11]。

1.3 複雑化する社区大学の性質

このように台湾で一般的に考えられてきた、社会改革型社区大学と生涯学習型社区大学という2類型は、社区大学の運営団体の性質だけをもとにしたものであるといえ、実質的には、この2類型に単純化することは難しくなっている。なぜなら、現実には、以下のような実態が見られるからである。

本来、学術学習と公共参加を重視し、社会改革を強調していた社会改革型社区大学が、「知識の解放と市民社会の実現」だけでなく、生涯学習社会の形成をうたい、市民の多様な学習を奨励するようになっている側面もある。例えば苗栗社区大学では、「生涯学習法制定以降、社区大学運動の新たな発展が開始された」とし、市民社会の形成、社区への関心・参加に加えて、継続した生涯学習の3つを教育方針にし、市民の多様な学習を保障することを目標に掲げている[12]。

また、嘉義市社区大学のように、「知識の解放と市民社会の実現」を教育方針の軸にし、大学に進学できなかった市民に高等教育を提供することを強調するとともに、市民に多様で豊富な学習の機会を提供し、ここで学んだことを市民が社区に持ち帰り、社区を発展させていくことを目標におくなど、市民の自由な学習を通じて、社区の発展や市民社会の構築へとつなげていくことを目標におく社区大学もある[13]。つまり、2002年の生涯学習法制定以後、社区大学は生涯学習機関として正式に位置づいたため、各地方政府は、市民の文化教養学習を促進することと、市民社会の形成という社区大学の設置理念を融合していきながら、社区大学の教育方針を新たに作っていったといえる。

一方、宗教団体や文化教育団体などが運営を担う生涯学習型社区大学であっても、社会改革といった理念を強調するものも存在するようになっている。こ

うした社区大学は、社区大学の設置を進めた教育改革者たちが集結した団体である、全促会の理事や幹事が校長や主任となっていることが多い。宗教団体や文化教育団体などが運営を担っていれば、一般的には生涯学習型社区大学と考えられるが、社会改革の精神を重視する人物が社区大学の管理職についた場合、従来のような文化教養学習を通じた自己実現や生活知識の習得だけではなく、これを基礎にして、社会改革や社会運動という理念を強調し、主に、地域課題学習や公共への参加を強化していこうとする傾向にある。

　例えば、台北市の北投・松山社大、新北市の林口社大、宜蘭県の羅東社大、新竹市の科学城社大、桃園市の新楊平社大、彰化県の二林社大、雲林県の山線社大、台南市の北門・新化社大、高雄市の港都社大、屏東県の屏南区社大などがこれにあたるといえる。このように、宗教団体や文化教育団体が運営を担っており、性質としては従来の生涯学習型といえるものであっても、そこから明確に社会改革を志向していくという社区大学も出現しているのである。これらは生涯学習の促進を通じて、社会改革を行っていくという姿勢を強く出しているものといえる。

　このように社区大学の類型を見ていくと、従来、社区大学は社会改革型と生涯学習型という二項対立的な分類がなされてきたものの、この分類はきわめて単純化されたものであることがわかる。むしろ、この二項対立的な分類によって、理念にそったものか、理念から逸脱しているものかという観点から社区大学がとらえられてきたともいえる。

　現在、社区大学のこの２類型は、生涯学習という実践において、両者が収斂していく傾向をもっているといえる。つまり、市民の利用による社区大学の実質的な組み換えが起こっており、これによって結果としては市民社会の形成へとつながっていっているようにも見えるのである。この点をより明確にするため、本章の第３節で台北市社区大学の具体的な運営のあり方を見る際は、比較のためにも従来の社区大学の見方に基づき、社会改革型と生涯学習型とされる２つの社区大学の運営のあり方の特徴を見ていくこととしたい。

　次の第２節では、第３節で類型別の社区大学の運営のあり方を見るにあたり、まず台北市社区大学の全体の制度について明らかにする。

2. 台北市社区大学の運営体制

　社区大学は、各地方政府が主管機関となりそれぞれの地方に社区大学を設置し、制度を構築してきた。本研究の対象である台北市社区大学は、どのような制度が整えられているのであろうか。本節では、台北市社区大学の制度について見ていきたい。

2.1　台北市社区大学の増設と法整備

　1998年9月に台北市南部の文山区に、文山社区大学を設置した台北市は、市民からの増設要求に応え、1999年3月に「台北市社区大学促進委員会」を組織し、社区大学の増設を開始した。文山社区大学設置から1年後となる1999年9月、台北市北部の士林区に士林社区大学を設置し、これによって、台北市の南北地区に社区大学が1か所ずつ設置されたことになり、これ以上の増設は計画していなかったという[14]。しかし、その後も市民からの開設要求が相次ぎ、加えて市議会議員からも、台北市の東西南北地区への増設要求があったことから、2000年、西部に萬華社区大学、東部に南港社区大学を設置した。

　さらにその後、「1選挙区には1つの社区大学を」と、市議会議員からの要求があった[15]。台北市議会議員選挙の選挙区は、台北市の12行政区を2行政区ごとに分けており、合計6つの選挙区がある。そのため、2001年、大同と信義社区大学を増設し、合計6か所の社区大学を設置した。選挙区を考慮に入れて台北市社区大学の増設過程を示すと、6か所設置された2001年の時点で、第1選挙区（北投区・士林区）に士林、第2選挙区（内湖区・南港区）に南港、第3選挙区（松山区・信義区）に信義、第4選挙区（中山区・大同区）に大同、第5選挙区（萬華区・中正区）に萬華、第6選挙区（大安区・文山区）に文山社区大学が設置されたということになる。新たな教育・学習機関である社区大学は、多様な学習需要をもつ多くの市民から興味をもたれたといえ、そして多くの市民の開設要求の声に反応した市議らが、自分の選挙区での社区大学設置

を求めたといえる。

　その後、学習者から通学時間を減らせるように、自宅から近い場所での学習要求が相次いだ。そこで、台北市政府は 12 行政区すべてに社区大学を設置する計画を提出し、2003 年、まだ社区大学が設置されていない 6 つの行政区、北投、内湖、松山、中山、中正、大安区に、一気に社区大学を設置し、12 行政区すべてに社区大学をおいた。1 年間で 6 か所の社区大学を設置するための費用は、すでに設置済みの社区大学 6 か所の学費を値上げし、教師の時給を減額することで対応したという[16]。

　数を増やしていく台北市社区大学ではあったが、生涯学習法（2002 年）が制定されていなかった当時は、設置の法的根拠をもっていなかったため、台北市政府は法規を作成し、設置と運営の根拠をつくっていった。1999 年 7 月に、試行運営期（2002 年末まで）の根拠となる「台北市政府社区大学試行運営実施要点」を制定し、ここで台北市は、「社区大学は正規教育に属さず、18 歳以上の民衆を学習に参加させる」ものとし、「生涯学習課程を提供することで、民衆の人文的素養と生活における知識や技能を向上し、社区を発展させる人材および現代社会における公民を育成する」ことを目的にすると明記した[17]。

　その後、2000 年 7 月に「台北市社区大学設置自治条例（以下、旧自治条例）」草案を作成し、台北市議会の審議にかけたが、条文不備によって制定できなかった。2002 年 6 月には、中央政府によって生涯学習法が制定された。自治条例の制定を目指していた台北市は、制定のためには生涯学習法に合わせて旧自治条例を修正する必要があったが、運営団体の 2 度目の公開入札をしなければならない状況下において修正することができず、やむを得ず「台北市社区大学設置暫定要点（以下、要点）」を制定し、これを台北市社区大学の法的根拠とした[18]。

　要点では、次のように示されている。

　　台北市政府は、社区大学を設置し、18 歳以上の民衆に生涯学習の機会を提供し、民衆の人文的素養と生活における知識や技能を向上し、社会の健全な公民を育成するために、生涯学習法第 9 条に照らし、本要点を制定する[19]。

　この要点は、数回の修正を経て、2012 年 6 月に地方政府の法規としては最高位となる自治条例の一つとして、「台北市社区大学自治条例（以下、自治条例）」となった。

　現在、台北市社区大学の法的根拠は、生涯学習法と 2018 年 6 月に制定された「社区大学発展条例」という 2 つの中央法規に加え、この自治条例にある[20]。全 15 条からなる自治条例は、第 1 条において、社区大学設置の趣旨として、次のように明記した。

　　　　台北市は 18 歳以上の社区住民に生涯学習の機会を提供し、その人文的素養と生活における知識や技能の向上、社会の健全な公民の育成と社区の発展を促進するために、生涯学習法第 9 条に照らし、本自治条例を制定する。

こうした設置根拠となる法規のほか、講座の開講、学費徴収、業務評価などに関わる規則も制定し、台北市社区大学の設置と運営の骨格を作っていった[21]。

　このような過程から、台北市社区大学は、生涯学習法制定後は、生涯学習法を根拠にして法整備がなされたことがわかる。そして社区大学設置趣旨の条文からは、一貫して、まず、社区大学が市民に学習の機会を提供し、市民がそこで人文的な素養と生活知識や技能を向上していくことによって、公民として育成されていくことが目指されていることがわかる。そしてこの公民が、社区の発展を促進するような働き、つまり公共政策に関わるような働きをすることで、結果として市民社会の形成へとつながっていくという筋道が立てられている。つまり台北市は、人文的な素養や生活知識・技能の習得といった学習の中に、市民社会の形成、つまり社会改革の可能性を含み込ませたといえる。そして、社区大学の法制度を整備する際にも、生涯学習の促進という台北市の政策と、市民社会の形成という教育改革運動を背景にした社区大学設置理念の整合性をとっていったのである。

2.2　委託方法と運営組織

　台北市社区大学は公設民営によって運営されており、2019年現在、社団法人1つ、財団法人8つ、学校法人3つによって運営されている（序章3.2を参照）。運営団体は、2014年度までは競争入札によって決定していたが、2015年度からは行政が選出し委託する行政委託となった。競争入札では「政府採購法」をもとに、市政府が複数の民間団体が申請した運営計画を審査し、最も条件が優れた団体に運営を委託するという方法である。一度の入札で3年の運営が可能であり、運営状況に問題がない限り、2回の延長が可能であるため、最長9年間の運営が可能となる。9年が経過した後は、新たに入札し直すこととなるが、再び同じ団体が同じ社区大学の運営権をもつことが多い。一方で、行政委託は、市政府が適切とみなした団体に運営を委託するという方法であり、この方法がとられるようになった現在も、運営年数の期限はこれまでと同様である。

　そして、台北市社区大学を運営する組織の役職は、一般的には、校長と副校長（主任秘書）[22] のほか、教務、学務、総務、社区サービス係の職員が配置されている。校長は、教育改革者や全促会の理事などが担う場合や、運営を受託した民間団体の代表や理事が担う場合が一般的である。事務の総合的な管理を行う副校長（主任秘書）は、生涯学習や成人教育の知識のある者や、長期的に社区大学の運営に関わってきた者が担当していることが多い。また、社区大学が置かれている小・中・高校の校長が校務顧問を担っている。職員は、それぞれの社区大学の公募によって採用されており、教務係は開講講座の配置や教師への連絡などを、学務係は学習者の情報管理や申し込み手続きなどに関わる事務を、総務係は会計・出納および環境整備などを担当している。また、社区サービス係は、社区との連携が必要な講座や活動の計画を専門的に行うほか、台北市政府教育局が2011年から開始した、生涯学習を核とした都市づくりである、学習型都市（ラーニング・シティ）政策を促進するために社区大学内に設置した拠点である、社区学習サービスセンターの管理も担当している。

　これら職員と教師、学習者、および外部からの研究者や社区の代表者などを加えて、運営のための委員会が設置されている。どの社区大学にも、教育方針

や方向性を検討する「校務発展委員会」、講座や教師の採用審査などを行う「課程および教師招聘委員会」、講座の質の向上や学習者の需要の把握、社区活動の提案などを行う「教育研究（発展）委員会」がおかれている。また、組織のトップに位置づくのは「校務会議」である。校長、副校長（主任秘書）、職員、教師、学習者ら学内メンバーと、社区の代表と学外の専門家らを数名召集して組織されており、この校務会議が社区大学の校務の最高決定権をもっている。このように、組織の運営には学内メンバーだけでなく、大学の研究者や社区代表など外部の意見も取り入れられるようにしているのである。

2.3 運営経費と業務評価

　台北市社区大学の経費の7割以上は、各社区大学による独自獲得、つまり学習者から徴収する学費であり、3割程度は教育部と台北市政府教育局生涯教育科からの補助金である。例えば2013年度は、12社区大学の合計収入は約3億1,000元（1台湾元＝約3.6日本円）であり、そのうち全社区大学の独自獲得資金は約2億3,700万元で、全収入の約76％を占めた。教育部からの補助金は約3,600万元で約12％、台北市政府教育局生涯教育科からの補助金は約3,300

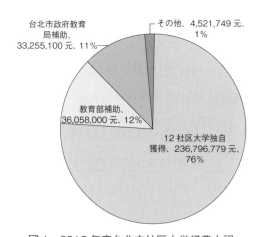

図1　2013年度台北市社区大学経費内訳
出典：『102年度台北市辦理社区大学業務自評報告』
（台北市政府教育局、2013）より筆者作成。

万元で約 11% を占めた（図 1 参照）。

　教育部が社区大学に対して補助金を支給するようになったのは 2001 年からである。教育部社会教育司は、2001 年 5 月に教育部の社区大学への補助金支給の法的根拠となる「教育部社区大学の補助およびその相関団体要点」を制定し[23]、補助額を「教育部による社区大学の経費補助計算基準」（最終修正 2013年 5 月）をもとに、地方政府の財力、社区大学の規模と社区の人口密度、開講講座数などによって算出している。

　また、台北市政府教育局生涯教育科の年度予算は、2015 年は 1 億 3,000 万元であり、そのうち約 4,200 万元が社区大学の予算に充てられた。毎年 4,000万元近くが社区大学の予算に充てられており、生涯教育科予算の中で社区大学の予算が占める割合は最も高い[24]。つまり、社区大学は、生涯教育科の施策の中で最重要項目に位置づけられているといえる。

　台北市政府教育局生涯教育科（以下、教育局）が、各社区大学に支給する補助金は、運営委託費に加えて、特質すべきはプロジェクト講座への補助金といえる。プロジェクト講座とは、2.4 で詳述するが、公共課題を内容とする講座のことであり、各社区大学は教育局に、毎学期 10 講座までをプロジェクト講座としての開講を申請することができる。教育局は内容を審査し、プロジェクト講座と認定すれば、1 講座につき 1 万元の補助金を支給する。これによって各社区大学は、プロジェクト講座は学費を半額で開講することができるようになっている。このようにしている理由は、教育改革者や行政が重視する公共課題を扱う講座は、学習者の参加率が低いため、学費の負担を減らすことで学習者を集めるためである[25]。

　社区大学は、このように中央・地方政府から補助金が支給されているため、業務審査を受けることになっている。一つは教育部による各地方政府教育局の社区大学運営の審査、もう一つは地方政府教育局による各社区大学への審査である。教育部による地方政府社区大学の評価審査は、まず地方政府が、自らが所管する社区大学の自己評価を行い、その後に教育部が「設置計画と支援措置」（30%）、「行政監督と管理」（20%）、「カリキュラムおよび教育」（30%）、「審査評価計画と実施」（20%）の 4 項目を審査する。

　地方政府教育局による各社区大学に対する審査は、台北市では、2000年6月に「台北市社区大学評監要点」を制定し、「組織と経営」「カリキュラムと教育」「教師陣と行政職員の任用」「社区サービス」「環境と設備」「財務計画」「相談とサービス」の7項目150指標の評価審査を行っていた。審査方法は、まず台北市12か所の各社区大学が、指標をもとに自己評価書を作成し、それを専門家や大学教員ら5名の審査委員が評価審査するというものである。この結果によって、運営団体は運営を続投できるかどうかが決められ、1年目や2年目の評価が低い場合、審査委員が提出した意見に従って運営の方向性を修正する必要がある。それでも改善が見られない場合は、運営が3年を終えた時点で委託が打ち切られる。

　2015年度からは競争入札でなく行政委託になったことにより、評価審査の方法も変更になり、現在、第1年目は外部から大学教員らを招いて自己評価を行い、それを教育局が審査をする「自己評価審査」、第2年目は、カリキュラムの展開実態や社区活動の方向性を審査する「方案審査」、第3年目は行政組織、カリキュラム計画、社区活動、教師採用、学習者組織の項目を審査する「校務審査」となっている。項目もこれまでに何度も修正されており、2016年時点で、講座と社区大学の理念の関係性や特色ある講座の計画状況を見る「講座計画と発展」（30%）、教師の採用実態や教え方などを見る「教師と専門性」（30%）、公共課題への取り組み状況や社会的弱者への配慮、ボランティアの活動実態などを見る「社区への参加と公共サービス」（30%）、社区大学の組織・講座の特色や創造性の部分を見る「特色発展」（10%）の4項目を審査している。

　こうした業務評価の目的は、社区大学の運営効果の向上のためであり、これを行うことで、各社区大学の問題点や運営の目標が明確になるという効果があるという[26]。しかし、問題がないわけではない。すべての社区大学を同一項目によって審査するため、各社区大学の特色が統一されること、評価審査の指標が必ずしも、教育・学習の場である社区大学を審査するに適しているとは限らないことに加え、評価審査を持ち込むことで台北市政府と社区大学のパートナー関係が脆弱化すること、すなわち市政府と社区大学が対等な立場でなくな

り、社区大学に対する市政府の指導・管理的側面が強まる恐れがあることが懸念されている[27]。こうした問題に対処するために、2013年から台北市社区大学がとっている方法について2.5で見ていく。

2.4　講座の開講と教師の選抜

　台北市社区大学の設置場所は、台北市内の小・中・高校内である。講座の開講時間は、基本的には、学校の業務が終わった後の19時から21時半までであり、1学期（半年）18週である。設置場所である学校に空き教室がある場合は、例外的に日中に開かれる講座もあり、近年、高齢の学習者が増えていることから、日中講座の需要は拡大している。また、社団のように18週の原則にとらわれずに開講しているものもある。社区大学は、大学として構想された名残から、1時間1単位と数えており、そのため、徴集される学費は1単位1,000元で、講座の多くは3単位であるため3,000元と、その他申し込み費、冷房費、保険費などである。高齢者や先住民、外国籍配偶者（主に東南アジアから花嫁として来た移民）、障害者、低所得者などには減額措置があり、各社区大学によって基準は異なる。

　また、台北市社区大学の講座には、一般講座とプロジェクト講座の2種類がある。一般講座とは、黄武雄が構想した学術課程、生活芸能課程、社団活動課程の3課程のことであり、プロジェクト講座とは、これら一般講座の中で公共議題を扱うものであり、既述のように教育局から1万元の補助が出ているものである。内容は、公民としての素質、環境生態、多文化、社会的弱者への関心、社区の発展、ボランティアの育成、市政建設などを扱う講座がこれにあたる[28]。これらすべての講座は、学習者が検索しやすいように細かく種類が分類されており、学術課程は人文学類、社会科学類、自然科学類の3種類、社団活動課程は学校が公共活動を行うために組織した公共性社団類と、学習者が組織した趣味サークル的な自主組織社団類の2種類、生活芸能課程は情報科学類、国際言語類、美術工芸類、演奏芸術類、メディア視覚類、運動ダンス類、養生保健類、生活応用類、割烹美食類、投資財テク類の10種類とされている。

　しかし、すべての社区大学が、すべての種類をおいているわけではなく、学

校の設備事情や学習者の参加状況によって、開講されるものは異なっている。また、社団に関しては、社区大学によって組織された公共性社団でも、学習者によって組織された自主組織社団でも、公共活動を行っていれば公共性社団、それ以外の趣味サークル的な活動のみであれば自主組織社団としているところもある。なぜなら、学習者が組織した自主組織社団でも、近年は社区活動を行うようになっているものがあるためである。

　さらに、台北市ではかつては、生活芸能課程は講座全体の5割を超えないこと、社区大学設置3年目以降からは4割以下に減じ、その一方で、学術課程と社団活動課程の割合は増加させていくことを規則で定めていた[29]。このようにしたのは、生活芸能課程のみが拡大していき、これによって「台北市にはすでに多くの生涯学習機関があるのに、なぜまだ社区大学を設立し、経費補助をするのか」という声が上がったためである[30]。つまり、社区大学は、趣味的な学習を主とする生活芸能課程が発展していっているため、税金でこれを補助することに対する批判の声があったのである。この声に対応して、台北市では生活芸能課程の拡大を抑制し、社区大学は公共課題に取り組む学習機関であるということを強調するための措置をとったといえる。

　そしてしばらくは、この講座比率を業務評価の参考にしていたが、開講割合を定めたとしても、それは学習者の需要によって左右されるものであるため、現在、それについては厳しく問わなくなっている。また、あらゆる講座は、公序良俗に反する内容、法に抵触する内容、および鍼灸・整体・催眠・指圧・按摩などの医療行為、風水・姓名判断などの占いや超能力に関する内容、施錠方法などの内容は禁止されている[31]。

　さらに、学期の第9週目は「公民週間」と設定されている。2000年から開始された公民週間とは、公共的な内容の講座のみを開講する週であり、これも、教育改革者や研究者から、社区大学は生活芸能課程の講座が多いため、公共的な内容の講座も開くべきとの指摘があったことをきっかけに設定されたものである[32]。公民週間の講座は学習者だけでなく、社区住民にも開放しており、社区大学を広く宣伝する機会にもなっているといえる。そして、学期終了時には、学習者が作成した作品を展示したり、学んだ演奏やダンスなどを披露した

りする「成果展」が開催され、どの社区大学も、まるで文化祭のような盛り上がりを見せる。

　講座を開講するには、まず各社区大学内に組織されている「課程および教師招聘委員会」（あるいはそれに同等の組織）が、教師が提出した講座計画をチェックするとともに、開講予定講座をリストアップする。その後、台北市政府教育局にこれらの講座について審査を受けて、開講許可が出されたら、各社区大学は学習者募集を行うことができる。

　開講基準人数は社区大学によって差はあるが、1講座に学習者が15〜20人程度集まれば開講され、それ以下であれば不開講、あるいは教師と学習者との相談によって開講するか否かが決められる。学術課程は学習者がなかなか集まらないため、基準人数はこれよりも低く設定されていることが多い。

　教師は社区大学専属の教師ではなく、各社区大学が採用規定を定め、専門知識や技術をもつ人びとを推薦や公募によって採用している。料理が得意な学習者が講座仲間の推薦によって料理講座の教師になるなど、何らかの特技をもっている学習者が教師として講座で教えるようになるという事例もよくみられる。教師の給与は時給制であり、講座の学習者数によって増減はあるが、基準は1時間800元である。

　以上が、台北市社区大学が基準としている制度であり、どの社区大学もこの基準に沿って運営されている。

2.5　12社区大学聯合会の組織

　以上からもわかるように、社区大学の設置は、四一〇教育改革運動が背景としてあるものの、実際に社区大学を設置して法制定を行ってきたのは、主管機関である地方政府であることから、社区大学は行政による主導、管理という面が強化されてきたといえる。こうした状況を変え、社区大学の自主権を拡大していくために、台北市の各社区大学は2013年12月、12社区大学の聯合組織である「社団法人台北市社区大学永続発展聯合会（以下、聯合会）」を組織した[33]。

　聯合会の目的は、一つは、台北市社区大学と市政府（主に教育局）とのパー

トナーとしての関係の強化、つまり社区大学の権利拡大を行い、市政府と対等な立場を形成することである。例えば、社区大学は自治条例によって「市政の発展に協力すること」とされているが、政策の促進や宣伝を行う際、社区大学が単に市政府の下請けになるのではなく、社区大学として対等な立場から協力していくという関係性を形成するということを意味している[34]。

　もう一つは、聯合会のような地方組織をつくることで、すでに組織されている全国組織の全促会では対応できない問題に対応するためである。社区大学の主管機関は地方政府であり、社区大学設置の決定、運営団体の入札などの権利はすべて地方政府にある。それゆえ、仮に地方政府と社区大学の運営団体との間に何らかの問題が発生した場合、全国組織である全促会は、地方政府の問題に介入し、解決の手段をとる権利はない。そのため、地方レベルの組織をつくることで、問題発生時に対応できるようにしているのである。

　聯合会のメンバーは、12か所の社区大学の校長全員と職員数名からなり[35]、聯合会は3か月に1度、メンバーを集めて会議を開き、社区大学に関わる事項についての情報共有を行っている。市政府が制定した社区大学に関わる条例の修正や、業務評価の審査基準の改訂等の話が出た場合などには、共通認識を得るために臨時会議を開催している。このほかにも、社区大学の校務の発展に関わる内容に取り組むグループ、社区大学の法律に関わる内容に取り組むグループ、外部に社区大学の情報を広めたり意見書を作成したりする広報グループなどが組まれており、台北市社区大学の質の向上と発展のために必要な業務を行っている。

　こうした聯合会の成立によって、市政府との関係に徐々に変化がみられるようになっている[36]。例えば、これまで自治条例や、社区大学に関連する法規や規定は、すべて台北市政府教育局によって制定され、その後各社区大学に通達されるという順序であった。しかし聯合会成立後、法規の改定や新たな決定事項などは、まず聯合会の会議にかけ、その後に教育局と話し合うという手順がとられるようになった。上述のように、2015年から評価審査の方法が変化したことも、聯合会が市政府に働きかけたことによる。このように、近年の台北市社区大学は、社区大学が行政からの管理を受けるだけでなく、自ら運営に

関することを決定できる空間、つまり社区大学の自主権を拡大していくために、行政に働きかけるようになっているのである。

3.　台北市社区大学の運営の特徴

　それでは、こうした制度をもとにしている台北市社区大学の運営実態はどのようなのだろうか。先に述べたように、社区大学は社会改革型、生涯学習型という2類型でとらえられてきたが、この社区大学の類型は現在、生涯学習という実践において、双方が収斂していくような傾向が見られるようになっている。しかし、本節では、比較のために従来の2類型に基づき、それぞれの類型の社区大学の運営のあり方と特徴を明確にし、加えて収斂の実態についても明らかにしていきたい。

　本書では、第3章から第5章において、台北市社区大学のうち文山社区大学、士林社区大学、南港社区大学の講座の実態を個別に論じるため、本節の3.1で社会改革型社区大学の代表といえる文山社区大学、3.2と3.3で生涯学習型社区大学の代表といえる士林社区大学と南港社区大学の運営実態を見ていくこととする。また、第6章で台北市原住民族部落大学の役割について考察するため、3.4で台北市原住民族部落大学の運営状況にも触れておく。

3.1　社会改革型社区大学の運営の特徴：文山社区大学を例に

3.1.1　運営団体と教育理念

　文山社区大学がおかれている文山区は、政府機関や教育機関が数多く存在する地域であり、台北市の文教地区とも呼ばれている。文山社区大学は、1998年9月に台湾初の社区大学として文山区の木柵中学校内[37]に設置され、設置直後の1年間の試行期間中の運営は、四一〇教育改革運動の中心団体であった人本教育文教基金会が担った。しかし、その後の1999年9月から現在まで、「社団法人台北市社区大学民間促進会（以下、民間促進会）」によって運営されている。

　民間促進会は、1998年3月に、教育改革者たちが社区大学の設置を実現す

るために組織した社区大学準備委員会のメンバーに加えて、設置された直後の文山社区大学の教師、学習者、社区の有志たちを集め、1999年4月に組織したものである。現在、民間促進会は教育改革運動に関わった人物や、歴代の文山社区大学校長などをメンバーとしている。

民間促進会の成立主旨は、文山社区大学を永続的に運営することで、黄武雄らが提唱した設置理念である「知識の解放と市民社会の実現」を実現することである。そして、目標を、「市民の知識の成長の場と、学歴向上の機会を提供すること、公共領域を開き、市民の公民意識を育成すること、社会の反省を促し、批判思考能力を育てること、社会再建を促し、民間の力を強化すること」[38]としている。民間促進会は、文山社区大学校長の招聘と大学内で発生した問題の解決、一部の財務上の決定に関しては意見することができるが、校務自治の原則によって、文山社区大学の校務には介入できない。しかし、こうした趣旨は、以下に見るように、文山社区大学の教育方針にも影響を与えているものといえる。

文山社区大学は、設立当初から教育理念を、「教養教育の実践、社会参加の促進、社会への関心の育成：自己充実から利他へ、学習から行動へ」とし、設立から10年が過ぎた2009年には、その後10年間の校務発展目標を、「①学術課程の発展において、全社区大学のモデルとなる、②生活芸能課程の公共化（文化教養学習の成果を、社会に還元していく）[39]の開拓者となる、③社区を進歩させる力になる」と設定した。そして2014年には、都市化や高齢社会の到来といった社会の急速な変化に対応するために、さらに教育ビジョンを「社区の学習基地となり、環境に優しい住みやすい文山をつくる」と新たに設定するとともに、教育計画を「成人の『教』と『学』を発展させ、学習共同体を構築する。山と川が共存する知識体系を構築し、文山学を発展させる。公共への関心を深め、住みやすい文山をつくる」とし、この教育計画を軸に、学習活動を計画している[40]。つまり、文山社区大学は学習者の学術的な教養学習にまず重きをおいてきたのであり、これを基礎に、近年は、高齢化や環境保護といった公共課題にも目を向け、公共課題の学習とその解決のための行動を起こしていくことを目指しているといえる。

3.1.2　運営組織とコース制度

　文山社区大学の運営組織は、図 2 のようである。

　職員の職務については、2.2 で述べた通りであるが、文山社区大学の職員は、校長と、現在の拠点である景美中学校と、旧拠点の木柵中学校のそれぞれの校区で総務・庶務を担う校区秘書も含め、2016 年時点で 10 名おり、全員が専任である。校長は、文山社区大学開設から 10 年間は四一〇教育改革運動に関わった大学教授らが務めていたが、2008 年から公開選抜制度となり、民間促進会によって現校長が選出された。現校長は、文山社区大学開設当時の主任秘書であり、現在は、全促会の理事でもある。

　文山社区大学の運営組織の中で特徴的なのは、学務・教務・総務係の職員ではなく、他の社区大学にはおかれていないコース管理人を配置していることである[41]。文山社区大学は、1999 年 3 月から一般大学でいえば学科にあたるコー

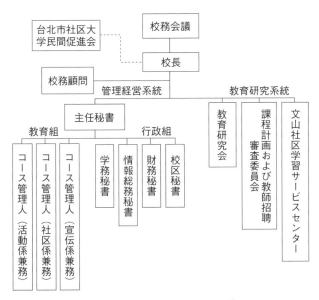

図 2　文山社区大学の運営組織

出典：『台北市政府委託社団法人台北市社区大学民間促進会辧理台
　　　北市文山社区大学行政契約書（以下、行政契約書）』（台北
　　　市文山社区大学、2015）より筆者作成。

ス、つまり学術、生活芸能、社団の3課程の中から、内容に関連のある講座を
まとめたものをコースとしておいており、コース管理人は、コースに属する講
座の管理、教師と学習者への連絡など、他の社区大学での学務、教務、庶務の
業務をまとめて担っている。このコース制度がおかれた理由は、文山社区大学
の試行運営の期間からすでに、学習者は興味のある講座にしか参加してこない
ことが明らかとなったため、教育改革者と行政が、これを問題ととらえ、学習
者にどの課程も万遍なく学ばせようとしたためである。コースでは、学習者が
24単位を取得すれば、履修証書を与えるというものであった[42]。

　例えば、これまで環境コースやジェンダーコース、教育と心理コースなど
がおかれた。しかし、学習者の参加が得られず、何度も停止、変更された[43]。
現在は、文山区の文化や歴史を掘り起こし、さらなる社区文化を創造していく
ための「文山学[44]コース」、環境に対する意識を向上させ、人間と自然が永続
的に共生できる環境づくりを行っていくための「環境生態コース」、社区の美
化と芸術的な要素の向上を目的とする「美術コース」の3つが設定されている
が、コースの履修証書の発行などは行っておらず、このコースを軸にして講座
設計をしているのみである[45]。

　つまり、コース管理人をおいているのは、この3つのコースの発展を中心
に講座設計をするため、つまり文山区の歴史文化に関するもの、生態環境に関
するもの、社区の美化や芸術に関するものという、文山社区大学が教育目標の
達成のために強化したい講座を中心的に計画できるようにするためである[46]。
文山社区大学は、それぞれのコースを担当する管理人をおくことで、学習者の
需要に応じて講座計画を行うというよりは、学術講座か公共課題を扱う講座の
発展を中心に考えられるよう、組織をつくっているといえるのである。

3.1.3　学術課程の重視と公共課題学習への誘導

　毎学期約3,000人弱の学習者規模の文山社区大学で開講された講座は、2015
年度後期を例にすると表5のようである。台湾全土において、社区大学は学術
課程の講座の開講数が少なく、生活芸能課程の講座が多く開講されるという特
徴があり、社会改革型の文山社区大学も同様の状況にある。文山社区大学設置
後の第2学期目となる1999年3月から通っている学習者ZP[47]は、「年々、学

術の講座が少なくなっている」と述べている。文山社区大学は、設置当初の講座の多くが学術講座であり、しかも大学水準の思考性の高いものが多くあったときに比べると、徐々に学術講座の数は少なくなっていると感じられているといえる[48]。

　しかし、文山社区大学の学術課程は、社区大学の中で最も安定して開講できているといわれる。そこには、学術的な学習に重きをおいているため、学術課程の開講率を保つため、職員と学術課程を担当する教師で、クラス経営や教育方針についての会議を定期的に行い、学習者に対しても要望や困難な点を聞くなどし、これらの意見を調整していく作業を行ってきたということがある[49]。そのため、学習者から、文山社区大学に来た理由として「深い内容のものなら、文山社区大学にあるよと聞いたからです」（CG[50]）という声もあり、文山社区大学は学術講座の質が保たれていることで、学習者から支持されている面があるといえる。学術課程を担当する教師も、大学教員や研究機関の研究者が多い。こうした教師を集めることができるのは、民間促進会のメンバーに、四一〇教育改革運動に携わった大学教授たちが多くいるためであり、人脈を活かして、現在もこうした高等教育機関や研究機関の教師を呼ぶことができているといえる[51]。

　しかし、同時に表5からわかるように、学術課程にはアカデミックな講座とともに、自己実現を要素に含む講座もある。専門的な知識を学んでいくことで、自己実現をしていくことを目指す講座も、学術課程に含まれるようになっているといえる。また、社会運動家も、学術課程の教師として呼ばれている。これは、社区大学の普及は、社区大学設置運動とも呼ばれるように、民主化運動の一貫であり、運動の精神を維持するためといえる。しかし、運動といっても、政府側に何かを要求するというのではなく、文山社区大学は、環境保護や食の安全などのような、市民に身近で受け入れられやすく、普遍的な価値を内包しているものを学ぶことによって、市民の意識と行動を変えていくことも運動の一環としてとらえるようになっている[52]。そのため、比較的行動に移しやすい環境保護の学習活動が学術課程で多く開講されるようになっている。

　また、社団活動課程は、文山社区大学が設置された当初は、まずは四一〇

表5　文山社区大学 2015 年度後期の

学術課程		社団活動課程	
自然科学	1. 親子で学ぶ科学数学	公共性社団	1. 映像でストーリーを書く【芸術・映像】
	2. 植物と化学：現代人の養生		2. 写真の達人：進級クラス【芸術・映像】
	3. 天文観測：星空の美		3. 映像編集実務【芸術・映像】
	4. 宝石の鑑賞と分析		4. 自宅で散髪【芸術・工芸】
	5. 心理放映室		5. 楽しく学ぶ手話【芸術・音楽】
	6. 東洋医学と養生・保健		6. 健康生活の新主張【生活応用・保健】
	7. 科学養生と漢方		7. 編集実務：進級クラス
	8. 台湾旅行学 A、B		8. ボランティア社
	9. 台湾の多元な登山入門		9. 原住民の植物編み物
	10. 台湾中級山の秘境大探索		10. ほほえみ自転車低炭素旅行
	11. 宝島探索		11. 湿地生態探索ワークショップ
	12. 気軽に歩いて生態を学ぶ		12. 剪楽社（ビデオ編集）
	13. 鳥と舞う：鳥類の奥義		13. 十五分遺跡研究社
	14. カメラの中の自然記録		14. 黒白画社（絵画）
	15. 山と水に親しむ：歩道づくり A、B		15. 文山画会（絵画）
	16. 私の自然日記		16. 文山陶集（陶芸）
	17. 自然と遊ぶ A、B	自主組織社団	17. 文山生態社
	18. 国家公園の美と生態旅行		18. 文山吟社（詩吟）
	19. 手作り植物織り		19. 客家歌謡社
	20. 屋上で楽しむ農園		20. 客家歌謡社：胡弓クラス
	21. 都市で持続可能農業		21. 客家歌謡社：北管クラス
	22. 自宅用太陽光発電		22. 手話社
	23. 健康・緑の住宅づくり		23. NPO 読書会
	24. 文山茶体験：鉄観音の理解		24. 児童文化研究社
	25. 有機農法：自分でつくって食べる		25. 浮世映像撮影所
人文学	26. 文山学：文山景美の探索		26. 器用に裁縫会
	27. 経典の読み書き		27. 懐かしの歌を愛する会
	28. 歴史の中の社会：古代ローマ		28. 文山喆楽集（楽器演奏）
	29. 西洋美術史		
	30. ユートピア文学		
	31. 台湾戯曲入門		
	32. ライフストーリー執筆		□ 環境生態コース
	33. 芸術療法		（学術 12 ～ 26、社団 9 ～ 11、
	34. 甲骨文字：正字の根源		生活芸能 27 ～ 29）
	35. 人文・旅行・世界文化		
	36. 音楽の人生講堂：古典音楽鑑賞		
	37. 時空を超えた感動：音楽鑑賞		▨ 美術コース
	38. 芸術で遊ぶ美術館		（生活芸能 30 ～ 44）
	39. 映画から学ぶ人生の生き方		
社会科学	40. 視野の外の世界：非主流の読解		
	41. 映画から法律を学ぶ		▦ 文山学コース
	42. 現状の自己の改善		（学術 24 ～ 26、社団 10 ～ 12、
	43. 民族の理解：映画から見る民族		生活芸能 30、91）
	44. 政治映画の鑑賞と討論		

公共性社団の【　】は、当社団がさらに【　】内の分野にも分類できることを表している。
出典：『行政契約書』資料編より筆者作成。

開講講座とコース一覧

<table>
<tr><td colspan="4" align="center">生活芸能課程</td><td colspan="3"></td></tr>
<tr><td rowspan="30">芸術</td><td rowspan="15">音楽</td><td>1.</td><td>河洛漢詩</td><td rowspan="8">ダンス・運動</td><td>45.</td><td>フラダンス</td></tr>
<tr><td>2.</td><td>琴芸術と演奏</td><td>46.</td><td>エジプトダンス</td></tr>
<tr><td>3.</td><td>声の表情：ラジオのナレーション</td><td>47.</td><td>アメリカ式タップダンス</td></tr>
<tr><td>4.</td><td>自分の歌</td><td>48.</td><td>社交ダンス</td></tr>
<tr><td>5.</td><td>簡単バイオリンの世界 A、B</td><td>49.</td><td>ラテン社交ダンス</td></tr>
<tr><td>6.</td><td>ギター演奏</td><td>50.</td><td>ジャズダンス</td></tr>
<tr><td>7.</td><td>ウクレレ演奏</td><td>51.</td><td>ミュージックダンス</td></tr>
<tr><td>8.</td><td>二胡：基礎、入門、進級①②、演奏</td><td>52.</td><td>卓球</td></tr>
<tr><td>9.</td><td>歌唱基礎訓練</td><td rowspan="8">運動</td><td rowspan="8">ヨガ</td><td>53.</td><td>ヨガ A、B</td></tr>
<tr><td>10.</td><td>懐かし映画の懐かしの歌</td><td>54.</td><td>ヨガとピラティス</td></tr>
<tr><td>11.</td><td>歌唱の技法</td><td>55.</td><td>養生ヨガティス A、B</td></tr>
<tr><td>12.</td><td>台湾語流行曲</td><td>56.</td><td>ヨガ養生運動</td></tr>
<tr><td>13.</td><td>日本の流行演歌</td><td>57.</td><td>禅と運動</td></tr>
<tr><td>14.</td><td>懐かしの歌</td><td>58.</td><td>身体快適リズムダンス</td></tr>
<tr><td>15.</td><td>高齢者合唱クラブ</td><td>59.</td><td>健康認識運動ゲーム</td></tr>
<tr><td rowspan="3">映像</td><td>16.</td><td>写真の達人：初級</td><td>60.</td><td>ヨガと精神</td></tr>
<tr><td>17.</td><td>デジタル一眼レフ撮影入門 A、B</td><td rowspan="4">太極</td><td>61.</td><td>太極拳 38 式入門 A、B</td></tr>
<tr><td>18.</td><td>簡単撮影：自分流の撮影方法 A、B</td><td>62.</td><td>太極拳 38 式進級</td></tr>
<tr><td rowspan="11">工芸</td><td>19.</td><td>ハーブエッセンスづくり A、B</td><td>63.</td><td>太極導引 A、B</td></tr>
<tr><td>20.</td><td>流行のヘアセット</td><td>64.</td><td>気功と健康</td></tr>
<tr><td>21.</td><td>生活の中の木工品づくり：初級</td><td rowspan="6">情報科学</td><td>65.</td><td>自由自在パソコン入門</td></tr>
<tr><td>22.</td><td>水道・電気修理</td><td>66.</td><td>簡単に学ぶパソコンとネット</td></tr>
<tr><td>23.</td><td>巧みな裁縫</td><td>67.</td><td>スマートフォンとタブレット</td></tr>
<tr><td>24.</td><td>工夫パッチワーク</td><td>68.</td><td>オフィスの達人 A、B</td></tr>
<tr><td>25.</td><td>金属工芸の美学</td><td>69.</td><td>Flash と Sketchup</td></tr>
<tr><td>26.</td><td>手作りの北欧家具</td><td>70.</td><td>ホームページ開設</td></tr>
<tr><td>27.</td><td>手作り石けんと化粧品</td><td rowspan="2">理財</td><td>71.</td><td>投資と理財</td></tr>
<tr><td>28.</td><td>季節に合わせた石けんづくり</td><td>72.</td><td>楽しく学ぶ投資と理財</td></tr>
<tr><td>29.</td><td>石けんと幸せ：手作り石けん</td><td rowspan="5">料理</td><td>73.</td><td>発酵学と健康飲食</td></tr>
<tr><td rowspan="15">美術</td><td>30.</td><td>台湾田野の美学</td><td>74.</td><td>コーヒーの趣</td></tr>
<tr><td>31.</td><td>基礎デッサン A、B</td><td>75.</td><td>手作り流行スイーツ</td></tr>
<tr><td rowspan="2">32.</td><td rowspan="2">基礎デッサン：
硬筆から色彩絵画の世界</td><td>76.</td><td>簡単イタリア料理</td></tr>
<tr><td>77.</td><td>簡単フランス式スイーツ</td></tr>
<tr><td>33.</td><td>手書き生活：自然の描写</td><td>保健</td><td>78.</td><td>自然医学・医食同源</td></tr>
<tr><td>34.</td><td>色彩画と基礎の描写</td><td rowspan="13">外国語</td><td>79.</td><td>英語発音と簡単会話</td></tr>
<tr><td>35.</td><td>ロウソク画で遊ぼう</td><td>80.</td><td>実用生活英語</td></tr>
<tr><td>36.</td><td>台北スケッチの美</td><td>81.</td><td>英語の歌</td></tr>
<tr><td>37.</td><td>簡単油絵</td><td>82.</td><td>英語で世界を学ぶ</td></tr>
<tr><td>38.</td><td>油絵とデッサンの新体験</td><td>83.</td><td>生活の中の英語</td></tr>
<tr><td>39.</td><td>絵本風油絵</td><td>84.</td><td>旅行で学ぶ英語</td></tr>
<tr><td>40.</td><td>陶器顔料で描く絵</td><td>85.</td><td>楽しい日本語 50 音</td></tr>
<tr><td>41.</td><td>人体彫刻</td><td>86.</td><td>朗読：日本文学</td></tr>
<tr><td>42.</td><td>書道・毛筆基本法（隷書、楷書）</td><td>87.</td><td>話す・歌う日本語</td></tr>
<tr><td>43.</td><td>水墨画基礎</td><td>88.</td><td>楽しい日本語初級</td></tr>
<tr><td>44.</td><td>彩墨山水と花鳥</td><td>89.</td><td>日本語進級クラス</td></tr>
<tr><td>90.</td><td>日本語会話</td></tr>
<tr><td>91.</td><td>英語で外国人を台湾案内</td></tr>
</table>

左側の「生活応用」は 65〜91 を含むグループ。

教育改革運動に関わった民間団体が、公共的な課題の発見方法や社団の組織方法などを教え、その後、これらの団体と学習者が一緒に、「環境保護社」「台湾原住民」「社区設計ワークショップ」などの社団を組織していった[53]。こうした公共性社団に加えて、1999年9月からは、学習者たちの自主的な社団の組織が奨励されるようになったことで、学習者たちは既存の社団を組織し直したり、講座の延長として社団を組織したりしていった[54]。

　本来、社団は公共課題に取り組むことが目的であり、学術講座から社団を組織していき、さらにここでの実践を、再度、学術課程での理論的な学習と結びつけていくことが目指された。しかし、実際には理想のようになることはなく、社会改革型社区大学ではあるものの、生活芸能課程の講座の延長として、趣味学習を行う社団が多く組織されていき、現在もこの傾向は変わっていない。これらの中には、公共活動を行わない社団もあるため、文山社区大学は近年、社団のあり方を見直し、公共活動を行わない趣味的な社団は、文山社区大学の看板を背負う社団として認可しない方針をとっている。そのため、今後、自主組織社団は大きく減少していく可能性があり[55]、現在は、趣味的な社団には、社区課題を自ら見つけるか、公共性社団とともに活動することを義務づけ、社団の動きを見ている最中にある。

　そして生活芸能課程は、学習者から最も支持され大きく発展している課程であるが、既述のように、教育改革者たちからは、趣味的な学習ばかりが発展するのは、社区大学の設置理念にはそぐわないとされてきた。文山社区大学も、生活芸能課程での多くの趣味学習は、市民社会の建設という理念と距離があると考え、職員は教師と学習者に、社区大学は公共的な学習を行う施設であることを認識するよう日頃から伝えてきたという。

　また、文山社区大学で学ぶからには、文山区のことを知ってもらいたいという思いもあることから、生活芸能の講座の中にも少なくとも一度は、文山区に関わる内容や、社会との接点をもてるような内容を入れるよう要請しているという[56]。例えば、石けん作りの講座には、製作する石けんに、文山区名産のお茶である包種茶などを入れることや、飾り物を作る講座では、文山区で採れた材料を作品内になるべく使用するよう指導している。このように、学習者の

作品に文山のイメージを入れ込むという方法で、学習者に文山区とのつながりをつくり、公共が意識されることを期待しているのである。

　さらに、講座やイベントを開催して公共課題活動を行う際には、生活芸能課程で学ぶ学習者や住民も巻き込むようにしている。例えば、文山社区大学は、「自然と遊ぶ」という学術課程の講座を中心にして、文山区にある仙跡岩という山に、手づくりの歩道をつくる活動を実施しており、ここでの活動風景を、生活芸能課程の美術系の講座で学ぶ学習者たちが、絵に描くという形で参加することを促している。こうした美術を方法とした公共活動への参加を促しているのは、絵を描くことで社区をつくり上げる過程に触れることで、学習者に、公共的な活動に少しでも関心をもってもらいたいと職員たちが考えているからである[57]。また、裁縫の講座の学習者には、この活動で使用する土嚢袋を、社区の住民に提供してもらった古い布で作成してもらっており、これによって公共課題活動を支援するという意味合いをもたせている。そして、活動の後に、参加した学習者に、「このような取り組みを支持するか」「ほかにもこうした歩道が必要な場所はあるか」などの意見、感想を収集し、これをもとに、「公共論壇」と題して、専門家や政府機関の担当者を呼び、意見交換会を開催している。

　こうした場を設けることで、学習者たちに、施策作成側に対して社区づくりの提言を行う機会を与えているのである。ここで自らが提出した意見に行政側が応える姿を見た学習者は、自分の意見が施策に反映されていると感じ、公共活動にさらに参加してくるようになっていることを、職員たちは感じている[58]。

　このように文山社区大学は、まず、学術課程の重視、生活芸能課程の公共課題とのつながりの強化、社団に対する公共活動への義務づけを行っている。本来、学術課程での理論的な学習を基礎にして、学習者が社団を組み、公共活動を行っていくようになることを理想としていたものの、実際には、学術課程からはつながっていかないことから、公共活動イベントや、市民社会建設のために重要であると考えられている公共政策への参加を実現するための「公共論壇」を文山社区大学が自ら計画し、学習者をこれらに導いていくという手法をとっている。

　ここには、行政が公共的な内容を奨励していること、そして文山社区大学も、理念を重視すべきという考えで運営しているが、理想通りにはいかないため、公共に関わるさまざまな活動やイベントを行うことを通じて、理念になるべく近い形で運営をしていこうとしているということがあるといえる。つまり、文山社区大学は、社会改革の理念に基づこうとしても、市民の需要から趣味的な講座の開設や、公共的な活動であってもイベント的な方法による開催ということをせざるを得なくなっているといえる。しかし、これによって文山社区大学は、直接的な社会改革の志向と実現ではなく、市民の生活上の需要という迂回路を取りながら社会改革への志向性が示されることとなったといえる。

3.2　生涯学習型社区大学の運営の特徴①：士林社区大学を例に

　次に、生涯学習型社区大学の例として、士林社区大学の運営実態を見ていきたい。

3.2.1　運営団体と教育理念

　士林社区大学がおかれている士林区は台北市最大の行政区であり、市街地は商業地区であるが、その他広い範囲を占める山間部は陽明山国立公園になっており、自然環境に恵まれているという特徴をもつ。士林社区大学は 1999 年 9 月、台北市で 2 番目の社区大学として、宗教系の財団である「財団法人崇徳文教基金会（以下、崇徳基金会)」を運営団体にし、台北市立百齢高等学校内に設置された。現在も同基金会が同場所で運営している。

　崇徳基金会は、中華伝統文化の発揚と、儒家の倫理道徳思想の生活化を目指す一貫道という思想をもとにした宗教団体を母体に 1986 年に成立したものであり、士林社区大学の運営のほかにも、親子教育、学生への奨学金の提供、青少年のサマーキャンプの実施や更生保護事業、大学生へのボランティア教育、合唱団の組織など、さまざまな教育文化事業に取り組んでいる[59]。つまり財団からすれば、社区大学の運営は、市からの委託事業の一つに位置づけられているといえる。

　開校時、士林社区大学は教育理念を、「人びとの生涯学習の促進と人文的素養の向上によって、人生を豊かにすること」とし、「心身ともに健康で健やか

な人間、社会問題などに関心をもつことができる社会人、人文的な素養をもつ文化人」を育成することを目指すとした[60]。現在は教育目標を「卓越性の追求と士林の優質化によって、国際的な市民社会を迎える」と定め、教育計画として、①社区の文化資源を掘り起こし、社区に根ざした行動をとり、社会参加を促進すること、②グローバルな思考をし、文化を根付かせ、人文的素養を向上し、文化交流を促進すること、③生態環境を守り、美しい水環境の士林をつくり、環境に優しい生活圏をつくること、の３つをおいている[61]。

　これらから、士林社区大学は、生涯学習の促進による個人の文化的素質の向上と、生活の豊穣化によって、心身ともに健康な市民の育成を基礎におき、こうした市民が、社区に関心をもち社区活動に参加すると同時に、グローバルな視点から文化交流を行い、さらに自然環境などを守っていくようになることで住みやすい社会をつくっていくことを目指しているといえる。社会改革型の文山社区大学は、まず市民の学術的な学習を重視していたのに対し、生涯学習型の士林社区大学は、市民の心身の健康や文化的な素養というような、個人の内面を充実させるための学習にまず重点をおいている点に特徴があるといえる。

3.2.2　運営組織からみる今後の方向性

　士林社区大学の運営組織は、図３の通りである。

　校長は、崇徳基金会の理事長であり、2015年現在、職員は教務・学務・総務・社区サービスの４つの組の職員と校長、主任秘書を合わせて、専任９名、兼任４名の合計13名がいる。職務内容に関しては、本章2.2で述べた通りである。その他、ボランティア社とは、校務のサポートを行う社団である。教育改革者たちによって、社区大学では学習者も校務運営に参加することが重視されたためこの社団が組織され、現在も基本的にはすべての社区大学に組織されている。実際の活動は、学習者数に対して職員数が少ないために、業務繁忙時に職員の業務の一部をサポートするというものである。

　また、「教育研究発展委員会」は、学期末に学習者へ、講座内容と教師の教え方、教育環境に対する満足度のほかに、本学期参加した講座以外に参加したい講座、他の教育施設では開講しているが士林社区大学では開講していない講座、紹介できる教師などを項目とするアンケートを行い、学習者の学習需要を

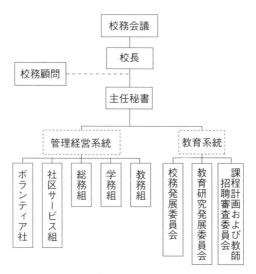

図3　士林社区大学の運営組織
出典：士林社区大学の提供資料による。

把握しながら教育の方向性を検討している[62]。この委員会のメンバーは、後述する講座分類の5領域から、教師1人を代表とした計5人と職員からなる。

　また、「校務発展委員会」に関しては、現在、士林社区大学では年に1度、士林区全体の教育事業に関わる会議である「士林社区教育推進会議」を開いており、この会議を「校務発展委員会」の会議に代えている。その理由は、社区の人びとからなる士林社区教育推進会議の意見を、社区大学の運営にとり入れることで、社区の要求と課題に即した講座や活動に取り組めるようにし、今後、社区との連携をよりいっそう強めていくことを目指しているためである[63]。つまり、士林社区大学は、学習者が多様な講座で学ぶことに加えて、今後、社区との連携をより強化し、公共課題学習の部分を強化していくことを目指しているといえる。

3.2.3　学習者の需要を考慮した多種多様な講座の編成

　そして、講座は以下のようにして開設されている。士林社区大学は、市民の嗜好や学習動機はそれぞれ異なるという多様性を前提に、また、市民に興味のないことを学ばせようとしても参加は得られないという事実から、市民の多く

の需要に応えられるよう、生活芸能課程を中心とした多様な講座、いわゆる趣味講座を中心に開設している[64]。台北市社区大学で開講される講座は、既述のように、学術課程は 3 種類、生活芸能課程は 10 種類、社団活動課程は 2 種類の、3 課程 15 種類に分類されるが、士林社区大学では、独自にすべての講座を、運動とダンス、人文と芸術、自然と環境、国際文化と言語、パソコンと情報の 5 領域に分類しており、欠落する領域がないよう、バランスよく開講するようにしている[65]。この士林社区大学独自の 5 領域の分類は、学習者の要望に応えた結果成立したものであり、また、上述した教育研究発展委員会メンバーは、この 5 領域から選出した教師代表からなる。学習者に配る講座一覧のパンフレットも、この分類をもとに表示している[66]。

　表 6 は、この分類をもとに示した、2015 年度後期の講座一覧である。運動とダンス領域には、ヨガ、社交ダンス、太極拳、気功などの講座、人文と芸術領域には、書道、絵画、音楽系の講座があり、これらの中には、学術課程の人文・社会科学に属するものもある。自然と環境領域には、士林区にある陽明山の自然生態や湿地保護、漢方などの東洋医学の講座などがあり、これらのすべては学術課程の自然科学としても分類されている。国際文化と言語領域には英語、日本語、手話などの講座、パソコンと情報領域にはパソコンやカメラ操作などの講座が含まれ、このほかにも資産運用関連の講座がある。社団は、2014 年度時点で存在しているものであり、士林社区大学が設置した公共性社団と学習者が組織した自主組織社団とがある。

　人文と芸術、自然と環境領域の講座は、学術課程に分類されている講座が多いが、これらの講座の内容を見ると、本来ならば生活芸能課程に分類されるべきものが多いといえる。ここには、士林社区大学のような生涯学習型社区大学は、社会改革型社区大学のように意識的に学術課程の充実化を行っているわけではないため、ただでさえ学習者からの需要が低い学術課程は、開講できないという現状がある。しかし、学術課程を開講しないと業務評価に響くため、生活芸能的な講座であっても、生活芸能の歴史的、文化的なことも学ぶ場合、学術課程に分類しているという事情がある。これによって、士林社区大学の学術課程は、理論的で思考性の高いものではなく、生活芸能の歴史面なども深く学

表6　士林社区大学 2015 年度後期の開講講座一覧

運動とダンス		
ヨガ：体質改善	健康ラインダンス	中東融合風ベリーダンス
ヨガ＆ピラティス	ラテン有酸素舞踊	韓国風ミュージックダンス
ヨガ（初級・中級）	呼吸有酸素運動	五禽劇（気功体操）
成人バレエ	社交ダンス：ルンバ・ワルツ	歌唱演奏＋リズム舞踊
流行エクササイズダンス	社交ダンス：サンバなど	フラダンス A、B
簡単に学ぶ太極拳 A、B	社交ダンス：チャチャ	バドミントン
太極拳 A、B	トリコベリーダンス	
アメリカ式舞踊	やせるベリーダンス	

人文と芸術					
生活の知恵 A、B	【人文】	鉛筆デッサン	【人文】	硬筆画の花鳥風月	
書道創作	【人文】	室内デザインの材料と美学	【人文】	ウクレレ：歌謡曲	
山水画の創作と鑑賞	【人文】	油絵芸術と技法	【人文】	ウクレレで遊ぶ	
士林文化：歴史と民俗	【人文】	人生設計と人間関係	【社会】	カラオケ A、B	
書道芸術の創作と技法	【人文】	話し方の技法と人間関係	【社会】	服装デザイン作成 A、B	
茶道芸術：十大茶法	【人文】	基礎ボランティア訓練隊	【社会】	ワイン品評と鑑賞	
アクリル水彩画	【人文】	スターと私：カラオケ		水彩画スケッチ	

自然と環境					
陽明山生態人文の美体験	【自然】	天然手づくり石けんと精油 A、B	【自然】	応用漢方の理解	【自然】
蝶が舞う芝蘭	【自然】	楽しい休日農業	【自然】	八芝蘭自然旅行：生態観察記録	
漢方養生と薬膳	【自然】	士林自然生態と民俗	【自然】	国家公園の美と生態旅行	【自然】
天然薬草と養生保健	【自然】	酒の醸造	【自然】	湿地保護ボランティア育成訓練	【自然】
盆栽芸術の創作 A、B	【自然】	手づくりガーデニング	【自然】		
天文観測：星空の美	【自然】	生態撮影と生態保護体験	【自然】		

国際文化と言語				
静寂の声：手話	【社会】	観光英語	日本語会話 A、B	
英語暗示教育法 A、B	【人文】	英語の発音練習	日本語読み書き練習	
日本文化概論と日本語文型	【人文】	英語で社区ガイド	日本語基礎とカラオケ入門	
日本の歌謡と文化	【人文】	英語の発音練習		
生活英語 A、B		基礎日本語 A、B		

パソコンと情報		
撮影技術と創作	デジタル一眼レフ撮影技法	デジタル映像彩色
パソコン・タブレット・デジカメ入門	ブログとフェイスブック	電子書の作成
撮影技術と生活記録	オフィス処理	

公共性社団（2014 年度）	自主組織社団（2014 年度）	
校務ボランティア社	茶道芸術社	生活園芸研究社
崇徳公民劇団	撮影クラブ	デジタル撮影社
父母成長親子国学研究社	国楽社	絵画美学社
書道芸術社	ウクレレ美学社	運動ダンス活力社
湿地保護ボランティア社	自然に親しむクラブ	

その他講座：資産運用	
株の投資分析	投資分析と指標
不動産売買と投資	投資の理論と実践

【　】内は学術課程の人文・社会・自然科学を示している。

出典：士林社区大学の 2015 年度後期学生募集パンフレットより筆者作成。

ぶ内容が多くなっているといえる。

　社会改革型の文山社区大学では、趣味講座には公共とつながりを感じることのできる題材を入れることを義務づけていたが、士林社区大学では、そのような手法はとっていない。社区大学が学習者の意向に沿わない講座を開講したところで、学習者は興味がなければ参加してこないだけであり、学習者が参加しなければ、講座は計画しても開講できなくなるだけだからである。実際に学習者も、「社区大学の良いところは、私たち学習者に選択権があるところです。もしおもしろくなければ行かなくてもよいし、私たちは単位や修了証を求めているわけではないので、そういうものに縛られずに、純粋なる興味だけで通えるというところは、社区大学の良さだと思います」[67] と語っており、士林社区大学はこうした学習者の性質を考慮にいれ、講座の設計方法を考えているものといえる。

　このように、士林社区大学は、学習者を導くのではなく、学習者の需要と嗜好の多様性を前提に講座計画をしているため、学習者の需要によって講座計画の方が変わっていくことになっているといえる。しかし、こうした講座ばかりでは、啓蒙主義的な視点からは理念からの逸脱と批判され、また、行政からも公共課題学習が奨励されていることもあり、士林社区大学は、公共課題を内容とする講座や活動も開催している。例えば、士林区にある湿地の保護活動を行う講座や、社区の橋に絵を描き、景観美化を行う活動などを開催してきた。校務発展委員会の扱いからもわかるように、士林区の社区組織と協力するようになっているのは、こうした公共課題に関わる学習活動の強化を目指しているからであるといえる。

　また、社団に関しては、文山社区大学同様、生活芸能課程で学んだ学習者がより深い内容を学ぶために、自ら組織したものがほとんどであり、これまでにも成立したり解体したりしながら続いてきた。士林社区大学の社団も、公共課題に関わる実践が求められているわけであるが、士林社区大学は、文山社区大学のように公共活動の義務づけではなく、社団が活発な活動を行っていくよう、社団評価制度をつくり、社団同士の交流を行っている。社団評価制度とは、社団の運営組織、定期的な活動、社区への貢献度、活動の創造性、校務への参

加状況などを学外の専門家らが評価し、その結果によって、社団に奨励金を支給するというものであるが、副校長によると、この制度のねらいは、社団の活動内容に優劣をつけたり、実施した公共活動の回数を競わせたりすることなのではなく、あくまで社団が行った活動を労うことにあるという[68]。毎年一度、それぞれの社団から数名を集めて社団評価を行い、これによって学習者同士が交流し、互いの活動を知ることになっている。近年、自主組織社団であっても、社区に出て活動を行っていくようになっている社団があり、例えば、茶道の社団は、老人ホームなどの高齢者施設に行き、お茶を振る舞う慰問活動を行うようになったり、ウクレレやダンスの社団は、社区で定期的な演奏会や演技会を行うようになったりしているという。

　このように、生涯学習型の士林社区大学は、社会改革型社区大学のような学術的な講座は、学習者からの需要がきわめて低いため、実質開講されていないといえるが、学習者の嗜好や動機の多様性を前提に、多くの学習者の需要に応えられるよう、多種多様な趣味講座を開講している。そして、こうした趣味講座から社団が組織されているという状況に合わせ、社団の交流を促し、活動を労っている。そして、学習者が組織した趣味的な社団であっても、公共活動を行う社団が出てくるようになっている。こうした運営のあり方から、社会改革型社区大学が、学習者を導く対象ととらえ、学術課程や公共課題学習へと学習者を誘導していくという方法をとっていることに比べ、生涯学習型社区大学は、学習者の多様性を前提にして、まず学習者に自由な学びをさせることに重きをおくという手法をとっているといえる。しかも、生活芸能課程のような趣味学習を自由に展開させた方が、結果として社団を組むことにつながり、むしろそこから公共活動へともつながりやすいという現状が生まれてきているのである。

3.3　生涯学習型社区大学の運営の特徴②：南港社区大学を例に

　さらに、第5章で触れる南港社区大学の運営実態を見ておきたい。南港社区大学は、前項の士林社区大学と同じく生涯学習型社区大学であり、運営組織と職員配置、講座計画の基本的な考え方は士林社区大学とほぼ同様である。その

ため、運営団体や教育理念、講座の種類など、南港社区大学の特色ある点を中心に見ていくこととする。

3.3.1　運営団体と教育理念、職員

南港社区大学がおかれている南港区は台北市の南東部に位置し、北側は基隆河が流れ、南側は南港山脈に面した自然に囲まれた区である。南港社区大学は、2001 年 9 月に台北市立成徳中学校内に設置され、社団法人中華社区品質促進会に運営を担われた後、2003 年から現在まで、財団法人致福感恩文教基金会（以下、感恩基金会）によって運営されている。感恩基金会は、キリスト教を基本思想にもち、「『信・望・愛』の精神をもとに、人材の育成、福祉の増進、人びとに幸福をもたらす」[69] ことを趣旨に、1995 年に設立された財団である。感恩基金会は、青少年と先住民を対象にした教育支援、生涯学習、人文芸術、奨学金などの事業を展開しており、南港社区大学の運営も感恩基金会の教育業務の一つに位置づけられるといえる。

南港社区大学の教育理念は「愛をもって南港を作り、『黒郷（黒い町）』から『明珠（美しい町）』へ」である。南港区は 1950 年代半ばから鉄鋼、化学工業、紡績、電子、印刷工場などの誘致によって工業区として栄えたが、工場から排出される黒煙が立ちこめていたことから、「黒郷」と呼ばれることがあったことに由来している。この教育理念をもとに、教育目標を、「愛をもって社区を団結させること」「南港の社区づくりを行い、公民力を向上すること」「『黒郷』から抜け出し、環境保護の正義を唱え環境教育を進めること」「美しい町になるため、健康で安全な永続的な幸福社区をつくること」としている。つまり、南港社区大学は、多くの社区大学が掲げている目標である学習者の自己成長、地域課題の解決、公民としての資質向上に加え、環境問題にも積極的に取り組んでいるところに特徴があるといえる。

3.3.2　運営組織、多種多様な講座とその広がり

南港社区大学の運営組織は、士林社区大学とほぼ同様である。組織は校務会議をトップにし、その下部に校長と副校長、主任秘書がおり、行政系統には教務・学務・総務・社区サービスおよび情報組がある。職員は 10 名で、すべて専任である（2015 年時点）。また、新学期が始まると教師を集めて社区大学の

表7　南港社区大学 2014 年度

学術課程		社団活動課程（2012 年度）	
人文科学	楽しく学ぶ花鳥風月	公共性社団	校務ボランティア社
	史跡の探索		南港撮影生態社
	南港茶染とお茶文化		南港山水生態社
	南港茶文化の探究と生活実践		民族舞踏社
	南港文化歴史の散策		心理健康ガイド
	芸術と自己成長：芸術治療		南港社大真愛合唱団
	心理学教室		peopo 公民記者社
	現代家族の良い関係	自主組織社団	絵画芸術社
	生活実用の趣味的易経		二胡・琴演奏社
	自分の歌を作る：詞曲創作入門		社交ダンス舞踊文化社
	クラウド時代の撮影の達人		国楽古典琴社
	書道と書芸		国楽管弦楽社
	書道の基礎と楷・叢書鑑賞		異国文化ダンス社
	現代水墨芸術		健康体操ヨガ社
	牡丹硬筆画		
	基礎デッサンと絵画		
	創意的水彩画		
	基礎油絵		
	基礎人物絵画		
	イメージのデッサン		
	肖像画デッサン		
社会科学	投資理財と技術指標の運用		
	金融商品の活用技術		
	投資技術分析		
	生涯における財務計画		
	グローバル投資理財		
	台湾株式投資		
自然科学	有機栽培健康飲食		
	エコ公民環境保護エンパワーメント		
	自宅で植物栽培管理		
	自然と友達に		
	河岸旅行		
	DIY 有機農場体験と予防医学		
	足つぼと健康		
	漢方と養生		

出典：『2014 年南港社区大学評価報告書』、南港社区大学の 2014 年度後期講座パン
　　　フレットより筆者作成。

後期の開講講座一覧

生活芸能課程			
情報科学技術	インターネット入門：Blog と facebook	表現芸術	竹笛：入門・進級
	パソコンと生活応用：高齢者対象		尺八歌謡
	パワーポイントの視覚的魅力		オカリナ
	3D 立体絵画とデザイン		複管理オカリナ
	ネットショッピングとブログの達人		ジャズ太鼓：団体・入門
	パソコン入門と応用		アフリカ太鼓
国際言語	自然発音法		ギター：1・2
	基礎英会話		ジャズピアノ
	基礎英語文法		ウクレレ：入門・進級
	初級英語会話		台湾語歌唱
	中級英語会話		ハーモニカ
	レベルアップ文法		二胡：入門・初級・中級
	多様な英語試験		琴芸術
	歌って学ぶアメリカ英語		カラオケ：1・2
	日本語実用入門：1・2・3		洋楽
	生活日本語会話：入門・進級		日本演歌
	みんなの日本語		日本語の歌
	韓国語入門	生活応用	木工 DIY：理想の家具
	ベトナム語入門		水道電気修理 DIY
	新移民言語と中国語生活の適応		有機漢方と栽培
美術工芸	刺繍		ガイド資格訓練
	手縫いの洋服作成	運動養生	ストレス解放ヨガティス
	実用パッチワーク		柔軟ヨガ入門
	革鞄のデザインと作成		社交ダンス：入門・進級
	革製品の世界		ベリーダンスとインド舞踊
	かわいい粘土細工と飾り物		中東舞踊
	手作り銀細工と粘土		MV 舞踊とジャズダンス
	古着創作リメイク術		スペインフラダンス
	原住民族文化の彫刻と木工		ジャズラテン有酸素運動
	創作編み物		健康有酸素運動
	絵本とイラスト		ピラティス
	焼き絵：木と火の芸術		太極拳と気功
美食割烹	コーヒーと自家焙煎		ブラジルカポエイラ
	中華料理試験・対策		卓球：1・2
	台湾スナック		
	お菓子作り		

説明をする教師会議、「南港学」と呼ばれる地方学の講座に関わる会議である教育研究会議、教師が自らの教育方法を自己評価し、討論するための教育評価会議がある。

　さらに、校務発展の方向性などを検討する校務発展委員会、講座発展の方向性の検討や開講講座の審査、社区の需要を講座へ反映することを目指す課程委員会がある。校務発展委員会は、教育方針の大きな変更や新たな意見が提出されたときのみに開催されている。また、課程委員会は、校長、教師12名、学習者・ボランティア代表、専門家、協力学校代表、里長（日本の町会長に類似）や社区発展協会などの社区代表3名のメンバーで組織され、学内だけでなく、社区からの意見も取り入れている。2013年からは、課程委員会内の小組織として、新課程研究発展グループを組織し、新講座設計の検討や新たな教師の模擬授業審査などを行っており、質の高い講座の開講を目指している。

　そして以下のように講座が設計されている。台北市社区大学のすべての講座は3課程15種類に分類できるが、南港社区大学は学習者数や使用できる教室の条件などから、現在、生活芸能課程の講座が、情報科学技術、国際言語類、美学工芸類、表現芸術類、美食割烹類、運動養生類、生活応用類の7種類のみの開講である。2014年度後期に開講された講座一覧は、表7のようである。

　南港社区大学も、生活芸能課程の講座が7割以上を占めており、趣味的な講座が中心になっているといえる。また、士林社区大学同様に、絵画や自然環境に親しむ生活芸能的な講座であっても、背景や根本概念も学ぶ場合、学術課程としてカウントしているという特徴がある。そして、生活芸能講座で学んだ学習者によって、多様な社団も組織されている。副校長の話によると、生活芸能課程の講座でも、学習者の学びの場所が徐々に社区へと広がっているという[70]。

　南港社区大学が設置された当初は、まず南港社区大学の存在を知ってもらうこと、そのために多くの市民に講座に来てもらうことが第一の目的であり、そのため多くの生活芸能課程の講座、つまり趣味的な講座を開講し、市民が楽しく学べるということを重視した。その後、社区大学の存在が知られ、学習者が増加した後は、社区大学の管理職が里長や社区発展協会などの社区組織を回り、社区大学との関係性をつくっていくことで、社区大学の公共という面を強

化しようとしてきた[71]。例えば、社区でイベントが開かれる際は、社区大学の音楽やダンス講座で学ぶ学習者が演奏やダンスなど、学習成果を披露することを提案した。一度イベントに参加すると、その後も社区のイベントに呼ばれるようになり、社区大学と社区組織との協力関係が構築されていくことになった。

　こうした社区大学側の働きかけとは別に、学習者が自ら社区に出て活動を行うケースも見られるようになっている[72]。例えば、散髪講座の学習者が社区の独居高齢者宅へ散髪に行ったり、撮影技法を学ぶ学習者が、社区の自然風景の撮影から、生態環境保護の活動に参加したりするようになるなど、講座で学んだ内容を社区にフィードバックしていくような動きも生まれているのである。こうした学習者の変化は自然に起こったものであるという。南港社区大学は士林社区大学同様に、学習者の多様性を前提にさまざまな講座を設計しており、そして公共活動を社区大学が強制したとしても、学習者に気持ちがなければ活動は展開されないという事実をもとに、まずは趣味的で楽しい学習を促進するという考えをもっている。そのため、学習者が自ら社会的な活動を志向していくといった変化は、長年の学びによる学習者自身の気持ちの変化なのではないかと、副校長はいう[73]。

　このように、南港社区大学も生涯学習型社区大学であるために、学習者の興味の多様性を前提に、まずは生活芸能的な学びを提供している。そしてそこから、学習者の学びの場が拡大するよう環境を整備し、さらに学習者自身も自ら社会と関わる活動を展開していくようになっているのである。

3.4　台北市原住民族部落大学の運営の特徴

　台北市にはこれまで述べてきたような一般的な社区大学のほかに、原住民族の文化を学ぶ講座を開講している原住民族部落大学（旧 原住民族部落社区大学）がある。第6章でその役割を検討するにあたり、ここでその運営実態について確認しておく。

3.4.1　台北市原住民族部落大学の運営部署と運営組織

　原住民族部落大学の運営方式は公設民営ではなく、運営は各地方政府にお
かれている原住民族事務委員会が担っている。台北市は、中央政府の原住民族
事務を扱う部署である行政院原住民族委員会（以下、行政院原民会）の成立よ
り早い 1996 年 3 月、「台北市政府原住民族事務委員会（以下、台北市原民会）」
を組織した。台北市には原住民が住む集落である部落がないため、原住民の総
数は少ないものの、政治・経済の中心地であるため、就業を理由に台北市に移
り住む原住民も多く、彼らは、故郷との文化の相違に悩まされたり、就職がう
まくいかなかったりという理由から、都市での生活への適応が困難であること
が大きな問題となっていた。そのため、文化、生活形態の違いから発生する原
住民の問題に対処する専門部署が必要とされ、台北市原民会が組織されたとい
う経緯がある [74]。現在の台北市原民会の組織は、図 4 のようである。

　台北市原民会には、市長の任命による主任委員 1 名と、台北市政府から選
ばれた専門委員（原住民族代表、専門家代表）が 16 〜 22 人配置される [75]。
そして、原住民族政策の計画・研究、文化センターの建設などの総合業務を
行う総合企画組、文化の保存、教育の発展、言語の保存、芸術、体育、人材育
成などに関わる業務を行う教育文化組、職業訓練や就業指導、労働者権益の保
障、保留地開発など原住民族の産業に関わる業務を担当する経済建設組、生活

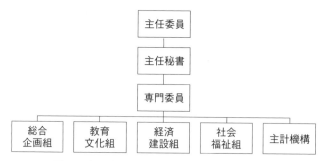

図 4　台北市政府原住民族事務委員会の組織

出典：台北市原民会ホームページ（http://www.ipc.gov.taipei/ct.a
　　　sp?xItem=93345044&CtNode=75856&mp=121041。最終閲覧
　　　2016/3/29）より筆者作成。

補助、医療保険、児童・高齢者福祉、婦女権益の保障、青少年の指導などを行う社会福祉組に分けられ、台北市原住民族部落大学（以下、台北市部落大学）の運営業務は、教育文化組が担当している。

　台北市部落大学の設置は、台北市原民会と台北市政府教育局によって行われた。台北市政府教育局が 1998 年 9 月に文山社区大学を設置すると、原住民籍の立法委員から、原住民族に特化した社区大学設置が必要であるという声が上がり [76)]、そのため台北市政府は、2003 年 2 月、台北市原住民族部落社区大学設置グループを組織し、2004 年 4 月、「原住民族部落社区大学」との名称で設置した。開始当初は一般の社区大学同様、公設民営による運営方式をとり、2004 年は「財団法人野崎君子文教基金会」、2005 年から 2007 年までは、「中華民国台湾原住民族文化経済交流協会」、2008 年から「社団法人台湾原住民族産業経済発展協会」に運営を委託していたが、2014 年からは台北市原民会が運営を行うようになった。2011 年には、台北市原住民族部落大学へと名称を変更し、場所も、設置当初の懐生中学校内から、独立した建物である北原会館に移し、台湾で唯一、独自の校舎を有する部落大学となった。

　台北市部落大学の職員は、校長、学務長、執行秘書、指導員、助理員からなる。校長は、台北市原民会による運営になって以降、台北市原民会の主任委員が兼任している。学務長は、台北市原民会により決定され、部落大学の教育発展の方向性や活動計画、会議の開催、部落大学を代表して、学外の活動や会議に出席するなどの業務を担当している。執行秘書は台北市原民会の教育文化組の職員であり、部落大学の行政管理全般を担当している。指導員は学習者に関わる事務、助理員は教師に関わる事務を担当し、指導員、助理員は台北市部落大学の公募により採用され、2015 年時点では 1 名ずつであった。

　現在、台北市部落大学の運営費用の大部分は台北市原民会の予算から捻出されており、その他、台北市政府教育局と行政院原民会から多少の補助が支給されている。学習者の学費は、原住民族籍であれば無料であり、非原住民族であれば 1 学期あたり 1,000 元徴収している [77)]。台北市部落大学は、開始当初は教育局も運営管理に関わっていたことから、その組織は一般の社区大学と酷似している。例えば、校務の最高決定機関は校務会議にあり、校務会

議は校長を含む職員と教師、学習者からなる。このほか、行政職員のみで開かれる行政会議や、教師の採用を決定する課程委員会（教師招聘委員会）、教育研究会などが組織されている[78]。また、毎年の業務審査は行政院原民会によって行われており、講座内容、教育環境、教育成果などが審査されている。

3.4.2　教育主旨と講座の種類

　都会型の部落大学といわれる台北市部落大学は、原住民文化の存続と創造に加えて、都会においても部落のような帰属感を得られるような環境の創造、都会独特の部落社会ネットワークの形成を大きな目的としている。また、首都である台北市は国際的な窓口でもあるということから、外国人や新住民（主に、東南アジアからの配偶者）など、多様な文化を背景にもつ非原住民にも台湾原住民族について理解してもらうことも目的としている。

　こうした目的を基礎に、教育理念を以下のように設定している[79]。

①都会型（台北市）部落大学は、原住民族の価値の肯定と普及を行う部落大学である。

②「部落を世界に向けて、世界を部落の中に」を教育の核心とし、世界と社会に部落大学を開放する。

③原住民族の知識体系を建設、促進、実施する。

④単位認証系統を建設し、将来の学歴認可制度構築を促進する。

⑤原住民族価値、生涯教育、在地部落への参加、およびグローバル市民との交流を主軸とした部落大学にする。

　開講講座も一般の社区大学とは異なり、原住民族文化に関連するものを中心に開講している。表8にあるように、2015年度前期の講座は「原住民族語と文化」「芸術」「デジタル伝達」「産業」「家庭と社会教育」「健康と余暇」「国際原住民」の7種類に分けられている。原住民族言語と文化、伝統舞踊、原住民族の工芸品を教える講座の教師はすべて原住民族であり、パソコンや外国語など、原住民族文化とは直接の関わりがない内容の講座の教師は漢族が多い。教師募集はホームページ上において行われるが、原住民族文化の伝承という目的のため、文化、言語、芸術の領域の講座は、原住民族の教師を優先的に採用す

表 8　台北市原住民族部落大学 2015 年度前期の開講講座一覧

原住民族語と文化			芸術		
No.	講座名称	教師の族籍	No.	講座名称	教師の族籍
1	ルカイ古謡音楽の伝承	ルカイ族	1	アミ族の舞踏世界（進級）	アミ族
2	アミ族語語彙構造と翻訳	アミ族	2	魅力無限のアミ族舞踏	アミ族
3	原住民族語の有効的教育方法	プユマ族	デジタル伝達		
4	台湾原住民族タイヤル族語の書き方	タイヤル族	No.	講座名称	教師の族籍
5	タイヤル族伝統生活技能と伝説傳統	タイヤル族	1	パソコンの生活応用（進級）	漢族
6	ブヌン族伝統歌謡儀式と神話伝説	ブヌン族	2	スマホ・タブレット・パソコン：部落にクラウドを	漢族
7	アミ族語言文化クラス	アミ族	3	声で遊ぼう：原住民ラジオ初級	ブヌン族
8	アミ族群：族語課程と文化	アミ族	4	部落文化の報道（部落映像の記録）	漢族
9	パイワン族語と文化	パイワン族	家庭と社会教育		
10	プユマ十字刺繍と生活文化	プユマ族	No.	講座名称	教師の族籍
11	パイワン族舞踏と文化の深耕	パイワン族	1	生活と幸せの連結：心身の健康と円満な人生の創造（上）	タイヤル族漢族
産業			健康と余暇		
No.	講座名称	教師の族籍	No.	講座名称	教師の族籍
1	原住民風創意織り物カゴ	漢族	1	台北市原住民族バスケットボール	タイヤル族
2	原住民植物編み物	ブヌン族	2	痩身クラブ：彫刻美の体	タイヤル族
3	伝統服装と装飾の美	アミ族	3	ウクレレ	漢族
4	粘土細工創作	漢族	4	南島の舞、大渓の地	セデック族
5	羊角鈎で編む原住民バック	パイワン族	5	アロハが愛するナルワン	アミ族
6	Henna（ヘナ）手書き芸術	漢族	6	生態生活と都市農芸	アメリカ人
7	企画書の作成	パイワン族	7	ゲートボール運動	漢族
8	原住民族文化と観光	パイワン族	8	原住民族軟式ソフトボール	プユマ族アミ族
9	布織物進級（八総織り機）	タイヤル族	9	ラテン有酸素運動	アミ族
10	「色舞繞」服装デザイン	漢族	10	中東ベリーダンス（部落風）	アミ族
国際原住民					
No.	講座名称	教師の族籍			
1	韓国語入門	アミ族			
2	原住民と一緒に学ぶ日本語、日本の歌	漢族			

出典：台北市原住民族部落大学ホームページ（http://www.3i.org.tw/webhtml/index.
　　php。最終閲覧 2016/3/29）より筆者作成。

ることになっており、部落の長老や学校の教師、母語認証試験[80]を通過した教師、伝統技術の職人など、部落にルーツをもち、かつ部落の特性を十分に理解している者が担当するようにしている。

　開講講座は、講座の各種類の専門家（合計7名）を招いて組織する「課程委員会」において、教師が提出した講座計画を審査し決定している[81]。2014年度は前期と後期で55種類の講座が開かれ、後期の学習者は450名ほどであった。学習者の4割は原住民、6割は非原住民族であり、原住民ではない学習者のほうが多い。そのため、台北市部落大学の講座は、原住民族と漢族が交流し、共同で学習する場になっているといえる。講座は1講座につき12〜25名程度を限度とし、30名は超えないようにしている。今後の講座計画として、「都市原住民族住民の遷移史」など、都会で生きる原住民に役に立つ講座を設計することも考えられている[82]。

　このように、台北市部落大学は台北市原民会による運営のもと、原住民族の文化に特化した講座を開設し、市民に学習の機会を提供している。実際に台北市部落大学でどのような学びが展開され、どのような役割を果たしているのかについては、第6章で検討していくこととする。

　　ま　と　め

　本章では、台北市社区大学の運営実態を明らかにした。社会改革型である文山社区大学は、講座の重点として社会改革に直結する学術課程を充実させるとともに、イベント的な公共活動を計画し、これらに学習者を誘導していくという方法をとっていた。ここには、行政が公共活動を奨励し、また文山社区大学も理念を重視しているが、実際に市民は理念的な動きをしないために、文山社区大学が公共活動の機会をつくり、しかもイベント的に行うことで、学習者が参加しやすいようにするという手法をとっているということがある。学術課程と公共活動を重視する社会改革型社区大学であっても、学術課程に自己実現を要素に含む講座を作ったり、公共活動イベントなどを開催したりすることで、市民の需要に基づくかたちで講座や活動を編成している部分があるといえる。

　また、生涯学習型社区大学である士林社区大学と南港社区大学は、市民は興味のないことには参加してこないということ、また、人びとの興味や学習動機は多様であるということを前提に、まずは市民に自由な学習を促すため、学習者の需要に合わせた講座を中心に設計している。そのため、多くの講座は生活芸能的な性質をもつものとなっている。そして、生活芸能的な学びから社団が組織されていっており、しかも徐々に学習者による自主的な公共活動が展開されていくようにもなっている。

　このように見ていくと、台北市社区大学は、社会改革型とされている社区大学でも生涯学習型とされている社区大学でも、市民の需要に基づくかたちで講座編成を組み換えていっているのであり、市民が利用することによって、双方の社区大学は大きな差異がなくなっている、つまり双方の型は収斂するようになっているといえる。こうした市民による生涯学習的な社区大学の利用が、結果的に市民の公共活動への間口を広げることになっていると考えられるのである。

注

1)　鄭同僚、顧忠華ら『社区大学与台湾社会』社区大学全国促進会、2001.12、p.3。

2)　同上。

3)　同上。

4)　同上、p.5。また、筆者が台湾滞在中に耳にしたものによると、これらの類型は、社会運動型と生涯学習型、あるいは在地型と生涯学習型などと表現されることもあった。

5)　『台北市政府委託社団法人台北市社区大学民間促進会辦理台北市文山社区大学行政契約書』台北市文山社区大学、2015、pp.2-3。

6)　台北県成人学習推拡協会 http://www.npo.org.tw/npolist_detail.asp?id=2049、台北県知識重建促進会 http://www.npo.org.tw/npolist_detail.asp?id=2525（最終閲覧 2018/12/10）。

7)　仰山文教基金会 http://www.youngsun.org.tw/modules/tinyd5/index.php?id=5（最終閲覧 2018/12/10）。

8)　高雄市社区大学促進会 http://www.kcs.org.tw/developmentvision/（最終閲覧 2018/12/10）。

9)　林振春『社会教育専論』師大書苑、2011、p.237。

10)　南港社区大学副校長・曹錫智氏への聞き取り（2019/12/20）。

11)　全促会ホームページ http://www.napcu.org.tw/news701.html（最終閲覧 2018/1/7）。例外的に、南投県は南投県政府が社区大学を運営しており、11 か所の小学校内に社区大学をおいている。この 11 か所の拠点は、地域ごとに、猫羅渓社区大学、水沙連社区大学、濁水

渓社区大学といった名称で呼ばれ、これらがすべて南投県社区大学を形成している。

12)　苗栗社区大学ホームページ http://mlcutap.blogspot.com（最終閲覧 2018/9/7）。

13)　嘉義市社区大学ホームページ http://www.cycuclub.org/main/about_list_1.aspx?about_i d=2（最終閲覧 2018/9/7）。

14)　台北市政府教育局生涯教育科専門員・楊碧雲氏への聞き取り（2015/8/22）。

15)　同上。

16)　同上。具体的には、学費を 1 単位 800 元から 1,000 元に、教師の時給を 1,000 元から 800 元へと変更した。

17)　台北市政府教育局・文山社区大学・士林社区大学『台北市 88 学年度　社区大学評鑑報告』2000.7、p.85。

18)　楊碧雲「台北市社区大学の設立とその発展・評価」『東アジア社会教育研究』11、東京・沖縄・東アジア社会教育研究会、2006、p.57。

19)　台北市政府教育局『2004 第二届台北市社区大学行政人員研習営　研習手冊』2004、p.108。

20)　途中、「台北市社区大学設置および管理方法」（2007 年 8 月）への改訂を経た。内容は、社区大学設置の趣旨のほか、主管機関（第 2 条）、審議委員会の設置（第 3 条）、委託方法（第 4 条）、社区大学の行政組織（第 5 条）、設置場所（第 6 条）、他教室の設置（第 7 条）、経費調達（第 8 条）、講座開講方法（第 9 条）、学生募集方法と開講週（第 10 条）、学費徴集方法（第 11 条）、学位授与を行わないこと（第 12 条）、台北市政府教育局による社区大学の監督と指導（第 13 条）、評価審査と奨励（第 14 条）、本条例施行日（第 15 条）である。また、自治条例を制定しているのは、2018 年現在、台北市と台南市の 2 市のみである。

21)　その他の法規は以下のようである。「台北市社区大学評監辦法」（2015 年 3 月最終修正。もとは「台北市社区大学評監要点」（2000 年 6 月制定））、「台北市社区大学収退費標準」（2015 年 2 月最終修正。もとは「台北市社区大学収退費作業規定」（2004 年 5 月制定））、「台北市社区大学教学点設置要点」（2006 年 12 月制定、2014 年 9 月最終修正）、「台北市社区大学審議委員会設置要点」（2013 年 10 月制定）、「台北市社区大学課程開設要点」（2006 年 12 月制定、2008 年 10 月最終修正。もとは、「台北市社区大学開講課程規範および注意事項」（2001 年制定））。

22)　「台北市社区大学自治条例」（2012 年 6 月制定）第 5 条には、社区大学校長の下位の役職は、主任秘書をおくとされているが、主任秘書と同じ役職として副校長をおく社区大学もあれば、副校長と主任秘書をそれぞれおき、業務分担を行っているところもある。

23)　この要点は 9 回の修正を経て、「教育部社区大学の補助および奨励要点」（最終修正 2019 年 5 月）となっている。

24)　楊碧雲「台北市社区大学的発展与変遷」未出版、楊碧雲氏提供資料。

25)　台北市政府教育局生涯教育科専門員・楊碧雲氏への聞き取り（2015/8/22）。

26)　同上。

27)　上掲資料 24)。

28)　同上。

29)　「台北市社区大学開講課程規範および注意事項」(2001 年制定)。

30)　上掲論文 18) p.61。

31)　「台北市社区大学開設課程規範原則」(2003 年制定)。

32)　台北市政府教育局生涯教育科専門員・楊碧雲氏への聞き取り (2015/8/22)。

33)　組織章程によると「聯合会」の主旨は、「市民の生涯学習を広め、社区大学職員の権益を向上し、運営環境を改善し、社区大学の永続的な発展を促進することを主旨とする」とされている。

34)　聯合会理事長・蔡素貞氏への聞き取り (2015/8/13)。

35)　聯合会は団体会員制度をとっており、団体会員である各社区大学には会員が 3 人いる。社団法人と財団法人が運営する社区大学 9 つは各社区大学から理事を 1 人推薦し、学校法人が運営する社区大学 3 つは監事 1 人を推薦する。聯合会の会議などに出席するのは理事と監事である。

36)　聯合会理事長・蔡素貞氏への聞き取り (2015/8/13)。

37)　2007 年、交通の便の改善を図るために拠点を景美中学校に移転し、現在は木柵中学校も分校として、その教室を利用している。

38)　上掲資料 5) pp.2-3。

39)　2008 年に、全促会が提案した考えである。

40)　目標の変更理由として、社会では、一般大学の普及、経済の悪化、都市化、高齢化が進み、社区大学の内部では補助金の減額、学習者の増加、業務の倍増と業務評価のストレスの倍増などがあり、今後、より学習者と教師の連携、講座の発展と社区との協力が急務であるためとしている (上掲資料 5) pp.13-14)。

41)　コース管理人は、台北市以外の社区大学では、管見の限り、台南市社区大学がおいている。台南市社区大学も類型としては社会改革型である。

42)　李永展、陳錦芳「学習与成長：社区大学環境学程的教学設計与教学方法」楊碧雲、蔡傳暉、李鴻瓊編『台北市社区大学教学理念与実務運作 (二)』台北市政府教育局、2000、p.27。

43)　「社区環境教育コース」(1999 年 3 月設定) は、「環境コース」と「社区成長コース」に分かれた後 (1999 年 9 月)、再び「環境と社区コース」となり (2011 年)、現在は「環境生態コース」(2014 年) となっている。1999 年 9 月制定の「心理と教育コース」「ジェンダーと文化コース」「非営利組織コース」は、それぞれ、2001 年 9 月、2003 年 9 月、2004 年 9 月に廃止になっている。上掲資料 5) pp.38-40。

44)　文山学とは地方学のことであり、2001 年から台北市政府教育局が「台北学」と称して、それぞれの社区大学が社区に入り込み、それぞれの社区の文化を掘り起こしていくことを奨励していた。これに関連して、文山学と呼ばれている。文山だけでなく、士林、南港、北投

なども士林学、南港学、北投学と呼び、社区文化の掘り起こしを行っている。

45) 新たに調整したコースであるため、単位認定や証書の発行は行っておらず、それを希望している学習者もいない。しかし今後、ノンフォーマル学習の成果を認証する制度である「非正規学習成就認定」において、単位認定を行う可能性はあるという（文山社区大学校長・鄭秀娟氏への聞き取り（2016/1/15））。

46) 文山社区大学校長・鄭秀娟氏への聞き取り（2015/8/19）。

47) 学習者 ZP への聞き取り（2015/11/12）。

48) 文山社区大学設置当初の 1998 年は、学術課程は 41 講座であり、2014 年度前期の学術課程は 46 講座であるため、講座数自体は減少しておらず、むしろ増加している。しかし、生活芸能課程が、1998 年は 26 講座であったのに対し、2014 年には 85 講座へと急増していることから、割合的に、学習者たちには学術的な講座が減少していると感じられているといえる。『文山社区大学入学与選課手冊』2000.1、および上掲資料5）p.45。

49) 文山社区大学校長・鄭秀娟氏への聞き取り（2015/8/19）。

50) 学習者 CG への聞き取り（2015/10/15）。

51) 文山社区大学はこれまでにも公民週間を中心にして、主婦聯盟や緑色公民行動聯盟、崔ママ基金会といった、四一〇教育改革運動に関わった社会運動団体から教師を呼んでいる。これらは、1993 年頃多発した環境に関する公安事件、農薬残留問題などをきっかけに、食の安全、環境保護、健康をテーマにした活動をしている。

52) 文山社区大学校長・鄭秀娟氏への聞き取り（2015/8/19）。

53) 楊碧雲、蔡傳暉、李鴻瓊編『台北市社区大学教学理念与実務運作（二)』台北市政府教育局、2000、p.218。

54) 同上、p.110。

55) 文山社区大学校長・鄭秀娟氏への聞き取り（2016/1/15）。

56) 文山社区大学校長・鄭秀娟氏への聞き取り（2015/8/19）。

57) 同上。

58) 同上。

59) 崇徳文教基金会 http://cd.fycd.org/modules/news2012A13/article.php?storyid=2（最終閲覧 2015/7/1）。

60) 張明致「追求卓越彩絵人生的士林社区大学」『社教雙月刊』1999.12、p.45-48。

61) 『台北市士林社区大学 103 年度自評報告』士林社区大学提供、2014、p.2。

62) 士林社区大学の教育研究発展委員会が作成したアンケート内容。ちなみに、文山社区大学のアンケート内容は、講座内容と教師の教え方、職員態度に対する満足度の他、社区大学の校務発展と講座計画は、公民育成を核とする目的、および公民週間で開かれる講座も、正式な講座であることを認識しているかという項目があり、学習者が開講してほしい講座を把握することより、文山社区大学が提供する教育内容にどれだけ満足し、趣旨を理解している

かを問う内容となっている。文山社区大学「学習者学習状況アンケート」2014年度前期。

63)　士林社区大学副校長・劉君英氏への聞き取り（2015/4/24）。

64)　同上。

65)　同上。

66)　ここでいう「領域」は、中国語原文では「学群」と表記されており、同種類の講座をまとめたものである。文山社区大学の「コース」は、中国語では「学程」とされている。学群と学程ともに、同領域の講座をまとめたものであるが、学程は、学術課程、生活芸能課程、社団活動課程から組まれるようにしているもの、学群よりは体系的に編成されているものとされる。

67)　生活芸能課程ウクレレ講座に通うMHへの聞き取り（2014/10/20）。

68)　士林社区大学副校長・劉君英氏への聞き取り（2015/6/23）。

69)　致福株式会社ホームページ http://www.gvctks.org.tw/front/bin/ptlist.phtml?Category=101306（最終閲覧2015/8/28）。

70)　南港社区大学副校長・曹錫智氏への聞き取り（2015/3/18）。

71)　同上。

72)　南港社区大学副校長・曹錫智氏への聞き取り（2015/8/28）。

73)　同上。

74)　台北市政府原住民族事務委員会ホームページ http://www.ipc.gov.taipei/ct.asp?xItem=1184029&CtNode=26683&mp=121041（最終閲覧2016/3/29）。台北市原民会ができるまで、原住民の事務は、1988年12月にできた台北市政府民政局の「山胞行政股」が担当していた（『台北市終身学習網通訊』p.61）。

75)　第10届委員（2015年3月10日から2017年2月28日任期）は原住民族委員15名、専門家委員7名である。

76)　台北市政府教育局生涯教育科専門員・楊碧雲氏への聞き取り（2015/8/20）。

77)　2015年からの徴収費である。このほか、すべての学習者から保証金500元を徴収し、講座の出席日数が3分の2以上であれば学期終了後に返金する。2014年度は例外的にすべての学習者の学費を無料にし、申請費200元と保証金を徴収するのみであった。

78)　台北市部落大学職員への聞き取り（2015/11/4）。講師工作説明 http://www.3i.org.tw/webhtml/modules/news2012A05/article.php?storyid=6（最終閲覧2015/11/4）。

79)　台北市部落大学ホームページ http://www.3i.org.tw/webhtml/modules/news2012A07/（最終閲覧2015/11/2）。

80)　この資格を有していると、小学校の原住民族クラスで原住民族の言語を教えることが可能である。

81)　学習者の要望というよりは教育理念を中心にした講座設計を行っている（台北市部落大学職員への聞き取り（2015/11/4））。

82) 台北市部落大学職員への聞き取り（2015/6/11）。ちなみに、台北市に居住する原住民族籍住民は1万6,196人（2017年1月時点）であり、原住民族総人口の3%に満たない（原住民族委員会統計　http://www.apc.gov.tw/portal/docDetail.html?CID=940F9579765AC6A0&DID=0C3331F0EBD318C26850A7022E21FA8A（最終閲覧2017/3/7））。

第 3 章

学術課程における市民の学びと意識変化の実態
― 「視野の外の世界：非主流からの読解」講座を例に ―

は じ め に

　前章までにおいて、社区大学の歴史と理念、制度および運営の特徴を明らかにしてきた。第3章からは、講座での参与観察と学習者への聞き取りから、学習者の講座における学びの実態と意識変化のあり方について明らかにしていきたい。

　まず本章では、学術課程の講座に着目する。黄武雄の理想では、学術課程を社区大学に設置する目的は、社会全体に反省を促すため、市民の物事の根本をとらえる力を育てること、つまり批判的な思考能力を育成することであった。そのため、学術課程では人文科学、社会科学、自然科学を学び、学術的な知識と学習者自身のこれまでの経験をつき合わせることで、深く思考し、自己と他者・社会・自然との関係を問い直していく力を鍛え、新たな世界観を広げていくことが目指された[1]。そして、ここでの学習を、社団活動課程の実践と結合していくことで、社会改革のための実践を理論的に支えていくことが理想とされた。しかし、こうした理想には、抽象的な科学的知識、つまり市民生活と直接的な関わりをもたない知識が、どこまで市民が生きるその社会の改革へとつながり得るのかといった疑問が残る。

　理念的にはこのような目的をもって学術課程はおかれ、講座が実施されてきたが、実際に講座ではどのように学習活動が行われているのか、そしてそこで学ぶ学習者は、何を動機に学び、何を感じ、学んだことでどのように自分が変

化したと感じているのであろうか。これらを明らかにすることは、社区大学での学びが市民にとってどのような意味をもつのか、それゆえ社区大学が、社会的にどのように位置づけられるようになっているのかを問うことにもつながると思われる。

　この問いに基づき、本章では、文山社区大学の学術課程「視野の外の世界：非主流からの読解」講座の学習者に着目し、学習者の講座での学びの実態を明らかにし、意識変化のあり方について考察する。

　当講座を対象にする理由は、以下の通りである。

　第2章で既述のように、文山社区大学は、教育改革者たちの社会改革思想を色濃く反映した社区大学であり、学術的で思考性の高い内容の講座を現在も開講しており、学術課程が充実しているところといえる。そのなかでも当講座は、物事の根本をとらえ、社会に対する新たな気づきを得ることを目的としており、思考性の高い講座であるという点で、学術課程の講座として代表性をもつといえる。

　筆者は、2014年3月～8月、2015年9月～2016年1月までの2学期分の当講座に学習者として参加し、講座での学習者の様子を把握するとともに、教師、学習者に聞き取り調査を行った。ここでの参与観察記録と聞き取り内容をもとにして考察していくこととする。なお、以下本文中のイニシャル2文字は、聞き取り調査に答えてくれた学習者を表す。

1. 講座と教師の概要

　文山社区大学の学術課程の中で、社会科学に属する「視野の外の世界：非主流からの読解」講座は、アジアやアフリカ、中東など、いわゆる第3世界の国や地域に焦点を当て、そこで起きた歴史的事件や出来事、人物について、社会主義の視点から理解するという内容である。講座タイトルの「非主流」とは、社会主義的視点のことを指しており、これは、第二次世界大戦後に国民党の圧政下におかれた台湾では社会主義がタブー視されていたために、主流の価値観ではなかったという意味からきている。当講座のねらいは、社会主義の立場か

ら労働者階級や社会的弱者の生活実態を知り、思考することによって、社会問題や人権問題についての気づきを得ることである[2]。

　当講座の教師であるS先生は、労働党の幹部であり、文山社区大学で教えているほか、一般大学でも講義を担当している。S先生は2005年9月から、当時、文山社区大学の学術講座で自然科学を教えていた教師の紹介によって政治経済分野を教え始め、その後、自身の社会運動家という一面を生かし、台湾や外国の政治経済も含めた社会情勢を教える当講座を開講するようになったという[3]。

　学習者が講座で学ぶ具体的な内容は、例えば2015年の後期を例にすると、商業音楽と歌手カート・コバーンの人生、1960年にドミニカ共和国で起こったミラバル姉妹暗殺事件、冷戦後のマレーシアの成立とシンガポールの独立などであった。3～4週で1つのテーマを学ぶため、毎学期4～5個のテーマを学ぶことになる。これらの内容はS先生自身が計画したものであり、長年講座に来ている学習者によると、開講以来「内容は一度も重複していない」(LZ)という。教師は連続受講している学習者のことを考え、常に新たな講座内容を用意しているのである。

　講座は基本的に、教師がパワーポイントを使用して学習者に解説していく講義形式で進められていた。特徴的なのは、多くの小説や映画・漫画などを教材として用いたり、音楽を流したりしながら講義を行うことである。そのため、学習者からすれば、パワーポイントをもとに教師の解説を聞くというよりは、史実に基づいた教師自作の短編ストーリーを鑑賞するというような感覚である。こうした教授方法について学習者は、「講座に来て、文学作品や映画あるいはドキュメンタリーとかに触れて、感覚が研ぎすまされていく感覚があります。感覚が敏感になっていっていると思います」(ZY)と語っており、好意的にとらえているといえる。

　なぜ教師はこのように学習者の視覚や聴覚に訴えかけるような工夫をしているのだろうか。教師は、社区大学で政治経済を教え始めたとき、学習者の多くが政治経済についての基礎知識をもっていないということに気がついたという。そのため、基礎知識のない学習者にもわかりやすく伝え、かつ興味をもっ

てもらいたいという思いから、教材に文芸作品などを使用するようになったという[4]。このような教師の熱意と工夫を学習者は受け取っているとみえ、ある学習者は、「先生の知識の広さには尊敬します。ジャズの話とか、小説とか、あれを書いていたのは誰とか、あれを言っていたのは誰とか、何でも出てきます」（CG）と語った。

2. 学習者の学びの実態と意識変容の過程

2.1 学習者の受講動機

当講座には、毎学期 13 名ほどの学習者が来ていたが、そもそも学習者はどのようにして社区大学の存在を知ったのだろうか。

聞き取りを行った学習者の話によると、主に、自宅に届く社区大学の広報チラシを見たこと、社区大学が設置されたのが自宅の近くであったこと、家族や同僚から聞いたことが、社区大学の存在を知るきっかけであったという。文山社区大学が開設された 1998 年当時のことを覚えている学習者は、「社区大学と聞いて、教育部が建てたものではないので、正規の大学ではないと思いました」（CG）や、「社区大学と聞いたときは、社会人とかが学べるところだと思いました」（LY）と語っており、社区大学というものを、大人が学べる新たな学習機関であると認識した人が多かったといえる。なかには、「もともとここは、成人、大学に行けなかった大人のための大学としてできたんです」（ZP）というように、教育改革者たちが社区大学設置運動時に主張していたような高等教育機関としての社区大学という面を認識している学習者もいた。学習者の社区大学に対するイメージは一律ではないといえるが、何かしら学ぶことができる機関ということで、学習欲求をもつ市民は興味をもったといえる。

また学習者は、これまでにもさまざまな講座で学んだことがあるといい、挙げられたものだけでも、心理学、哲学、歴史、音楽、環境などの学術講座のほか、絵画や日本語、二胡、カメラなどの生活芸能の講座もあった。学習者は学術課程の講座に限らず、興味のある講座に参加しているといえる。

それでは、学術課程の当講座で学ぶようになった動機は何だろうか。学習者

から語られた動機の多くは、講座紹介を見たときに、「内容が珍しいので行ってみる価値がある」（CG）、「内容が以前触れたことのないもの」（HD）というように、講座内容が目新しいものだと思ったためというものだった。なぜ講座内容を珍しいと思ったのかというと、青年期のすべてを戒厳令下の時代に生きた学習者たちにとって、当講座の内容は学校教育では学ばなかったことであるからであり、また、民主化された今も、テレビや新聞などであまり聞くことのない内容であるからだといえる。

　第二次世界大戦後、台湾を圧政下においた国民政府は、台湾民衆を中国人化するという目的のもと、学校教育では中国大陸の歴史を教え込み、単一的な歴史観を強制してきた。多様な歴史観が認められるようになったのは、民主化後の 1996 年に初の国民直接選挙によって、本省人（戦前から台湾本島に居住していた台湾人）[5] である李登輝が総統に選出され、教育の本土化（台湾化）政策を打ち立ててからである。これ以降、中学校で『台湾を知ろう（認識台湾）』という教科書が編纂され、中国ではなく台湾の歴史・地理・社会が学校教育で教えられるようになった。これによって、例えば、戦後から続く国民党による学校教育では、日本の植民地時代に台湾人に施された教育は「愚民化教育」であると民衆に教えてきたが、本土化政策後は、この時代に近代知識がもたらされたという考え方も、一部ではなされるようになった[6]。これによって、これまでの国民党史観とは異なる歴史観、価値観をもつことが認められるようになったのであるが、学習者たちは、この本土化政策以前に学校教育を受けたため、単一的な価値観で学んだ世代である。

　さらに戦後の台湾は、東西冷戦という世界情勢において社会主義中国に対する前線であり、しかも戒厳令下において、白色テロ（国民党政府による、反体制派への政治的な弾圧）の時代があり、言論は統制され、社会主義国のことを話すことはタブー視された。LY は、講座で話すような内容は、「昔の台湾では話してはいけないことでした。スパイとか言われますから」と語っており、さらに LZ は、「台湾では、あまり中南米、アフリカのことは話しません。（旧ソ連の：筆者注）中央アジアだとなおさら話しませんし、まったく聞いたことがない国だってあります。台湾で聞くことのできるニュースの多くは、ヨー

ロッパで何が起こったとか、アメリカで何があったかとかだけです」と語った。すでに台湾は民主化され、政治的なタブーはなくなったものの、現在でも、かつての冷戦時代の西側諸国であり、しかも経済力が世界的に最上位の国のことを聞く機会の方が圧倒的に多い環境にあるのだといえる。

　そのため、当講座の内容の中心である社会主義的視点、社会主義国、第三世界の話は、学習者たちが学校教育では聞くことができなかったことなのであり、さらに今日の生活においても、なかなか聞く機会がないため、目新しく感じられたのだといえる。民主化が進んだことで、学習者には単一的な価値観に対する疑問も生まれていたことから、新たな価値観を提示してくれそうな、目新しい内容のこの講座に興味をそそられ、学びたいと思ったのだといえる。ZPは受講動機を以下のように語った。

　　　題名（第三世界：筆者注）を見て、学校で学んだことのない内容だったので惹かれました。私たちの世代は、学校では強国政治、つまりヨーロッパやアメリカなどの強い国のことだけしか学びませんでした。なので、第三世界と聞いてこれいいなと。もっと世界を理解したい、特に社会的に弱いとされる者の視点からこの世界を理解したいと思いました。　　　　　　　　　　　　　　　　　（ZP）

　また、これまでの生活において、あまり触れてこなかったことや、歴史や外国への関心といった個人的嗜好も受講動機として語られた。例えばBNは、以下のように語った。

　　　以前、私が出ていた講座は美術ですが、美術は感情、ソフトなものですよね。なので、生活の中にも、もっと理解すべきことがあるのではないかと思いました。それで、これまでとはまったく違うものを選んだんです。それで、私はもともと歴史に興味がありましたし、先生の講座は、以前は「視野の外のアジア」で、私は、アジアに特に関心がありますので、これにしました。欧米にはそんなに興味はないんですが。それから、先生の講座はすべて弱者層や国家の問題を対象にしています。私はこれにも興味があります。　　　　　　　　　　　　（BN）

　このように学習者は、これまで自分が受けてきた教育や、これまで生活を

してきたなかであまり触れてこなかったものに興味をもち、講座を選択しているのである。このことからわかることは、学習者は受講動機を個人的な興味・関心と語るものの、実は、これまで学習者自身がおかれてきた環境が、講座選択に大きく反映されているということである。つまり、学習者の受講動機は、社会的な要素に影響されているのだといえる。

さらに、学習者のこうした受講動機の語りからは、学術課程の講座を選択した学習者であっても、学術課程設置の本来の目的である、批判的な思考能力、新たな世界観の獲得や、それを通じた社会改革といったものに共鳴しているわけではないということがわかる。学習者の受講の動機には、自分がこれまでにあまり触れたことがなかった、知らなかったことを学びたいという思い、つまり自己充実という目的があるといえる。

2.2　新たな知識と自己認識の獲得

文山社区大学は景美中学校内におかれており、講座開始時間である 19 時の 15 分前に校舎が社区大学として開放され、そこから学習者や教師たちが、それぞれ講座が行われる教室に集まり始める。当講座は視聴覚教室で行われており、教師は教室に到着すると、パワーポイントをスクリーンに映して講座の準備をしながら、早めに教室に到着した学習者と雑談をしていた。当講座は時間に厳密で、19 時ちょうどになるとすぐに教師の話が始まる。

ある学期では 3 週にわたり、「アメリカ占領下における戦後日本の民主化」をテーマに、戦後日本がいわゆる逆コースへと進んでいく過程を学んだ。教師は冒頭でまず、「日本の敗戦後、アメリカは軍国主義であった日本はまだ民主主義を知らないとし、7 年間の占領期に民主主義を徹底していくことにしたが、中国大陸での国共内戦や朝鮮戦争の勃発によって、冷戦構造のなかで徐々に反共政策をとるようになり、左翼を取り締まるようになっていった」ことを伝え、このテーマでは、これにともなう日本の内閣の動きと、日本国内の労働者や農民、共産党員の動きを中心に見ていくことを説明した。

そして教師は、「リンゴの唄」を流しながら、NHK の「紅白歌合戦」の話を始めた。現在、日本の大晦日の風物詩であるこの番組は、番組作成時に「歌

合戦」を「match」ではなく「battle」と英訳したため、GHQのCIE（民間情報教育局）によって、敗戦国が「battle（戦）」という語を使用することは良くないとされ、「紅白音楽試合」という題目で、敗戦の年にラジオ番組として始まったことを述べ、そして今流している「リンゴの唄」は、その第1回大会で歌われた曲であるという話をした。そして、この曲は戦時下においては検閲によって適切でないとされたが、戦後は、軽快な曲調が戦後の復興と復員に良い影響を与えるとされ、戦争の傷を癒す歌として大流行したことを伝え、「曲一つをとってみても、戦時下と戦後では物事の解釈が異なっている」ということを説明していった。また、戦後日本の様子を知るためには小説なども参考になると言い、松本清張の『日本の黒い霧』、三島由紀夫の『金閣寺』、大江健三郎の『政治少年の死』、宮本百合子のプロレタリア文学などを挙げ、これらの中には中国語翻訳版が出版されているものがあるため、興味があれば読んでみるようにと学習者に紹介した。すると学習者は、本の題名のメモをとったり、早速スマートフォンで調べたりしていた。

　こうした話をしながら、教師は内容と絡めつつ、自身が社会運動家としてさまざまな抗議運動に携わった体験談を話すこともあった。運動を通じて感じた政府、警察側の態度や対応について、軽い皮肉を込め、笑い話にして話すことが多々あり、学習者はこうした話を聞いて、一緒に政府や政治家に対する皮肉を言ったり、政治的な内容を含む笑い話をしたりして、大笑いをすることがよく見られた。このような様子からは、台湾社会はすでに政治に対して自由にものをいうことができる開放的な社会になっているということ、またこの講座で教師と学習者は信頼して自由にものを言い合える関係性を築いているということが垣間見えた。

　そのため、教師が話をしているときも、学習者は疑問や意見があれば適宜発言しており、例えば教師が、日本の社会党の片山内閣の時に、労働者運動が抑圧されたことを説明した際には、「片山内閣は本当に社会主義なのか。社会党なのになぜそうしたのか」などの質問がとび、教師はその都度答えていった。休憩時間や講座終了後にも教師のところに行き、質問の続きを話したり、雑談したりする学習者も多くいた。

　また、講座は基本的には教師が話すという形式であるが、学習者が発言する時間を設けることもあった。しかし、必ず発言しなくてはならないと強制をすることはなく、教師が問いかけながら、学習者に自由に発言をしてもらうというかたちであった。

　例えば、戦後の日本をより理解することを目的に、NHK90周年記念ドラマ『紅白が生まれた日』を鑑賞したとき、鑑賞の後、教師は学習者に何か思ったことはないかと尋ねた。これに対して数名の学習者は、「敗戦後たった4か月で紅白歌合戦を作ったのはすごいと思った」や、「戦後すぐなのにNHK職員が着ていた服がみんなきれいだったが、待遇は良かったのだろうかと思った」「アメリカの悪さを表そうとする、型にはまったものの一つではないか」などと、率直な感想を発言していった。ある学習者が、ドラマの中のNHK職員がGHQの検閲に大きく抵抗しなかった様子を見て、「日本人は受動的だと思った」と感想を述べると、これに対し他の学習者は、「一般民衆はこんなもんなんじゃないか」「政府の人間でさえも検閲をどうすることもできなかった時代なのだから、私もこれが当時の一般的な人間の姿なんだと思う」と発言していくなど、学習者同士で意見を述べ合っていく場面も見られ、自由闊達な雰囲気で講座は進んでいた。

　こうした講座での学びに対し、学習者は、「この講座では、先生から多くのこれまでとは異なる知識とか観念を聞くことができるので、収穫が多い」（CG）と思うことや、「新たなことが入ってくる」（LZ）ことを楽しいと感じており、さらに、「異なる角度から、物事を見ることができるようになった」（XD）、「物事を見る角度が多様になった」（ZP）、「異なる角度から物事を見る方法を学んだ」（LZ）というように、自己の視野が広くなったと感じているということを語った。つまり、学習者は世の中にあるさまざまな考えを知ることを楽しいと感じ、自分の考えや視野が新しくなっていっていることを喜んでいるものと考えられる。LYは、以下のように語った。

　　ここで絶えず思考するようになって、判断力の部分が変わりました。私たちの世代は、伝統的な教育を受けていて、教科書にあるものがすべて正しくて、先生

　の言うことがいつも正しいと思っていました。でも、この講座に出て、以前はテ
　レビやニュースで言っていたことは正しいと思っていたのに、「あれ？　ちょっと
　違うかな」ということに気がついたとき、自分ってすごいかもって思うんです。
　考えが変わったなって思うんです。これがとてもうれしいです。　　　　　（LY）

　こうした語りから、学習者は学んだことで自己が変化していることに驚いて
いるとともに、この変化をとても喜んでいることがうかがえるのである。つま
り、新しくなっていく自己を認識することを、学習者は喜びとして感じている
のである。こうした経験は、日常からのリフレッシュにもなっているとも語ら
れた。例えば、ZY は以下のように語った。

　　　私は、新しいものを吸収したいと思うんです。仕事をしているとき、ずっと自
　　分を消耗していると思うんです。していることは、そんなに興味があることでは
　　ありませんから。でも毎日、そういう多くの仕事をやらなくてはいけません。本
　　当に好きなことではないんです。なので、仕事の後は正直とても疲れているんで
　　す。ずっと消耗していて。いつも朝 7 時に家を出て、講座のある日は夜 10 時に
　　やっと家に帰ってきます。でもこれがかえって充電できた感覚があるんです。も
　　のが入ってきて、ずっと消耗しているだけではなくて、なんというか、収穫した
　　というか、力を得た感覚があるんです。　　　　　　　　　　　　　　　（ZY）

　「新しいものを吸収」することによって「充電できた」「収穫した」「力を得
た」という感覚が得られるのは、自己が充実し、変化し、新しくなっていって
いることを感じ、うれしいと思っているからなのではないかといえる。
　このように、学習者は自己認識を新たにしていくことを喜んでおり、しかも
それがリフレッシュになっているのであり、これによって、さらなる学びへと
駆り立てられていっているのだと考えられる。

2.3　社会に対する意識の変化

　このように学習者は講座で学び、自己を充実させ、変化していく自分を感じ
られることを喜びながら、さらに、これまで見てきた社会の異なる一面にも気
がつくようになり、社会に対する見方をも変化させていっている。学習者は、

社会は自分が思っていたよりもっと複雑なのだということを感じるようになっているといえ、社会に対するイメージを改め、接し方を変えていこうとするようになっている。例えば、XD と LY は以下のように語った。

　　イスラエルとヨルダンとか、ずっと戦争ばかりしている国だなと思っていたのですが、ここでその背景を聞いて、なぜずっと戦争をしているのかがわかったので、ちょっと世界の見方が変わりました。　　　　　　　　　　　　　　　(XD)

　　絶えず考えるようになってから、多くのことに対して以前みたいに悪い面だけを連想するようにならなくなりました。私は両極端な人間で、白か黒。グレーゾーンというものはありませんでした。でも講座に出るようになって、多くのことは、環境とかいろいろなところから影響を受けていることに気がつきました。世の中には、善か悪かだけでとらえきれないものがたくさんあって、そうしてしまうと身動きがとれなくなってしまうことがあるんだなって。そうではなくて、先生がよく言うような「妥協」という方法もありなんだなと気がつきました。　　(LY)

　LY が言う「妥協」というのは、社会主義者が政権や権力者と対峙したとき、単に相手と対立したり、抵抗したりするのではなく、自分の命を守り、本来の目的を達成するために、うまく相手と交渉や取引をしたり妥協したりすることがよくあると、講座で教師が話した内容のことである。こうした内容を学んでいくことによって、学習者は、社会は自分が思うより複雑で、一枚岩的なものではなく、曖昧な部分を多く内包しているのだということを知り、同時にこうした社会は、多様性、寛容性をもつものなのではないかということを思っていくようになっているものと考えられる。

　このように社会の見方が変わっていくことで、学習者は社会のさまざまな面を意識できるようになり、そして意識できるものに対してさらなる興味をもつようにもなり、学びに対する態度が変化していっていることに自分自身で気がつくようにもなっている。例えば BN は、以下のように語った。

　　今まではある議題があって、それについて知らないときは、自分から知りにいくことはありませんでした。でも今は、興味をもつようになると、さらに興味が

　湧いてきて、自分から知りにいこうとするようになりました。　　　　（BN）

　しかも学習者は、こうした自由なことを学べる機会を貴重に思い、大切にしようと思うようにもなっている。LZ と ZY は以下のように語った。

　　台湾では国民党式の教育が主流でした。国民党は親米ですから、基本的には右派に位置づきます。先生は左派の視点から話しますよね。台湾では、基本的に左派の話をすることはありませんでした。台湾で共産党のことを話すのは、大きなタブーで、共産党は親中ですから、話したらスパイとか売国奴とか言われました。でも今ここでは、左派のことを聞くことができるんです。一つのことを、右派からと左派からの観点から聞くことができることは非常に興味深いです。　　（LZ）

　　本当はもっと早く、この講座に来てみたかったんです。でもちょっと、重いかなと思って。仕事の後にこういう講座に出るのは、少し重いかなと思っていたんです。でも、その後、来るようになって、何でもっと早くから来なかったんだろうと後悔しました。先生はすでに 10 年くらい開講していて、でも私は 4 ～ 5 年くらい前から受講しているので、多くの講座を逃してしまっているんです。とても惜しいことをしたなと思っているんです。　　　　　　　　　　　（ZY）

　このように学習者は、知らなかったことを知ることによって自己を充実し、変化していく自己を感じてうれしく思い、もっと学びたいと思うとともに、社会のイメージをも大きく変化させていっていることがわかる。そして、このような学びの場を、大切なものとして受け止めるようにもなっているのである。こうした意識変化の根底には、自己充実と新たな自己を感じられる喜びがあるのだといえる。

3. 学習者の意識変化のあり方

　学習者の実態から、学術課程で学ぶ学習者の意識変化の特徴をまとめると、以下のようにいえる。

　学術課程の学習者は、講座内容が戒厳令下においてはタブーとされ学校教

育で学ばなかったこと、あるいは、これまでの生活の中で触れてこなかったことに興味をもち、講座で学ぶようになった。学術課程の学習者であっても、学びの動機の根底にあるのは、学術課程の本来の目的である、社会改革のための批判的思考能力の獲得や、新たな世界観の獲得といったものではなく、自身が知らないことに対する興味といった、自己充実の要求だといえる。また、学習者は受講動機を内容に対する興味と語るものの、こうした内容に興味をもってしまうのは、学習者がこれまでおかれてきた社会関係が大いに影響しているためといえ、そのため学習者の受講動機は、きわめて社会的なものであるといえる。

　そして学習者は、講座においてこれまで知らなかったことを知り、自己を充実していき、新たな知識を得て、考え方が新しくなっていく自己を感じられることをうれしく思っている。新しくなっていく自己を認識していくこと、つまり自己認識を新たにしていくことのうれしさによって、「力を与えられた」という感覚を得てリフレッシュしており、この喜びによって、さらなる学びを求めていくようにもなっている。そして、学んでいくことで、「世の中には、善か悪かだけでとらえきれないものがたくさんある」というように、社会の複雑さや多様さにも気がつき、社会に対する見方を変化させている。そして、生活において意識されるものが拡大されていっていることで、あることに対して「興味を持つようになると、さらに興味が湧いてきて、自分から知りにいこうとするようになった」というように、好奇心の向上と学びに対する態度の変化をも、自ら感じとっているのである。

　つまり、自己充実を求めて学び始めた学習者は、自己認識を新たにしていく喜びを感じることを経て、徐々に社会認識をも改めていっているといえる。そして、このような学びの場を貴重なものだと感じており、学べることの大切さを思うようになっている。

ま　と　め

　以上のような学習者の学びの実態を、教育改革者たちの理想と照らし合わせ
てみると、以下のことがいえる。

　黄武雄ら教育改革者たちの理想では、学術課程は、社会に反省を促すために、
市民の物事を根本的にとらえる力と批判的な思考能力を育成し、市民の新たな
世界観を広げていくことを目指すものであった。そして、ここでの学びを、社
団活動課程での実践と連結させていくことで、社会改革を促していくことを理
想とした。

　しかし、筆者の参与観察やインタビューからうかがえる学術課程での学び
は、社団活動課程の実践へとはつながっておらず、また、その他の何らかの実
践へと展開していっている様子も見られなかった。だが、本章で見てきたよ
うに、学術課程の学習者は、社会改革を求めて受講しているわけではないもの
の、学ぶ過程で自己が変化していることに気がついて驚き、その変化を喜び、
それによって、さらなる学びを求めるようになるとともに、社会に対するこれ
までの見方を変化させていっている。しかも、ここで学べる時間は貴重なもの
だと感じており、この時間を大切にしたいと思うようにもなっている。

　このように見ていくと、学習者は、多様な価値観が存在すること、自由に学
ぶことができること、といった社会の民主的なあり方を、大切なことであると
実感していくようになっているとも考えられるのである。民主的で自由である
社会の大切さを思うようになるということは、主体者としての市民の基本的な
あり方であるともいえる。

　このように、学術課程での学びは、社会変革の動きと直結しているわけでは
ないが、自己充実や自己変化への喜び、リフレッシュという迂回路を形成する
ことで、市民に社会に対する新たな視点の獲得をもたらし、市民が自由さや価
値観の多様さを実現できるこの社会を大切なものだと認識していくようになっ
ていく、というやり方で、社会改革へとつながる道筋をつくっていっていると
考えられるのである。

注

1)　黄武雄等著、顧忠華編『成人的夏山：社区大学文献選輯』左岸文化、2004、pp.31-32。

2)　『文山社区大学 104 年 2 学期選課手冊』2015、p.32。

3)　S 教師への質問の回答（2015/12/11）。

4)　同上。

5)　台湾では、第二次世界大戦後、中国大陸から台湾に渡って来た大陸人を外省人と呼ぶのに対し、戦前から台湾本島に住んでいた台湾人を本省人と呼ぶ。

6)　菅野敦志「『支配 — 被支配』から『台湾人の主体性』へ：日本における台湾教育史の回顧と展望（研究ノート）」『名桜大学総合研究』25、2016、pp.77-86。

第**4**章

生活芸能課程における市民の学びと意識変化の実態
— 「茶道芸術：十大茶法」講座を例に —

はじめに

　前章で、学術課程で学ぶ学習者の学びと意識変化の実態を明らかにした。本章では、生活芸能課程の学習者の学びの実態を明らかにする。

　教育改革者たちによる生活芸能課程の設置目的は、市民の私的領域を充実させるためであった。黄武雄は、資本主義的な消費文化の影響によって、現代人は生活における重要な仕事、例えば水道・電気の修理、車の修理、木工などを自分で行わず、他人の手に頼らなくてはならなくなっているとし、これが理由で、生活において自分の手でものを創造したり、体験したりすることが欠如しており、生活の中の多様性、創造性が失われていることを、「生活の貧困化、空洞化」として問題視した。そのため、生活芸能課程では、生活に必要な技術を学ぶことによって市民の生活を充実させ、文化的水準の向上を通じて、私的領域をより良いものへとしていくことを目指した[1]。実際の生活芸能課程では、生活に必要な技術を学ぶことに加えて、運動やダンス、料理、語学、楽器演奏などといった、生活を豊かにしていくための芸能、つまり趣味を学ぶ講座が大きく展開した。現在、あらゆる社区大学は、例外なくこうした趣味的な講座を主とする、生活芸能課程が大きく発展しているという状況にある。

　しかし、生活芸能課程の講座が増加していくことは、啓蒙主義的な立場から、「学習が『私人』あるいは『個人』の側面に偏っており、『公共』や『集団』という議題にはなかなか関心が及ばない」証しとされ、社区大学の理念から逸

脱していると考えられてきた[2]。そのため、学習者の趣味としての性質が強い生活芸能課程での学びは、私的なものであり社区大学の理念に合うものではないとされ、これによって、生活芸能課程における学習者の実態は、十分に注目されることはなかった。しかし、実際の社区大学で大きく展開されている課程が生活芸能課程であることは、学習者から人気のある講座が生活芸能課程であるということ、つまり学習者からの需要が高いということである。このことから、生活芸能課程の講座での学びへの注目は、市民による社区大学の活用の実態を明らかにするためには不可欠な作業であるといえる。

　したがって本章では、生活芸能課程で学ぶ学習者に注目し、学習者はなぜここで学ぼうと思ったのか、学んだ結果どのような変化を感じているのか、そしてそれは「個人」的な学びと解釈されてよいのかどうかということを参与観察と聞き取りによって明らかにしながら、学習者の意識変化の実態について考察していくこととする。

　本章では、生涯学習型社区大学であり、多種多様な趣味講座を開設している士林社区大学の「茶道芸術：十大茶法」講座を対象にする。当講座を対象にする理由は、まず士林社区大学は、市民の生涯学習を促進することを目的にした生涯学習型社区大学であり、多様な生活芸能講座が開講されていること、そして当講座は、学んだ茶道の技術を生活に活用し、生活の質を向上していくことを目的においており、生活芸能課程としての典型的な性質をもつ講座であるといえるためである。生涯学習型である士林社区大学は、第2章で既述のように、学術課程の需要が低く、開講になかなか至らない。そこで、生活芸能的な講座であっても、その文化や歴史に触れているものは学術課程に位置づけているため、お茶の歴史なども学ぶ当講座は、学術課程の人文科学に位置づけられている。しかし、ここでは茶道講座の目的と内容の性質を考慮し、生活芸能の講座として扱うこととする。

1. 講座と教師、学習者の概要

　士林社区大学の「茶道芸術：十大茶法」講座（以下、茶道講座や当講座とする）は、2000 年 9 月から続く講座であり、茶道の基礎的な作法の訓練と、それを生活に応用していくことで市民の文化的素養を向上させ、生活の質を高めていくことを目的にしている [3]。当講座の内容は、生活に直接活用できる茶道の基本動作とお茶の種類や茶葉の特徴などのような基礎的な知識は毎学期学べるように計画されており、このほかにも、学期ごとに茶器の種類やお香、外国のお茶文化、茶道の歴史などのような応用的な内容が盛り込まれ、毎学期、茶道にまつわる異なる内容を学ぶことができるようになっている。

　講座で教える R 先生は、民間の茶道教育センターの講師である。1999 年 9 月に開設した士林社区大学は、当時まだ講座数が少なかったために、講座を開講できる教師を探している最中であった。R 先生は、知り合いの茶道講師が当時の士林社区大学職員と知り合いだったことから、茶道講座を開いてみないかと誘われ、士林社区大学で教えるようになった。R 先生は、台湾の学校教育ではお茶について学ぶことはなく、さらに、どのように生活を楽しく穏やかに過ごすのかといった内容について学ぶこともないため、社区大学のような機関でお茶を教えることは、市民が自分の生活の質を考えるよう促すために非常に大切なことであると考えているという [4]。

　学習者は、毎学期 40 名程度が履修しており、7 割程度は女性であった [5]。毎回講座に来る学習者は 30 名程度であったことから、仕事などの事情から毎回来ることはできないが、時間のある日にいつでも講座に来られるように登録している学習者もいたといえる。なかには夫婦で通っていたり、開講当初から 15 年以上にわたって通っている学習者もいた。

　ここに来ている学習者は、どのようにして社区大学の存在を知ったのだろうか。学習者の多くは、自宅に届く社区大学の宣伝チラシや、街中で目にしたポスターや看板、家族や知人の紹介などで社区大学の存在を知り、そして茶道講座があることを知り、通うようになったという。茶道以外の講座にも通ったこ

とがあるという学習者もおり、挙げられたものだけでも、日本語、琴、服飾デザイン、気功、マッサージなどがあった。その一方で、お茶に関心があり、お茶を目当てに学びに来たため、茶道講座にしか参加したことがないという学習者もいた。また、社区大学に来る前に、似たような学びの場として民間組織の紳士協会[6]や、国民党が青年育成を目的に組織した救国団[7]が開講している生涯学習講座で、陶芸や日本語を学んでいたと話す学習者もいた。

　こうした話からは、学習者は、社区大学の講座はこれらの組織が開設している生涯学習講座と同等のものととらえている面があると考えられる。しかし、なかには「社区大学はここの社区の発展のためにあって、社区文化や古蹟のガイドとかも育てている」(LM) や、「社区大学は社区の力を集めるところ」(ZW) などのように、生活芸能課程の学習者であっても、社区大学が公共活動に取り組み、社区の発展を目標としていることを認識している学習者もいた。

　さらにこの講座の学習者によって、「士林社区大学茶道社」という社団が組織されている。これは、かつて講座に来ていた学習者から、仕事の関係で毎週の講座には出席することができなくなってしまったが、完全に講座から離れるのは惜しいという声があったことから、2001 年に有志によって組織されたものである。社団には現在約 50 名が在籍しており、1 学期間講座で学べば、誰でも加入することができる。社団は、月 1 回、華道や書道、お菓子作りなど、茶道と合わせることができる内容の講師を招いて学んでおり、さらに近年は、教師が個人で行っていた老人ホームでの茶会開催や慰問活動も行っている。

2.　学習者の学びの実態と意識の変化

2.1　学習者の受講動機

　筆者は 2014 年 9 月から 2016 年 1 月まで、当講座に学習者として参加した。茶道は水を使うために、講座は水道設備のある物理教室で行われていた。19時の開講であるが、開始 30 分ほど前からすでに教室に来て茶器をセットし、お湯を沸かし、お茶をいれ始めている数名の学習者や、黒板や机の掃除をして

いる学習者がいた。教師によると、講座が始まった 2000 年当時は、講座の場所が現在の物理教室ではなく、机が常設されていない教室だったため、講座前に学習者たちは長机を運んでセッティングし、清掃していたという。現在も自主的に黒板や机を拭いている学習者がいるのは、当時からの習慣であり、これからお茶を飲む場所で使うものを清潔にしておくことで、講座の進行に影響を出さないためにという学習者の配慮であるという [8]。

　多くの学習者は講座が始まる 19 時頃に教室に到着し、そこから茶器とお湯の準備を行っていた。クラス代表が、学習者の準備が終わった頃を見計らい、「起立、礼」の号令をかけると講座は開始される。講座では、学期初回時に、推薦によってクラス代表と副代表、衛生係が選出されていた。衛生係とは、使用する教室を茶葉などで汚さないよう、使用し終えた茶葉を回収する係である。

　それでは学習者は、なぜお茶を学びたいと思ったのだろうか。台湾にはお茶の産地が数多くあり、人びとにも日常的にお茶を飲む習慣がある。しかし、お茶を文化の一つとして扱うようになったのは比較的最近であり、1970 年代以降といわれる。

　台湾におけるお茶の生産は、1700 年代に福建省からの移民によって茶樹が持ち込まれ、栽培されたことが始まりといわれ、日本植民地時代からは台湾を代表する農業輸出品となり、第二次世界大戦後も 1970 年代までは、生産された約 8 割が輸出されていたという [9]。しかし、1970 年代から中国においてお茶の生産が盛んになったことで、外国洋行が台湾茶の輸出業から撤退し、さらに中華民国の国連脱退（1971 年）にともなう諸外国との断交により、台湾茶の輸出市場も徐々に少なくなっていったことで、輸出ルートではなく、台湾内部の市場開拓が始まった [10]。

　さらに、1960 年代後半からは、中国大陸で行われていた文化大革命に対抗して、蒋介石が中華民国の中国としての正統性を主張するために、中華文化復興運動を台湾で進め、中国の音楽、絵画、劇などの伝統民俗を宣伝していっていた。こうした風潮に乗って、お茶文化の奨励も始まり、しかもお茶を「茶芸」と呼び、飲み物としてだけではなく、伝統的で芸術的なものという付加価値を

つけて広めていったという [11]。こうした、茶芸と呼ばれるお茶の作法は、日本の茶道のような型や家元制度を有しておらず、台湾では、庶民的ではあるが上品なもの、文化的なものというイメージがついていったという [12]。

1960年代以降の経済発展によって都市化が始まっていた台湾においては、経済力をもつ都市部の市民を中心に、こうしたいわゆる「上品」な茶芸文化は受け入れられていき、1980年代になると、茶芸を台湾社会に根付かせるべく、民間団体が中心となって茶芸の作法を教える茶芸館を設置するようになったことで、お茶を文化として扱う動きが加速したという経緯がある。R先生が勤める民間の茶道教育センターも、こうした背景のもと創業したものである。

つまりお茶は、飲む物としては市民の生活の中に昔から根付いているものの、文化として学ぶという歴史は比較的浅いといえ、その専門的ないれ方や芸術的な側面に触れた経験を有している市民はそう多くないといえる。そのため学習者は、その専門的な知識や、優雅で文化的な雰囲気に惹かれるものがあり、それが学びの動機になっているといえる。例えばLQとXLは、受講動機を以下のように語った。

> お茶に興味があり、でも知識がないので、ここに来て茶道の基礎を学びたいと思いました。20年くらい自分でお茶を飲んでいますが、自由にいれているだけです。いれる順序とか方法とか、水温や時間の管理などは学んだことがなく知識がありません。それから茶道の「美」というか、どういう風に（茶器を：筆者注）並べるかとかの、美的感覚を体験したかったからです。　　　　　（LQ）

> 以前、茶会に参加したときに、お茶をいれている人の荘厳で、静かで、心地よい感じを見て、それからお茶に興味をもつようになりました。士林社区大学の宣伝を見たときに、お茶の講座があると書いてあったので行ってみようと思いました。　　　　　　　　　　　　　　　　　　　　　　　　　　　　　　（XL）

学習者はこのようにお茶に対する興味や関心を語ったが、そもそもなぜ、お茶の技術や雰囲気に惹かれ、学びたいと思い、受講へと駆り立てられたのだろうか。そこには、学習者の日常生活のあり方が大きく影響しているものと考えられる。CCが、「茶芸を学ぶ時間は、短い時間であっても日常の身の回り

の煩わしいことを忘れさせてくれる機会です。気持ちをリフレッシュできます」と語ったように、学習者は日々の生活や仕事でストレスを感じており、それを解消しリフレッシュしたい、ゆったりとした時間を手に入れたいという思いがあるために、お茶の「美」や「心地よい感じ」といった雰囲気に憧れをもち、自分も学びたいと思ったのではないかと考えられるのである。FTも、「金曜日の夜（講座開講日：筆者注）、一週間の仕事がやっと終わって、ついにみんなと一緒にお茶が飲める時間が来たって思うとき、とてもうれしいです」と語っており、ここでお茶を学ぶ時間は生活の中でリフレッシュできる束の間の時間になっているといえる。

　学習者は茶道講座に来た動機を、お茶は自分が興味のあることであり、趣味だと語るものの、学習者がお茶に惹かれて学ぼうと思うその背後には、日々の忙しさやストレスといった社会的な要因が影響していると考えられるのである。お茶を学ぶということは、個人的なニーズのように見えて、実は仕事の疲れやストレスからの解放といった、社会的なニーズによって学習者に選び取られているということがあるのではないかといえる。学術課程の学習者同様、生活芸能課程の学習者の受講動機も、学習者がこれまでおかれてきた人間関係や社会関係といったきわめて社会的なものの影響を受けていると考えられるのである。

　なかには、職能向上のために受講を始めたという学習者もおり、茶葉販売業を営むZMは、「私は茶葉を売る仕事をしていますが、茶芸の知識については不足しています。勉強したいと思って講座に来ました」と語り、大学で飲食サービス業を教えているXJは、「一番の動機は、専門領域の新しい知識を得るためです。ワイン業界のソムリエのように、お茶業界にも良くいれるための知識と技術が必要です。どのようにしたら良いお茶をいれられるのか、その技術と文化を学びたいと思ったからです」と語った。こうした学習者も、仕事という自身の社会関係を背後にして、お茶を学んでいるのである。

2.2　新たな人間関係と自己認識の獲得

　ある回の講座では、さまざまなお茶の種類を知るために、緑茶、ウーロン茶、紅茶に属する6種類のお茶の飲み比べを行った。教師はまずレジュメを用い

て、飲み比べるお茶の説明を行った。例えば、お茶の種類は茶葉の発酵程度に
よって分けられること、またウーロン茶の発酵度合いには軽度、中度、高度の
違いがあることなどを説明し、その後、学習者は近くに座っていた人たちで班
を組み、班ごとにお茶をいれ始めた。この間、教師は各班の様子を見て回りな
がら、「お湯を注ぐ前と後で、茶葉の形がどのように異なるか見てほしい」と
いうことや、「お茶の色の違いを比較してほしい」など、比較のポイントを伝
えていった。

　学習者は、教師のアドバイスを聞きながら、お茶をいれ、飲み比べ、香りや
味の違いを確かめていった。どの班も、教師が準備した同じ茶葉を使用してい
るものの、班ごとにお湯の温度や茶葉をお湯に浸していた時間に微妙な差が生
じており、それがお茶の味や香りに影響を与えるため、より良いお茶の香りを
出せた班はないかと、自分の班がいれたお茶と他の班がいれたお茶を飲み比べ
て回る学習者もいた。教師は、すべての班が全種類のお茶を飲み比べたのを確
認すると、「各種類のお茶の味や色はどうだったか、どのような感想をもった
か」と聞き、各班に答えてもらうよう促した。

　こうした感想は、初学者や学習歴の浅い学習者に求めるが、学習者は味や色
の違いを感じても、それをうまく表現することができないと発言をためらって
いた。しかし、「簡単でいいから」と教師に促され、感想を述べていった。発
言することになった学習者が、「こちらのお茶は爽やかな味と香りだが、こち
らは味が濃く、焦げたようなにおいがした」や、「なぜだかわからないが、マ
ンゴーのようなにおいがした」などのように率直な感想を述べていくと、それ
を聞いている他の多くの学習者は、「私もそう思った」や、「それ良い表現だと
思う」などのように、発言を讃えるかのように同意したり、拍手を送ったりし
ていた。こうした学習者たちの盛り上げによって、講座は和気藹々とし、常に
和やかな雰囲気であった。

　また、講座には15年以上学んでいる学習者がいるため、全体への説明や班
活動の際には、彼らが教師の代わりとなって初学者に教える様子が頻繁に見ら
れた。お茶をいれる手順や、茶器の扱い方を学ぶ際、教師が全体に向けて説明
をした後に、学習者は個人練習を行うが、教師が自分たちの班に回って来るま

で、長年学んでいる学習者が積極的に初学者に教えていた。そのため、初学者は学習歴が長い学習者の席の近くに座るようになり、自然と学習者同士での学び合いが行われるようになっていた。しかも、学習歴の長い学習者は、講座が開講されない夏・冬休みの間や、講座外の時間に仲間を集めて自主的なお茶飲み会を組織していることが多いため、初学者をその会に誘い、講座外でも集うようになっていた。

　こうした和やかな雰囲気の中で、学習者はリラックスし、新たな人間関係を形成し、一緒にお茶の専門知識を学べることをとてもうれしく感じているといえる。興味を同じくする人と出会い、一緒にお茶を飲むことで友達となり、お茶について語り合うことで仲間といえる関係を築くようになっているといえ、そのうちに自己を開き、さらには他者をも受け入れるという関係性を構築しているものと見える。XJ、XL、ZW は以下のように語った。

　　　楽しいことは、関心を同じくする友達と一緒にお茶を飲んで、知識と文化を分
　　け合って、ということができることです。気持ちを通わせることができるので。
　　　　　　　　　　　　　　　　　　　　　　　　　　　　　　　　　　　（XJ）

　　　ここは友達に会える時間、交流できる時間なんです。もう一緒に学んで長い人
　　もいるので、家族のように思うことがあります。しかも、なぜか年々関係が良く
　　なっているように思います。
　　　　　　　　　　　　　　　　　　　　　　　　　　　　　　　　　　　（XL）

　　　継続して学んでいる理由は、先生が熱心に教えてくれるからです。先生の人と
　　なり、知識です。それからクラスのみんなにも感情が芽生えているからです。一
　　番大きいのは、みんなと先生に対する愛着です。
　　　　　　　　　　　　　　　　　　　　　　　　　　　　　　　　　　　（ZW）

　学習者が講座に行く目的は、お茶を学ぶためだけではなく、こうした心安らげる仲間に会うためでもあるのだといえる。学習者は講座でかけがえのない人間関係を結んでいることがうかがえる。しかも、このように学べる時間を幸せだと感じるとも語られた。LG は以下のように語った。

　　　お茶を学ぶようになって、お茶が好きな友達と、お茶を飲みながらおしゃべり

　をすることができるようになりました。中国のお茶、日本のお茶とか、お茶に関
　することを話します。飲みながら感想を言ったりして、烏龍茶はこういうふうに
　いれるんだよとか、鉄観音はこういうふうにいれたらもっとおいしくなるよとか。
　お茶は気持ちを静めてくれるので、お茶を飲んで、お茶を語るというのは、とて
　も幸せなことだと思います。　　　　　　　　　　　　　　　　　　　　　　　（LG）

　こうした関係を通じて、学習者は自己が変化していることに気がつき、その
変化をうれしく思い、しかもそのことが他者へも影響を与えていることを感
じ、喜んでいる。例えば、CC と LS は、自己の変化について、他者との関係
を交えて以下のように語った。

　　人が飲みたいと思っていた味を出せたとき、自信につながります。それに、友
　達が、私が茶芸を学んでいるのを知って、楽しそうに、興味津々でお茶の質問を
　してくるんです。時々、質問が多くて、後で答えられなかった部分を調べたりす
　るので、自主的な学習にもつながっているなと思います。　　　　　　　　（CC）

　　私の変化は、私の周りの友達はみんなお茶を飲む人ではありませんが、私が彼
　（彼女）らや家族に影響を与えているようだということです。例えば、私の子ど
　もは普段お茶をいれることはしませんが、海外に行ったときに、私の好きなお茶
　を買ってきてくれたり、誕生日やクリスマスとかにお茶をプレゼントしてくれた
　りするようになったんです。重要なのは、これは子どもがお茶を知っているとい
　うこと、海外にいてもお茶を気にかける、つまりお茶について何かしら学んでい
　るということだと思うんです。　　　　　　　　　　　　　　　　　　　　（LS）

　興味を同じくする人たちと一緒にお茶を飲み、お互いに友達となり、仲間
となれること、教師から専門的な知識を得て、学びが深まっていると感じられ
ることの喜びは、新たな自分になっていくことを感じられる喜びなのだといえ
る。しかも、自分が変わっていくことを感じられることがうれしいために、さ
らに専門的な知識を学びたい、もっとみんなとの仲を深めていきたい、自己を
社会の中で生かしていきたいと思い、学び続けていくことになっている。そし
てこのことが他者にも影響を与えているということを実感していくことで、自
分が社会の中に位置づいていることをも感じ取っていくようになっているのだ

といえる。

2.3　趣味を通じて広がる社会への意識

　自分がこの社会の中に位置を占めていることを感じられるようになり、それをうれしく思う学習者は、お茶に関わるもの、お茶に関わる人といった、お茶の周辺のことにも思いを及ばせ、意識するようにもなっている。つまり、お茶を通じて自己と社会との接点に気がつくことによって、お茶にまつわるさまざまな社会をも、自己に無関係ではないものとして、意識されていっているといえる。例えばCC は以下のように語った。

　　　先生やみんなから、無形の知識、知恵を得ました。例えば、すべてが一期一会で、できるだけ最も良い方法で人に接するようにすること。それから茶器を大切にすること。使う物だけではなくて、身の回りのもの、人のものもそうする必要があります。それから、お茶をいれて人をもてなすとき、茶葉を尊重して大切にすること。なぜならそこには茶農家の苦労があるので、それに感謝すること。お茶をいれてもてなすことは、相手を尊重しているということでもあります。身の回りのものを尊重し、身の回りのことを慈しむ。このように、たくさんのことを学びました。
　　　　　　　　　　　　　　　　　　　　　　　　　　　　　　　　　　（CC）

　こうしたお茶を通じて芽生えた身の回りの社会への意識は、講座での学びにも表れるようになっている。学習者は、教室で教師から知識を学ぶ講座だけでなく、学期に一度、社団のメンバーも誘い、校外学習としてお茶の産地を訪ねる旅行を計画していた。筆者が講座に参加していた時期は、台北市郊外の坪林地区や新竹県北埔の茶農園に向かった。特筆すべきは、訪問した坪林の茶畑は有機栽培でお茶を育てているところであり、北埔は漢族の一支族といわれる客家人が多く住み、独特なお茶文化を有しているところということである。つまり学習者は、一見、ただお茶を楽しむために、お茶の産地を校外学習の場として選択しているようにみえて、実のところ、お茶を通じて環境問題や異文化理解を深めることも可能な場所を選んでいたのである。

　坪林の有機栽培の茶畑に行く前には、茶畑の概要とともに、有機栽培の利点

をまとめた学習者作成の資料が講座で配られ、お茶の有機栽培の意義は、化学肥料や農薬を使用しないで茶葉を育てることによって生態環境を守ること、これはお茶を飲む消費者の健康を守ることになっていること、そして同時に茶葉を育てる生産者の健康をも守ることにもつながっていることなどを学んだ[13]。また、北埔に行く前には、その一帯は客家人が多く住むところであり、雑穀などと一緒に茶葉をすりつぶして飲む「擂茶レイチャ」という客家人独特のお茶の文化があることなどを学んだ。

　つまり、学習者は講座の中で意識的に生態環境保護の大切さや、異文化の尊重について学んでいるわけではないものの、お茶を学んでいくことによって、これらの議題を自己に引きつけていくようになっていると見え、旅行という楽しい形態のなかにも、公共に関わるものが無意識に取り入れられていくようになっているのである。ここには、学習者はお茶という自分の趣味、つまり自分の生活に身近なものを学んでいるからこそ、それに関わっている身近な他者や、身近な社会のことをも我が事として意識していくようになっているということがあるのだといえる。

　さらには、自分に有益な影響を与えてくれたお茶をもっと多くの人に広め、交流したいと思ったり、あるいは、この講座がこのまま続いていくことを望んだりと、つまり講座が価値あるものだと強く感じるようにもなっている。FYとJRは以下のように語った。

　　社団では、みんな茶器を持って外に行っていると聞いたので、講座でも活動の部分が増えたらよいと思います。毎年私たちがやっている「奉茶日」みたいな、社区大学全部の講座の人にお茶を配って、みんなで楽しむというような、こういう関わりをもつことは良いことだと思いますし、茶道を広めるという面においても良いと思います。　　　　　　　　　　　　　　　　　　　　（FY）

　　講座に対して、特に願望はありません。今のままでよいです。先生が来て、お茶を教えてくれる、これだけで十分です。　　　　　　　　　　　　（JR）

このように、学習者は、お茶を学ぶことを通じてリフレッシュし、新たな人

間関係を構築し、友達をつくり、新たな知識を得ていっており、学べるこの時間を幸せだと感じているのである。この過程で、変化していく自己を感じてうれしく思い、だからもっと学びたいと思うとともに、そのことが他者にも影響を与えていることを知り、自己が社会の中に位置づいていることを感じるようになっているのである。そして、これによって、自己に関わる身近な社会にも意識が拡大されていくとともに、講座の大切さを実感していくという変化が起こっている。学術課程だけでなく、生活芸能課程においても、学習者は自己充実を経ることで、社会に対する意識も変化させているといえる。しかも、生活芸能課程での学びでは、自分の趣味に関わっている社会や公共的な議題をも、楽しみながら学んでいくようになっているという変化が見られるのである。

3. 学習者の意識変化のあり方

　以上の生活芸能課程の学習者の学びの様子と語りから、学習者の意識が変化していく過程について、以下のようにいえる。

　学習者は、お茶の専門知識と優雅な雰囲気への興味と、お茶の技術を仕事に活かしたいという思いから講座で学ぶようになった。学習者がお茶に興味をもってしまうのは、仕事のためということと、学習者が仕事のストレスや日常の煩雑さに日々身をさらしており、リフレッシュしたい、これを解消したいという思いをもっているということがある。つまり、学習者はお茶が趣味であると語り、これによってお茶の学習は学習者の個人的なニーズであると考えられているものの、お茶を学びたいという思いの背後には、学習者が日々感じているストレスの解消や、職能の向上といった、きわめて社会的な理由があるといえる。学習者の受講動機には、学習者をとりまく社会的なものが反映されているとみることができるのであり、こうした社会的なニーズによって、お茶が選び取られていると考えられるのである。

　そのため、学習者は、講座で同じことに関心をもつ人と知り合い、一緒に学んでいくことで友達・仲間となれたことをうれしく思い、同時に専門家である教師から専門知識を得て新たな知識を習得していくことで、新しくなっていく

自己を感じ、うれしく思い、もっと学びたくなっていっている。そして、このような学びの時間をもてる生活を、豊かだ、幸せだと感じている。

さらに、こうした学びの過程で、学習者は、自己と他者、社会との接点をも感じるようになっている。そして、「自分で使う物だけではなくて、身の回りのもの、人のものも大切にする」ことや、「お茶農家の苦労に感謝する」というように、自分の身の回りの社会のことをも意識していき、公共的な課題をも、我が事として思うようになるという意識の変化が起こっている。

つまり、学習者には、自己充実のための学びによって、新しくなる自己を感じてうれしくなり、自己を社会の中に位置づけていくことで、この社会を大切なものと思っていくという変化が起こっているといえる。しかもこうした生活芸能課程の講座での学びからは、生活芸能という学習者の生活に身近なものだからこそ、その背後にある公共的な事柄にも意識をつなげていきやすいということがあると考えられるのである。

ま　と　め

黄武雄ら教育改革者たちの目的では、生活芸能課程は市民の文化的レベルの向上によって、生活の質を向上していくというものであった。ここで見てきた学習者の学びの実態と意識変容からは、生活芸能課程での学びは、黄武雄ら教育改革者たちが目指したような生活の質の向上にとどまらず、身近な環境や異文化といった、公共課題への気づきをももたらすことになっていることがわかる。むしろ、生活芸能といった自己の生活に根ざすものを学ぶからこそ、それを取り巻く自己の身近な社会をも認識していきやすいのだといえる。

これまで生活芸能課程での学習は、学習者の個人的なニーズによる趣味の学びであるため、私的な学習であるとされてきたが、学習者の受講動機の根底には、これまで学習者がおかれてきた人間関係や社会関係が反映されており、受講動機はきわめて社会的なものであるといえる。だからこそ、学んでいる過程で新たな仲間ができ、新しい知識を得ていくことだけでなく、ここでの関係を通じて自分が変化していることをうれしく感じるのだといえる。しかもさらに

他者との間に自己が開かれていき、それが他者をも変化させ、そしてそれがまた自分にも還ってくるために、自分が社会の中に位置づいていることを実感していくことで、自分が生きるこの社会のことにも関心をもつようになっている。こうした生活芸能課程における学びそのものが、受講できることの幸せや、社会の自由さなどを感受することへとつながっていると考えられるのである。

注

1) 黄武雄等著、顧忠華編『成人的夏山：社区大学文献選輯』左岸文化、2004、pp.36-37。

2) 徐敏雄「1998-2007 年台北市社区大学学術類課程発展之研究」楊碧雲編『台北市社区大学十年回顧与前瞻』台北市政府教育局、2008、p.159。

3) 講座で配布されたシラバスより。

4) 同上。

5) 最近の資料を例にすると、2013 年 1 学期は 51 名（男女比 4 対 6）、2 学期は 45 名（3 対 7）、2014 年 1 学期は 47 名（4 対 6）、2 学期は 43 名（3 対 7）であった（士林社区大学でのワークショップ（2015/7/14）による教師作成資料「課程規画与教学設計」）。

6) 1992 年に成立した団体であり、家庭や社会に対する教育公益活動を通じて、家庭の安定や男女平等を実現することを目指している。台湾全土で成人の学習講座を展開し、生涯学習社会の建設を目指している（https://www.garoc.org.tw/p/blog-page_77.html（最終閲覧 2018/6/3））。

7) 1952 年に蒋経国を代表にして成立した国民党による青年組織である。当初は反共のために青年を組織することを目的とするものであったが、1989 年から大学生や高校生を対象に、公益事業、教育事業なども行うようになり、1998 年に生涯学習社会の建設が開始されて以降、台湾全土に生涯学習センターを設置し、多様な講座を開設している（http://www.cyc.org.tw（最終閲覧 2018/6/3））。

8) R 先生への聞き取り調査（2016/1/22）。

9) 王静『現代中国茶文化考』思文閣、2017、p.94。

10) 同上、p.96。

11) 同上、p.99。

12) 同上、pp.99-100。

13) 講座（2014.12.26）において配布された資料「茶道茶芸班 104 年元月 4 日坪林有機茶園観摩教学」より。

第 **5** 章

社団活動課程における市民の学びと意識変化の実態
— 「peopo 公民新聞社」 を例に —

は じ め に

　これまで、学術課程、生活芸能課程における学習者の学びの実態を見てきた。本章では、社団活動課程での学びに注目する。

　黄武雄の構想では、社団活動課程を社区大学に設置する目的は、人々の公的領域を発展させるためであり[1)]、黄は、社団で学習者が公共課題解決のための実践を行っていき、公共政策に関わっていくことを目指した。社区大学の設置理念でもあり、黄ら教育改革者たちが実現を目指した市民社会とは、市民が公共政策に関与していき、行政施策などにも影響を与えていくことでつくられる社会であるため、社団活動課程は、まさに市民社会形成のための実践の場として期待されたといえる。実際の社団活動は、主に学習者が生活芸能課程の講座で学んだ後に組織されることが多く、講座での趣味学習を基礎に、さらなる深い内容を学んでいくものが多いが、徐々に社団は、社区組織と連携した学習活動や、公共課題を解決するための活動などを計画し、実践していくようにもなっている。ここには、社区大学による公共活動の促進もあると考えられるものの、促進しても学習者の気持ちがなければ活動は展開されないことから、学習者には何らかの意識変化が生じているものと思われるのである。

　社団活動課程は、これまでにも行政や研究者たちから、「社区大学と社区をつなげる最も有効な橋梁」[2)] や 「公共参加を訓練する最も良い実践の場所」[3)] とされてきており、学習者に公共活動を促し、社区大学の設置理念を実現してい

くためのものとして期待されてきた。そのため、先行研究でもたびたび取り上げられてきており、例えば、周聖心（2006）は、学習者が社団で学ぶことで自己を充実させ、他者と交流し、そして公共的な実践を行うことを通じて、意識が公共の方へと開けていっているとしている[4]。また、劉秀香（2013）も、学習者の社団への参加動機は個人的な興味・関心からであり、社区活動を行うという社団活動課程の設置目的とは明らかに異なってはいるものの、社団において公共活動を行うことで、実際に学習者の意識は社区に向いていっているとしている[5]。

　しかし、これらの研究は、社団活動課程が、学習者の公共に対する意識を向上させ、学習者を公共政策に関与させていっているという点、つまり、あるべき姿としての社区大学にしていく効果があるということを強調することに重きがおかれており、学習者がなぜ、社団に参加しようとし、なぜ公共活動にも取り組むようになったのか、なぜ活動を続けているのかといった、学習者の思いや意識には十分に注目してこなかったといえる。

　したがって、本章では社団活動課程で学ぶ学習者が、なぜ社団に参加したのか、社団でどのような学習活動をし、何を感じているのか、どのように意識が変化しているのかといったことに着目することで、社団活動課程における学習者の学びのあり方、意識のあり方について明らかにしたい。

　社団活動課程は、生活芸能課程の講座から組織されることが一般的になっていることから、本章では、生活芸能課程が充実している生涯学習型社区大学であり、その中でも活発な社団活動が展開されるようになっている南港社区大学の、「peopo公民新聞社（peopoとは、people postの略。以下、公民新聞社）」に着目する[6]。南港社区大学では、絵画、音楽、ヨガなどの多様な社団活動がみられるようになっているが、なかでも公民新聞社は、組織の声かけは南港社区大学の主導であったものの、生活芸能課程で学んでいた学習者が参加して社団となり、学習者を中心にした公共活動の展開が見られるようになっている。学習者が自発的に公共活動を行っているという点で、社団活動課程としての典型的な性質を有しているといえるため、当社団を対象とする。公民新聞社は、南港社区大学で組織されたのをきっかけに、台北市内外の社区大学でも組織さ

れるようになっている。本章では、南港社区大学の公民新聞社を例に、学習者
の様子と意識変化の実態を明らかにしていくこととする。

1. 社団の組織のきっかけ

　公民新聞社は、学習者を市民記者として育成し、社区や社会で起こっている
ことを取材し、ニュースにして広く社会に伝えるという取り組みを通じて、市
民の社会に対する関心を高めていくとともに、市民が連携して公共課題の解決
や公共政策などに関わっていくようになることを目的に、南港社区大学が公共
テレビ（後述）との協働によって組織した社団である。ニュース作成には基礎
的なパソコン技術が必要であるということから、生活芸能課程のパソコン講座
で学んでいた学習者に声をかけ、社団を組織した。その後は、パソコン講座の
みならず、他の講座で学んでいた学習者や、直接社団に入る学習者も増えてい
き、現在に至っている。

　当社団が組織された背景には、台湾の公共放送である公共テレビが、2007
年に市民記者の育成を開始したことがある。テレビを中心とした台湾のメ
ディア事情を遡ると、台湾では 1960 年代から、台湾テレビ（1962 年）、中国
テレビ（1969 年）、中華テレビ（1971 年）が開局したが、それぞれ政府、国
民党、軍の傘下にあり、情報は統制されていた。その後、戒厳令が解除され、
社会の民主化を求める声が高まり、多様なメディアの必要が叫ばれるように
なると、1997 年に民進党系の民間全民テレビが成立した。しかし、商業的な
放送が多いことから、今度は公共のための放送局が必要とされ、1997 年、公
共テレビ法が制定され、非営利の放送局として 1998 年 7 月に公共テレビの放
送が始まった[7]。

　民主化が進むなかで成立した公共テレビは、視聴率を求めるのではなく、
民衆が本当に知るべきことを伝えるということを使命にし[8]、さらに、市民が
科学技術やインターネットという新たな道具を利用して、社会に参加し、交
流し、社会に対して声を上げ、行動することによって、成熟した市民社会を
形成していくためのプラットホームになるという決意のもと、2007 年、市民

記者の育成を開始した⁹⁾。具体的には、市民記者が作成したニュースを配信する「peopo 公民ニュースホームページ（以下、ホームページ）」と、その中から選ばれたニュースをテレビ放送するための「peopo 公民ニュース番組」の放送を開始した。ニュースをホームページに投稿するには、市民記者のID を取得する必要があり、2015 年時点で、市民記者として登録をしている市民は、台湾全土で 8,200 人ほどいる。市民記者たちが作成し、ホームページに公開したニュースは誰でも見ることができる。

　こうしたなか、南港社区大学において公民新聞社が組織された経緯は以下のようである。南港社区大学の校長は、南港社区大学を運営するキリスト教系の民間団体である致福感恩文教基金会の理事であると同時に、台北市内の大学の教員でもある。以前から、その大学のメディア系学科は公共テレビと交流があり、それがきっかけとなり、南港社区大学と公共テレビの交流も生まれるようになった。特に南港社区大学は、公共テレビの市民記者育成の精神、つまり成熟した市民社会の形成という目標に賛同し、この点を南港社区大学の運営に生かすことで、南港社区大学の公共面を強化させていくことを目指し、公共テレビが市民記者養成を開始した 2007 年、公共テレビから講師を呼び、市民記者養成のための講座を開講した¹⁰⁾。そして、その後も引き続き、市民記者の養成を行うべく、パソコン講座の学習者を誘い、同年 10 月に社団を組織した。上述したように、パソコン講座の学習者を中心に誘ったのは、一定のパソコン技術が必要だという理由からである。

　そして顧問は、パソコン講座を教えている M 先生が担当している。M 先生は、南港社区大学で教える以前は、再就職支援センターでパソコンを教えていた。南港社区大学に教師が足りないことを理由に知人から誘われ、2002 年から南港社区大学で教えるようになり、その後、当社団が成立したときに、顧問も担当することになった¹¹⁾。

　公民新聞社の目標は、「市民がニュースを作成する側となり、身の回りのことに関心をもち、記録していくことで、社会に対する関心を高めていくこと」¹²⁾、そして市民記者の活動によって、「市民たちが社区に寄り添い、長期的に社区の公共課題に関心をもつようになること」¹³⁾ である。つまり市民記者となった学

習者が、まず公共課題に取り組んでいくこと、そしてこうした市民記者の活動によって、公共に関心をもつ市民をさらに育てていくことを目指しているといえる。

2.　社団での学習者の様子と意識の変化

2.1　社団に加入した動機

　それでは学習者は、何を動機に社団に加入し、学ぶようになったのだろうか。筆者は、2014年3月から7月、11月から12月、2015年4月から5月に開講された公民新聞社の講座と、不定期に行われていた活動に参加した。以下、参与観察とインタビューから、学習者の意識変容の特徴を明らかにしていきたい。

　社団活動課程の開講期間は必ずしも18週というわけではなく、一定期間に連続6週や隔週というように柔軟に設定されており、時間も一般的な講座は平日の夜に開講されるが、筆者が参加した当社団は、土曜日の午前9時から12時の時間帯に開講していた。社団は、毎年3月に社団長、副社団長、会計係、活動係、記録係、総務係がメンバーによる選挙で決定され、運営は学習者中心で行われていた。学習活動は、主にニュース作成のためのスキルを学ぶ座学、外に出て取材をする実践、南港社区大学が主催するイベントの取材があった。

　当社団の学習者は13名程度であり、M先生のパソコン講座で学んでいた60代以上の学習者が多くいた。これら学習者のパソコン講座の受講動機を聞くと、パソコンを使えなかったことで生活に不便を感じたり、使える人を見て羨ましく思ったり、仕事においてパソコンを使えた方が、時代の流れに取り残されないだろうと思ったりしたことがあったからだという。パソコンが日常生活においても、仕事においても必須のものになったことで、学習者には、パソコンを使えることに対しての憧れや、時代の流れについていきたいという思いがあったといえる。学術課程と生活芸能課程の学習者に見られたように、学習者の受講動機には、学習者自身がこれまでおかれてきた社会関係や、人間関係が反映されている。学習者がパソコン講座で学ぶ理由も、パソコンが必需品と

なったことを背景にした、きわめて社会的な理由があるといえる。

　社団の座学は、南港社区大学がおかれている成徳中学校のパソコン教室で、学校のパソコンを使用して進められていた。毎回の講座は、まず、映像編集用のソフトと、教師が教材として用意した写真やビデオのデータを、パソコンにインストールするところから始まった。

　ある日の講座内容は、南港社区大学のイベントで撮影した写真とビデオを使って、1本のニュースを作成するというものであった。編集ソフトをインストールしている間、学習者が使用するパソコン画面は教師が操作するパソコン画面へと切り変わり、教師はソフトの使い方を実際に画面に提示しながら説明していった。説明中、写真のきれいな撮り方を説明することもあった。パソコン上で写真を数枚見比べながら、「どの写真がきれいに見えるか」と学習者に問うと、学習者はその場で自由に答えていき、その声を聞きながら教師は、撮影角度や被写体の位置、光の加減などを説明し、学習者と共有していった。ビデオ撮影の技法についても、ことばを使わずに風の強さを表現したい場合は、風に吹かれて揺れる木を映すことや、時間を示したい場合は、時計や日の出・夕焼けの様子を映したりすることで、これらを表現できることなど、より高度な技法があることを伝え、実際にそのような技法を使っている映像を見せて解説を加えていった。

　教師が手順や技法を説明している間、学習者は自分で操作するときのために、手順をメモしたり、パソコン画面を写真に収めたりしており、教師の説明が終わると、学習者はメモを見返しながら、各自でソフトを操作し、1本のニュースとしてまとめていった。学習者が作業をしている間、教師は状況を見て回り、また学習者もお互いに教え合いながら作業をしていった。

　このように詳しく編集技術を学べることは、学習者が社団に加入する大きな動機であったといえる。学習者の多くは、社団には「先生が勧めてくれたので入りました」と語ったものの、より詳しく聞くと、教師から勧められたことだけではなく、写真を撮りに行く、動画を編集する、インタビューに行く、そしてこれを材料に自分で自分のニュースを作るといった活動内容に興味をもったために、社団に加入しているのである。パソコン講座から社団に加入した

LY、LT と、直接社団に加入した ZM は以下のように語った。

　　パソコンの講座では、インターネットの使い方とか、一部しか学べません。ちょ
　うどこの社団ができたので、続けて学べると思いました。社団なら、人との交流
　があるんです。インタビューとか何かを聞きに行ったりして、そしてその結果を
　一つの文章にして、写真とか、ビデオとか、それをホームページに載せて全世界
　の人がそれを見るんです。とても新鮮で、好奇心が湧きました。　　　　　（LY）

　　パソコンを学び始めて、しばらくすると公共テレビがpeopo（市民記者養成の
　ことと番組などを指している：筆者注）をつくって、先生が勧めてくれたので、
　試してみようと思って入りました。ビデオ編集などは、まったくできなかったの
　で試してみようと思いました。学んで損をするようなものでもないので、とりあ
　えずやってみようと思いました。　　　　　　　　　　　　　　　　　　（LT）

　　私は写真を撮ることが好きなので、公民新聞社に入っていろんなところに行っ
　て写真を撮りたいと思いました。試しに講座に出てみたら、先生がとても熱心に
　教えてくれて、撮影以外にも編集の仕方、ビデオ映像の作り方なども教えてくれ
　て、ちょっと自分が映画監督になったようでした。専門でないけれど、私にもこ
　ういうビデオ、報道が作れるんだと思って。今まで自分にこんなことができると
　は考えたこともなかったので、楽しそうだなと思いました。　　　　　　（ZM）

　重要なのは、学習者が興味をもっているのは、社団活動の本来の目的である
公共課題学習や社会的な実践、あるいは市民記者として公共課題に取り組むと
いったような理想ではなく、パソコンや撮影などの技術習得ができるといった
点、すなわち自己充実のための学びに興味をもって学び始めているということ
である。学術課程でも見られたように、学習者は理念や理想ではなく、自己の
生活や充実に関わるかどうかで受講を決めるのだといえる。

2.2　新たな人間関係・知識と自己認識の獲得
　座学の時間では、パソコンや撮影の技術を学ぶことに加えて、学習者同士の
交流、意見交換が頻繁に行われていた。
　ある回では、同じものを取材したとしても、編集方法の違いや、作成者の

視点の違いによってニュースの作られ方が異なり、その結果、見た人がその
ニュースをどのように受け取るのかということも違ってくることを知るため
に、異なる人が作成した、同じイベントを題材にしたニュースを見比べ、感じ
る印象の違いなどを話し合った。教師は、題材としてその日の講座に参加し
ている学習者が編集したものを取り上げており、そのビデオの作成者である学
習者は、編集のポイントや、編集してみて難しいと感じたことなどを報告して
いった。HY は、「授業の雰囲気とか、作ったニュースとかをみんなで共有す
るところが楽しいです」と語っており、自分が作ったものを学習者みんなで共
有することは、講座での楽しみの一つとなっているといえる。

　学習者が報告をしているとき、聞いている学習者は、「私もそこの編集で
困った」「ここの編集はどうやったの？」などのように、報告している学習者
に同意したり、質問をしたりするなど、積極的に反応していた。これによって、
編集過程や困難を学習者全員で共有できるだけでなく、何よりも報告した学習
者は、自分が編集したものが題材として取り上げられ、みんなに興味をもって
見てもらえることで、とてもうれしそうな表情を浮かべており、大きな自信に
つながっているようであった。こうした報告の機会は、学習者が仲間から認め
られていることを感じられる時間になっているといえる。

　このように自由に意見を言い合えるのは、学習者が良好な人間関係を構築し
ているからであるともいえる。YS と LT は、以下のように語った。

　　　みんなとの間には何のストレスもありません。お客だ、誰だ、みたいに仕事に
　　おいての関係はなく、みんなの関係は平等です。だから一緒にいて、和気藹々と
　　できるんです。　　　　　　　　　　　　　　　　　　　　　　　　　　（YS）

　　　みんなとの間には、以心伝心というか、そういう関係ができています。外に撮
　　影に行くときもお互いに協力できるし、勉強できます。　　　　　　　　（LT）

社団は、利害関係のない人間関係を構築できる場になっているといえる。
　また、教室での学習のほか、実際に現場に出て取材を行うこともあった。
ちょうど講座が行われる日、台北市地下鉄が新たな路線を開通したため、開通

初日の様子を取材に行った。学習者はグループに分かれ、新設の駅構内の構造や、開通初日のイベントの様子などを写真やビデオに撮ったり、構内地図や案内パンフレットなどを入手していった。その後、教師が駅構内にいる人びとにインタビューに協力してもらえないかと声をかけると、案内ボランティア、車両を撮影しに来た客、家族連れの客が承諾してくれたため、教師が中心になって話を聞いていった。

　教師は案内ボランティアに対しては、「開通初日の今日、乗客からはどのような質問が多いか」「乗客の反応はどうか」や、一般客に対しては、「新しい駅を見てどう思ったか」「今日はこの路線を使ってどこに行くのか」「開通によってこれからの生活にどのような便利がもたらされると思うか」などと質問していき、学習者たちは、この様子を写真やビデオに収めていった。教師によると、学習者は実際にインタビューに行くと、緊張してしまい、うまく質問ができなかったということがよくあるという。そのため、教師は、みんなで行動する機会にインタビューの現場に立ち会わせ、自分たちの取材に活かせるようにしているのである。

　こうした日常の学習活動のほかにも、学習者たちは、南港社区大学が主催するイベントやワークショップ、学期末に行われる学習成果を披露する成果展、あるいは市政府などの公的機関による路上喫煙や薬物防止の宣伝活動などにも取材・撮影を兼ねて参加していた。活動が行われる前に、社区大学の職員から社団長に連絡が入るため、社団長は当日参加できる学習者を集め、担当する会場や係を分担し、当日は一緒に活動に参加しながら、ビデオや写真の撮影をしていた。この際、活動の主催者や参加者にインタビューの交渉を行い、活動が行われている傍らでインタビューも行っていた。ここで撮影した写真やビデオは、後日、自分たちのニュース作成に使用するほか、社区大学の記録として社区大学側にも提供している。

　こうした経験を通じて、学習者は、自分の技術が向上していっていることを感じ、こうした自己の変化をうれしく感じているといえる。ZM は、「撮ったものを後で見て、『わあ、私にもこういう技術があるんだ』って思うんです」と語った。技術をもつようになった自己に驚くとともに、これを喜びとして感

じているものといえる。

　しかも、公共的な活動について、学習者たちは社団のメンバーとして参加しなければならないというような義務的なものではなく、普段は関われない貴重な活動ととらえているといえ、楽しんで関わっていた。CX と ZM は以下のように語った。

　　　社団では、インタビューに行ったり、いろいろな所に行きます。政府機関に関することも知ることができて、いろいろなことを知ることができて楽しいです。
　　　　　　　　　　　　　　　　　　　　　　　　　　　　　　　　　（CX）

　　　禁煙とか薬物防止とか、少しお固い政府の活動にも関われるのがおもしろいです。自分の生活圏はとても狭いものです。でも、こうした活動に参加することで、多くの人に出会えました。例えば（南港社区大学の近くの：筆者注）病院が活動やイベントをやるとき、いつも私たちは行きますね。そうしたら、そこの院長とか理事長とかと知り合いになれたんです。こうやって人間関係が拡大されるのでうれしいです。
　　　　　　　　　　　　　　　　　　　　　　　　　　　　　　　　　（ZM）

　このように、社団の学習者も、新たな知識・技術や視野、人間関係を獲得していくことで変化していく自己を感じて驚くとともに、その変化をうれしく思っているのである。これは、これまで見てきたどの課程の学習者にも当てはまることであるといえ、この経験によって、さらなる学びへと駆り立てられているといえる。

2.3　社会のことへと広がる意識

　取材に行って多くの人と出会ったこと、そして取材の結果を公表すると、多くの人から反応が返ってくることで、学習者には、自分が周りから認められているということが実感されていくようになっている。HY は以下のように語った。

　　　みんなと交流するので、社会に参加しているので孤独でなくなりました。そうでなければ、私はずっと家で旦那と子どもの面倒をみる主婦です。社会に参加し

てこそ成長があります。考え方も変わりました。井の中の蛙でなくなりました。一人で家にいると、テレビを見て、ご飯を食べて、仕事をして。これ以外何もないのでとても孤独です。つまらないんです。私の役割は今、多岐にわたっています。母であり、妻であり、仕事ももっていて、社区大学の学生であり、市民記者であり、ボランティアでもあります。なので、とても気持ちがいいです。（中略）誰かが私の文章を見て、まだまだ改善の余地はあるけれども、誰かが反応を返してくれて、良かったと言ってくれれば、これは自分への慰めにもなるし、報われたと思います。　　　　　　　　　　　　　　　　　　　　　　　　　　　　（HY）

　このように学習者は、社団での学びによって承認欲求が満たされることになっているのだといえる。そしてそれがうれしいために、もっと他者や社会と関わりたいと思うようになっている。

　学習者は、社区大学が主催した活動に参加するだけでなく、日常において取材したいと思う出来事や人物を探し、自ら取材に行くようにもなっていた。例えばLAは、自宅近くで毎朝見かける交通整備のボランティアや、自身が所属している民間団体が行った高齢者とのお花見散歩会を取材したり、LTは旅行先で、その地の農産物と土壌・地形との関係や、どのように農産物が収穫され、出荷されているのかということを取材したりしていた。社団での学びによって、学習者は、社会をより自分に近いものとして認識していくようになっており、視野を社会の方へと広げているといえる。LTは以下のように語った。

　　社団で学ぶようになって、周りのこと、小さなことに気がつくようになりました。前は見ても何も思わなかったことやもの、人にも、今は、関心をもって見ることができるようになりました。　　　　　　　　　　　　　　　　（LT）

　しかも、学習者が関心をもつようになっている社会というのは、学習者が自ら取材しているような、交通安全や農作物の流通、環境といった、自分たちの生活に深い関わりをもっている社会のことである。つまり学習者は、社団での学びで自己を充実させることで、自己を社会の中にしっかりと位置づけるようになっており、そうであるがゆえ、自分の身の回りの社会のことも気になるようになっているのだといえる。

　そして学習者は、こうした活動を通じて、社会のお役に立ててうれしいと語り、もっと社会に貢献したい、市民記者としての活動を続けていきたいという思いを語っている。また、学べることの大切さを感じ、社区大学の存在を肯定的にとらえていくようになっている。LT と YS は以下のように語った。

　　学校や社区にも、少しですが助けになっていると思うと、自分もうれしいです。なので、もっとニュースを作って、社会の不公平とかを発見して、社会に貢献したいと思います。　　　　　　　　　　　　　　　　　　　　　　　　　（LT）

　　社区大学では、今までとは違う体験をしています。自分のために学ぶ、自分のために生きるという。これが自分の気持ちをだんだんと明るくしてくれていると感じています。社区大学は私たちにいろいろなことを見せてくれます。自分の生活圏は狭くて、閉じられたものです。でも社区大学は、広い世界を見せてくれます。　　　　　　　　　　　　　　　　　　　　　　　　　　　　　（YS）

　このように見ていくと、技術習得といった自己充実を求めて社団に入った学習者は、新たな知識、技術を得ていくとともに、新たな人間関係を構築し、楽しく学んでいくことで自己を充実させていっている。さらに、こうした学びの過程で、自分の変化に気がつき、うれしく思い、さらに他者から認められていることを実感し、うれしく思うことで、自己を社会の中にしっかりと位置づけられるようになっている。その結果、自分の身の回りの社会にも意識を拡大させていくようになっているのである。社団活動課程の学習者の意識変化の根底にも、学びによる自己充実と自己変化への喜び、承認欲求が満たされる喜びというものがあるのだといえる。

3. 学習者の意識変化のあり方

　以上のような社団活動課程で学ぶ学習者の意識の変化をまとめると、次のようにいえる。学習者は、パソコン技術に加えて写真撮影やビデオ撮影・編集技術に対する興味、つまり、これまで使いこなせなかった技術を習得し、使える

ようになりたいという思いから社団で学び始めた。学術課程の学習者が、意識改革、社会改革を求めて受講を始めたわけではないのと同様、社団活動課程の学習者も、公共課題解決のための社会実践を求めて受講したのではなく、パソコンスキルの向上や、編集への興味といった、自己の充実のための学びを求めて受講している。このことから、学習者は理念に共鳴して学ぶのではなく、常に自己充実を求めて学ぼうとするということがわかる。

　そして学習者は学びの過程で、利害関係のない人間関係を結び、新たなことを学んだり、楽しく「少しお固い政府の活動」などにも参加したりすることで、視野を拡大していくことによって、自己が変化していることを感じ、この変化をうれしく思っている。そして、他者との交流のなかで、「みんなと交流するので、社会に参加しているので孤独でなくなった」というように、自分が他者から認められていること、自分が他者から必要とされているということを感じることで、社会の中に自己をしっかりと位置づけられるようになっている。これによって学習者は、「前は見ても何も思わなかったことやもの、人にも、関心をもって見ることができるようになる」というように、身近な社会にも関心をもつようになるとともに、「学校や社区にも、助けになっていると思うと、自分もうれしい」ので、もっと、「社会に貢献したい」という感情も芽生えるようになっている。そして、こうした学びの場の大切さを実感し、肯定的に社区大学をとらえるようにもなっているという変化があった。

　社団活動課程の学習者が、社区やより広く社会に積極的に接していこうとするようになっていることの根底には、学ぶ過程で自己が充実していくこと、変化していく自己を感じられるという新たな自己認識を獲得できること、承認欲求が満たされていくことのうれしさ、喜びがあるといえる。

　　ま　と　め

　教育改革者たちは、本来、社団活動課程で、市民が公共課題解決のための学習を展開し、社会に対する意識を高めることで、公共政策に関わっていくようになることを目指した。そして、ここでの社会実践を学術課程の理論学習と結

びつけていくことも目指した。

　ここで筆者が見た社団活動課程の学習者の姿は、学ぶことによって、変わっていく自己を感じてうれしく思い、自己を社会の中に位置づけることで、社会に対する意識も高め、誰かの役に立てることをうれしく思い、もっと社会貢献をしていきたいという思いももつようになっていくというものであった。ここでの学習者の社会に対する意識の向上とは、公共政策に関与し、行政施策を変えていくというような、教育改革者たちが目指したような、いわゆる政治的な行動を展開していくというものではない。さらに、ここでの学びと実践が、学術課程での理論学習とつながっているということもなかった。

　すなわち、社団活動課程での学びは学術課程での学び同様、公共政策への関与といった直接的な社会改革へとは連結してはいないといえるが、自己を充実させ、他者との関係をつくっていくことで、自己が変化していることを感じてうれしく思い、これによって、自己を社会の中に位置づけ、この生活と社会に対する思いを強め、これらを大切にしていこうとする市民を育成することにはなっているのである。このことはつまり、自己実現という迂回路を形成することで、社会改革を志向していくことになっていると考えられる。しかも同時に、社区大学という楽しく自由に学べる場所が存在することのありがたさと、こうした社区大学が存在するような社会の豊かさというものを感じていく市民を育成することにもなっているといえるのである。

注

1)　黄武雄等著、顧忠華編『成人的夏山：社区大学文献選輯』左岸文化、2004、pp.29-30。
2)　楊碧雲編『台北市社区大学十年回顧与前瞻』台北市政府教育局、2008、p.95。
3)　周聖心「従個人学習到公共参与的転化歴程：以永和社区大学公共性社団学員為例」台湾師範大学修士学位論文、未出版、2006、p.129。
4)　同上、p.127-128。
5)　劉秀香「社区大学社団活動課程推動学員社区意識歴程之研究：以台南市曽文社区大学生態研習社為例」中正大学修士学位論文、未出版、2013、pp.237-243。
6)　南港社区大学は、なぜ社団活動課程が活発なのかという理由を断定することはできないが、南港区には台湾の最高学術研究機関である中央研究院があり、研究に関わる人たちが数多く

居住し、自身の生活や社区などに比較的高い意識をもつ人びとが一定数いること、戦後、環境汚染問題があり、環境保護運動などが展開されたことなどが背景にあるのではないかと考えられる。

7)　林怡蓉『台湾社会における放送制度：デリベラティヴ・デモクラシーとマスメディアの規範理論の新たな地平』晃洋書房、2013、pp.70-71。林怡蓉「台湾：なぜ非営利放送が求められるか」松浦さと子・小山帥人編『非営利放送とは何か：市民が創るメディア』ミネルヴァ書房、2008、pp.200-204。平塚千尋「多元社会・台湾における放送と市民」『立命館産業社会論集』第 45 巻第 1 号、2009、pp.117-127。

8)　公共電視台ホームページ https://info.pts.org.tw/intro/ab_mission.html（最終閲覧 2017/10/12）。2006 年には、中華テレビ、客家テレビ、先住民テレビなどとともに公共放送グループをつくっている。

9)　peopo 公民ニュース http://www.peopo.org/events/about/P1-1.htm（最終閲覧 2017/10/12）。

10)　M 教師への聞き取り（2016/1/14）。南港社区大学副校長・曹錫智氏への聞き取り（2015/3/18）。

11)　M 教師への聞き取り（2016/1/14）。

12)　『台北市南港社区大学 103 年度第 1 学期選課手冊』p.24。

13)　『台北市南港社区大学 103 年度第 2 学期選課手冊』p.23。

第**6**章

台北市原住民族部落大学の実態と役割

は じ め に

　台湾には、これまで見てきたような一般の社区大学のほかに、原住民族（先住民族の意）[1] の文化を学ぶことに特化した原住民族部落大学（旧：原住民部落社区大学）が存在する。これは 1990 年代の社区大学設置運動の精神を汲み、2000 年頃から、原住民の居住地区である部落 [2] がある県市を皮切りに設置が始まった学習機関である。台北市には、2004 年に台北市原住民族部落大学（設置当初の名称は、原住民部落社区大学）[3] が設置された。運営実態については、第 2 章 3.4 で述べた通りである。

　台湾の原住民は、日本植民地時代と蒋介石による国民党の独裁時代に漢族との同化政策が施され、民族がもつ固有の風習や言語などは否定された。また 1960 年代からの経済発展の際には、漢族を中心とする経済活動の影響を受け、部落から労働のために都市に出ていく原住民が相次いだことで、部落は解体の危機に直面するなど、さまざまな苦境を強いられてきた。しかし、戒厳令解除によって多様な価値観が認められるようになると、原住民としての尊厳を取り戻すための運動が活発になり、さらに、台湾ナショナリズム [4] の高まりにより、台湾の固有性としての原住民文化は、政治的にも社会的にも高く注目されるようになった。

　こうした社会背景のもと、原住民族部落大学は、社区大学設置運動の流れに乗り、原住民という立場から台湾の市民社会の構築を目指すものとして設置さ

れた。原住民族部落大学は原住民居住区の部落がある県市だけではなく、台北市などの都市部にも設置されるようになっており、2017年時点で台湾全土に15か所存在している[5]。

　台北市には、12か所の社区大学のほか、原住民族部落大学が1か所設置され、原住民族の文化を学ぶ講座を主に開講している。原住民族という台湾社会における少数者の文化を学ぶこのような社区大学は、社区大学が目指してきた市民社会の形成、すなわち市民主体の民主的な社会形成と、どのような関係にあるといえるのだろうか。

　この問いをもとに、本章では、台北市原住民族部落大学の実態を明らかにし、その台湾社会における役割を明らかにしていくこととする。そして、原住民族部落大学は、市民社会の形成とどのような関係にあるといえるのか考察していくこととする。

1.　台湾原住民の歴史的変遷

1.1　台湾原住民の概要と直面している問題

　台湾原住民の起源は、約7,000年前に台湾に渡り定住した華南や東南アジアの南島語族（マレーポリネシア語族）民族にあるといわれる[6]。現在、政府に認定されている原住民族は、アミ族、タイヤル族、パイワン族、ブヌン族、プユマ族、ルカイ族、ツオウ族、サイシャット族、ヤミ族、ショウ族、クバラン族、タロコ族、サキサヤ族、セデック族、ラールワ族、カナカナフ族の16族である。これらすべての民族の総人口は約54万人であり、台湾総人口（約2,300万人）のわずか2％程度である[7]。似ている部分がある民族もいるものの、基本的には、彼らは独自の文化と言語、生活習慣や伝統的な風習をもつ。原住民が昔から住む部落は、主に台湾東部と山岳地帯にある。

　台湾は17世紀以降、中国大陸から漢族の移住が進み、人口の大多数を漢族が占める社会となった。清朝期、山地に住んでいた原住民族は「山番、野番、生番」などと呼ばれ、日本植民地時代には「高砂族」、戦後の国民党政権下では「山地同胞（山胞）」と呼ばれ、漢族とは区別された。さらに日本統治時代

と国民党の独裁体制時期には、漢族との同化政策がとられたことで、伝統文化は断絶され、加えて、1960年以降の急速な経済発展にともない、資本主義経済を中心価値とした主流文化に飲み込まれ、原住民はこれまでの自給自足中心の生活から、徐々に都市と連結した生活を送るようになった。多くの原住民は、学業や仕事のため故郷を離れ都市に行き、都市において原住民部落のような集落を形成して生活をするようになった。これにより、原住民部落では青年人口の流出が相次ぎ、崩壊の危機に直面するようになるとともに、都市で暮らすようになった原住民も、近代的な知識と技術が欠如していることから、都市の底辺に吸収されていくこととなったという[8]。

　撒古流・巴瓦瓦隆は、こうした状況を、後に、次のように述べている。

　　1. 原住民部落には、生計を立てられる産業が欠如している。若者は都市に出て行くが、特に外国人労働者の移入後、生計が苦しくなっている。山地の農特産物であろうが平地の職であろうが、大部分は平地漢族に搾取されている。
　　2. 魚をあげるより釣り竿を与え、魚の釣り方を教える方がよい。しかし、現在の原住民族部落には、釣り竿もあり釣り方を知っていても、釣るべき魚がいない。
　　3. 部落内の中高年、老人は病院に行くのにも交通が不便である。都市に出た者はなかなか家に戻る機会がなく、一部は流動性の高い仕事の関係で、都市内を遊牧民のようにさまよっている。
　　4. 長年にわたる外来の教育は、原住民の子どもたちに母語を理解させないことに成功した。文化教育は差し迫って重要である。これまでの社会教育は、教会と行政の影響が強く、自主性を有してこなかった[9]。

　このように、原住民は長年にわたる同化政策と時代変遷のなかで、伝統文化や言語の喪失、部落の解体に直面した。都市に行ったとしても競争に淘汰され、劣悪な労働条件で働かなければならず、苦しい生活を強いられるという問題にさらされてきたのである。

1.2　民主化にともなう原住民運動の組織

　台湾社会に民主化の兆しが見え始め、世界各地でも先住民族の民族意識が高潮し、文化を尊重する重要性が叫ばれるようになっていた1980年代、台湾

原住民の現状にも変化が訪れた¹⁰⁾。台湾が民主化運動の最中にあった 1983 年
5月1日、台湾大学に通う原住民の学生3名が『高山青』という雑誌を発行し、
原住民の苦境を訴えた。創刊号を執筆したイバン・ユカン（タイヤル族）は
この雑誌の中で、「①高山族（高砂族と同義：筆者注）はまさに種族滅亡の危
機に直面している、②高山族の民族自覚運動を興そう」と呼びかけた。これ
は、台湾の原住民運動の始まりとされる。この声に、当時の国民党とは関係
をもたずに政治活動を行っていた「党外人士」と呼ばれる人びとの一部が反
応し、1984 年4月、『党外雑誌』の編集に関わっていた「党外編集作家聯誼会」
が、「少数民族委員会」を組織し、原住民の権益獲得に、漢人も協力して関わっ
ていくという姿勢を見せた¹¹⁾。そして同年 12 月、キリスト教長老教会の支援
を受け¹²⁾、同教会が経営する台北市の馬偕病院を拠点に、原住民の運動組織
である「台湾原住民権利促進会（以下、促進会）」を組織した。

　促進会は発足後すぐに、原住民の権利回復を求める「正名（名を正す：筆者
注）運動」を開始した。ここで、自分たちの呼称を「山胞」から「原住民」へ
と変更するよう求めたことで、メディア界、学術界、宗教界は率先して「原
住民」という呼称を使うようになり、その後、党外人士を中心にして 1986 年
に成立した民進党や、キリスト長老教会も正式に「原住民」という用語を用い
るようになった。しかし、政府と国民党はすぐには対応せず、戒厳令解除後の
1991 年の第1回国民大会改憲会議において、原住民の政治的権利を初めて中
華民国憲法内に記したものの、「平地山胞」と「山地同胞」の文字を憲法内に
明記し、「原住民」という用語を使うことはなかった。しかし、その後も「原
住民」との明記を求め続けたことで、1994 年、中華民国憲法内における「山
地同胞」という表記は、ついに「台湾原住民」に変更された¹³⁾。

　促進会は、このほかにも「汚名化」反対運動も行った。これは日本植民地時
代から伝わる「呉鳳神話」というものを打破する運動である。この神話は、清
朝期、漢族と阿里山のツオウ族の通訳を行っていた呉鳳という漢人が、「阿里
山番」と呼ばれた原住民族の首狩りの風習をやめさせるため、自ら首狩りの犠
牲になるという話である。これは日本植民地時代に、原住民族、つまり当時の
呼称である「蕃人」の野蛮な風習をやめさせるために、呉鳳は自ら犠牲となっ

たという「公のための犠牲」を強調するための、台湾総督府による作り話であるが、公学校（台湾人向けの小学校）と小学校（日本人向け）の教材に使用され、戦後の国民党政権下においても使用され続けていたものである。この神話は、原住民に対する蔑視を助長し、原住民には卑下の心理を植え付けるものと考えられてきた[14]。そのため、1987年9月9日、促進会と39の原住民族運動団体は、原住民族、漢族学生、長老会牧師など約200人を集めて、嘉義駅前に建てられた呉鳳銅像前で抗議行動を行い、呉鳳銅像の撤去、呉鳳教材の廃止、呉鳳郷の阿里山郷への改称などを求めた。運動は続き、翌年、呉鳳銅像を促進会のメンバーたちが自ら引き倒すと、教科書編纂を行っていた国立編訳館は、教科書から呉鳳神話を削除することを決定し、呉鳳郷も阿里山郷への改称を決定した[15]。

　こうした運動のほか、1988年には「台湾原住民族権利宣言」も提出した。この前文において「台湾原住民族は『炎帝と黄帝（中華民族の伝説上の祖先：筆者注)』の子孫ではない。原住民は南島語系（オーストロネシアン、マレーポリネシアン）に属し、自分を炎帝と黄帝の子孫であると思い、かつ漢族に属する閩南人と客家人、外省人とは異なる」ということと、「台湾原住民は台湾島の主人である」ということを宣言し、原住民族の権利として、生活基本権（生存権、就労権、土地権、財産権、教育権）と自決権、文化的アイデンティティの権利を主張し、民族自治の実現という最終目標を掲げた[16]。

　このように、原住民は、民主化の兆しが見え始めた1980年前後から大きく声を上げるようになり、尊厳と権利獲得のための運動を、自ら展開するようになったのである。

2.　原住民族部落大学のはじまり

2.1　原住民族教育体系の整備

　民主化にともなう台湾社会の変化と、原住民としてのアイデンティティの高揚からくる動きは、徐々に原住民族教育体制の整備をもたらしていった。第二次世界大戦後の台湾における原住民族教育政策は、台湾省教育庁による

「山地教育施設改善三年計画」（1949年）、「山地教育改進実施方案」（1951年）、「台湾省各県山地教育行政施設強化要点」（1952年）、および1968〜1980年の間に修正公布された「台湾省山地国民教育強化方法」などがあった。しかし、これらは原住民族の漢文化への同化融合を目的に、原住民の民族教育を一般教育体制内に融合するものであり、原住民族の文化的特色を考慮するものではなかった[17]。

　しかし、戒厳令解除後の1988年、上述のような原住民族運動の高まりを受けて、教育部内に「原住民（山胞）教育委員会」が成立し、原住民教育の発展方向と政策について定期的に討論されることとなった。そして1994年、教育部は「全国原住民教育会議」を開催し、原住民教育の今後の目標を、「原住民教育体制の構築、原住民教育の特色の発展、原住民教育の質の向上、多元文化の新たな時代への突入」と定めた。さらに、1991年末の第2次改憲時に、原住民族運動団体は、行政院に、原住民事務の専属機関の設置を要求していたことから、1996年12月、「行政院原住民族委員会（以下、行政院原民会)」が組織された[18]。

　1997年には「中華民国憲法」の条文増加修正が行われ、そこで「国家は民族の希望により、原住民の地位と政治参加を保障し、その文化教育、交通水利、医療衛生、土地経済および社会福祉事業の保障扶助および発展促進を行わなければならない」と規定し、原住民族の政治参加と文化の発展を法的に保障した。さらに同年、教育部は「中華民国原住民教育報告書」を提出し、原住民教育の発展政策と精神を明記し、翌年の1998年には、「原住民族教育法」を制定した。ここで、次のように示し、原住民族教育政策の法的基礎をつくった[19]。

　　　原住民は原住民族教育の主体であり、政府は多元、平等、尊重の精神をもとに、原住民族教育を促進しなければならない。原住民族教育は民族の尊厳を守り、民族の命脈を伸ばし、民族福祉を増進し、族群（エスニック）共栄の促進を目的としなければならない。

　これによって、小・中・高校においては、原住民教育クラスの設置や、ク

ラスに原住民学生が一定数いる場合、民族教育資源教室を設置すること、カリキュラムや教材には多元文化の観点を盛り込み、原住民各族の歴史文化を盛り込むこと、原住民族言語・文化・芸能の教育の際には、原住民族の長老や専門家を派遣することなどが開始された。また、社会教育行政の業務としては、原住民族の教育施設を設置し、言語文化や民族芸能教育、部落社区教育を実施することや、原住民族専門のメディア事業を運営すること、原住民族文化センターや博物館を設置することなどが規定された [20]。

　このように、戒厳令解除後、原住民から権利保障を求める運動があったことと、民主社会の構築に向けた新たな政治的な動きのなかで、多文化社会を実現するためにも原住民族に対する注目が集まったことで、原住民族の文化的特性を鑑みた教育体系の構築が促進されるようになったのである。

2.2　社区大学運動から部落大学の成立へ

　原住民族教育体系の構築が開始されたこの時期は、まさに社区大学設置運動が行われていた時期でもあった。1994 年 4 月 10 日の四一〇教育改革運動をきっかけに社区大学の設置に向けた動きが始まり、1998 年 9 月に、台北市に文山社区大学が設置された。この影響を受け、2000 年以降、原住民が多く住む県市を中心に、原住民族部落大学の設置に向けた動きが始まった。

　1980 年代から、原住民族の伝統文化を伝承するための私設教室として、「部落教室」を開いていた撒古流・巴瓦瓦隆 [21] は、2000 年に開かれた第 2 回社区大学全国大会の「社区大学と原住民」分科会において、「社区大学の理念は、私が推してきた『部落教室』ととても近い」としたうえで、「社区大学を一種の『組織』と見なすのがよいだろう。その目的は、人を動かすことであり、単なる補習教育ではない。それは人と人との社会関係を再建し、人と自然との倫理を再建し、原住民の伝統教育あるいは部落教室の精神に立ち返り、人を断裂のない完全なる人間へと変化させるものである」として、社区大学の精神に共鳴するものがあることを述べた [22]。また、洪輝祥は、第 3 回社区大学全国大会で、「部落大学建設の現代的意義」という文章において、以下のように述べた。

　各地の社区大学が標榜している「知識の解放」という内容を深く考えてみると、50年来台湾の教育が蓄積してきた巨大な知識産業は、まさに個人（あるいは集合）の真実である経験知識を否定してきたということに気がつく。知識を、個人（あるいは集合）の特殊経験から乖離した後、それを系統化、客観化、標準化し、道具的理性の冠をかぶせてきた。国家は道具的理性の大旗を翻し、山地の平地化政策を実施した。まさにこれは台湾原住民族の真実、独自性、そして漢族とは異なるという多元文化の否定である。社区大学が掲げている価値理念は、300年来ずっと植民統治されてきた原住民からすると、遅くやってきた正義である。さらに、教室や学校の壁を越え、人が自然環境の挑戦に直面することで生み出してきた、数々の知識の起源としての文化的知恵を根付かせること、これも原住民の知識構築の過程と合致する。かつて、撒古流はこう述べた。「原住民伝統社会において学校制度は必要ではない。なぜならあらゆる知識と技能は、すべて生活における学習と伝承のなかにあるからだ」と。つまり、社区大学がリードする教育改革、社会改革の精神は、台湾漢族の知識と土地の疎外現象に対して、深い覚醒効果をもたらすだろう[23]。

　そして洪は、部落大学の意義を「①族群主権の確立、②族群復興運動、③族群の平等・互恵・助け合いの体制化」とし、黄武雄らの社区大学構想の中に、原住民部落の今後の活路を見いだしたのである。

　さらに巴蘇亞・博伊哲努（浦忠成）も、「原住民の需要にあった社区大学の建設」という文章において、次のように述べている。

　　部落に戻り、社区大学を発展させる、これには過去、すでに原住民族の先覚者たちが具体的な構想を提出してきている。主な目的は、主流社会とは異なる教育体制を構築し、教育文化の自主と選択の権利を握り、原住民がその文化と風習のもとで学習し、および祖先の知識と芸能を伝承し、部落全体の復興運動を行うことである。

　そして、原住民族部落大学の機能として「①部落知識と学術が結合した教育を提供する、②参加のための学識と技能を学習する、③部落の知識エリートを動員する、④学術学習と実践を促進する、⑤部落の情報ネットワークの拠点となる」を挙げている[24]。

　さらに、次のように示し、自民族だけの利益を考える民族教育ではなく、台湾で生きるための開かれた民族教育を施していく必要を説いた。

　　　原住民社会が直面している問題として、各方面の人材育成がある。原住民族の伝統的な彫刻、織物の学習を奨励するが、原住民はその他の芸術人材を軽視してはいけない。母語教育を促進するが、外国語に精通する人材も養成しないといけない。（中略）原住民族部落大学は族群と部落への回帰を強調するが、それは内向的で閉じられたものとしてはならず、多元的で開放的なものにせねばならない。教師採用や講座内容、教育方法、業務評価、行政などの実務計画は、各地で次々に成立している社区大学から経験を学ぶとして、原住民族あるいは文史工作室、部落教室、およびブヌン部落部屋、ダカラン部落教室、ダナイ谷渓流生態保育など具体的な文化、産業振興、および各族の式典儀式、会所訓練などは、これと連携し、原住民社区大学の発展基礎とする[25]。

　このように、社区大学運動が主張した経験知識の強調、学習者主体の学習、社区の再建といった考えは、原住民族にも深い影響を与えたのであり、原住民族の知識人たちは、既存の民族教育を行う組織と社区大学を連結させ、開かれた民族教育を目指していくようになったのである。

　そして、台東県で2001年に南島社区大学発展協会が成立し、教育部と行政院原民会の協力のもと、10月に原住民族部落大学の先駆けである台東県南島社区大学を設置した。また、花蓮県では、教会の牧師がアミ族の伝統文化・言語の喪失、若者の都会進出による地域の疲弊を目の当たりにし、この状況を改善するには文化・言語伝承のための学習が必要であるという思いから、2000年に台湾原住民アミ族生涯学習教育協会を組織し、2002年2月に花蓮県原住民社区大学を設立した。ここから、原住民部落だけでなく、全土においても原住民族部落大学の設置が進み、2017年時点で15か所の部落大学が設置されている。このように、社区大学運動に感化され、原住民族部落大学の設置が始まったのである。

　台北市では、原住民族の都市生活への適応や就業能力の向上などを目的に、2004年に台北市原住民族事務委員会と台北市政府教育局によって、台北市原住民族部落大学が設置された。現在、原住民族に関わる多くの講座を開講して

おり、原住民族だけでなく、漢族も学んでいる。次節では、台北市原住民族部落大学の講座の実態から、原住民族部落大学が果たしている役割を考察していく。

3. 台北市原住民族部落大学の現状 ── プユマ族文化の講座を例に

筆者は 2014 年 9 月から 2015 年 8 月までの 2 学期間、台北市原住民族部落大学（以下、台北市部落大学）の講座「プユマ十字刺繍と生活文化」に参加した。この講座は、講座類型の 7 種類「原住民族語と文化」「芸術」「デジタル伝達」「産業」「家庭と社会教育」「健康と余暇」「国際原住民」のうち、「原住民族語と文化」に分類されている講座であり、プユマ族の文化全般を学習するものである。

教師はプユマ族の先生 3 名であり、Z 先生は歌とダンス、X 先生は工芸品、C 先生は十字刺繍を中心的に教えるという形で内容を分担していた。これらの内容のほかにも、講座のなかでプユマ族の料理を作ったり、作業のなかで簡単なプユマ語を学んだりする。Z 先生は X 先生、C 先生の小学校時代の担任教師である。Z 先生の幼少期の台湾は日本植民地下にあり、Z 先生は日本語で育ったため、プユマ語は母語とは言えない。そのためプユマ語を教えるのは、プユマ語を母語とする X 先生と C 先生である。Z 先生は、小学校の教師を退職した後、台北市原住民族委員会の原住民族専門委員を担った経験があり、その後、台北市部落大学で教えるようになった。2006 年から 2008 年の間、台北市部落大学の校長を務めた経験もある。X 先生と C 先生は、Z 先生に誘われて、講座で一緒にプユマ族の文化を教えるようになったという。

この講座の学習者は毎学期 13 名ほどおり、その中にはプユマ族はおらず、ほぼ漢族（筆者を含めて 2 人の外国人がいた）であった。X 先生によると、現在のように、台湾にはさまざまな種類の原住民族がいるということを大多数の人が知っているという状況は、かつての台湾ではなかったことであり、戦後期、都会に住む人びとは原住民の存在をよく知らず、第二次世界大戦以前に「蕃人」と呼ばれていたということくらいの知識しかなかったという。

そのため、「もっと原住民文化を知ってもらいたい」という思いを教師たちは共有している[26]。また、漢族の学習者は、原住民の文化や生活についてもっと知りたいという動機で受講してくるため、講座では、基本的な言語と伝統的な歌謡、文化を教えるほかにも、民族の祝祭日に、教師たちの出身部落で行われる儀式に学習者を連れて行き、実際にプユマ族の風習を体験させるなどしている。原住民族の部落での生活を体験させることで、教材からは得られない知識の習得と、より現実に近い原住民の暮らしについての理解を促しているといえる。

　当講座は1回3時間であり、前半は、学習者はプユマ族の十字刺繍や工芸品をX先生とC先生に教えてもらいながら仕上げていった。十字刺繍はプユマ族の伝統文化であり、プユマ族が儀式のときに着用する伝統服には必ず十字刺繍が施されている。伝統的に、プユマ族はすべて手で縫い上げ、特にプユマ族の女性は、幼い頃から刺繍方法を母親や長老に教えられており、最近は男性も学ぶという。学習者たちは、C先生から十字刺繍を教えてもらいながら、伝統服や檳榔袋（檳榔を入れる袋であり、伝統服の一部でもある）を作成していった。

　X先生は、伝統的なプユマ族の生活になくてはならない工芸品の作成を中心に教えていた。例えば、「lawas」という竹製の水筒は、昔、プユマ族が畑仕事や山に狩りに行く際に、水を入れて牛の首に掛けて運ぶものであった。また、「括弧」という楽器は、伝統歌謡を歌うときにリズムを刻むものであり、民族の祭りや儀式のときには欠かせないものである。学習者たちは、休日にみんなで材料となる竹や木を調達しに行き、それを材料にして講座で作品を作っていった。

　講座の最後の1時間は、Z先生が中心となり、プユマ族の歌やダンスを教えていた。Z先生はプユマ語を母語とはしないため、歌詞の意味や発音などの詳しい解説は、X先生とC先生が行っていた。Z先生によると、現在教えている原住民族の歌やダンスは、原住民族の教師たちが創作したものであるという。台湾原住民族の言語や音楽、文化には、互いに影響し合い、非常に似通っている部分がある。そのため、例えば、各民族独特の踊りを、その民族のみが

使ってよい踊りとし、それに台湾原住民族に共通する踊りを組み合わせて各原住民族の踊りを創作しているという。各原住民族の「問候歌（挨拶の歌）」と呼ばれるものも、各民族がもつ、独特の音楽の曲調と歌詞を軸にし、そこに原住民族が共通して使用している合いの手を組み合わせ、各原住民族の歌として教えている。こうすることで非原住民族にもわかりやすく、系統的に文化を教えることができるという利点があるという[27]。

　このような講座の様子から、台北市部落大学は、漢族が都会生活では決して知ることのできない原住民の儀式、工芸品、伝統歌謡などの文化を原住民の教師から学ぶことで、原住民への理解を深める場となっている。また、原住民族である教師からしても、自分たちの原住民族文化を、漢族を中心とした人びとに教えることで、その文化的価値が多くの人に認められていることを実感する場になっている。こうしたことから、台北市部落大学は、台湾社会の多様な文化を尊重する態度を生み出していく場として機能しているといえる。

　　ま　と　め

　本章で明らかになったことは以下の通りである。

　原住民族部落大学の設置は、社区大学運動の精神に共鳴した原住民の知識人たちによって、まずは原住民族が多く住む地域で促された。そして台北市という都市部でも、原住民族の就業、生活への適応などの問題が出ていたこともあり、これらの問題を解消し、原住民族が暮らしやすい社会をつくるために、原住民部落大学は必要であると判断され、設置された。社会の民主化を背景にした社区大学設置運動の盛り上がりのなかで、市民社会、民主社会の形成という社区大学の理念と、原住民族の権利保障や文化の尊重といった議題は、共鳴し合うものがあったといえる。

　台北市部落大学の講座は、一般の社区大学に共通する３課程ではなく、言語や芸術、産業など、原住民族独特の内容を中心に編成され、原住民族の特徴を学び、伝承し、考えていくことができるようなものが多い。また、学習者も漢族が半数以上を占めている。このことから、台北市部落大学は、主に漢族の原

住民族文化への理解を促す場であるといえ、社会の大多数が、少数派の文化を理解することを促す役割を果たしているといえる。

　ここから、原住民族部落大学は台湾社会における少数者といえる原住民族の文化を尊重し、大切にしていこうとする市民の態度を育成することを通じて、多様な文化を尊重する社会を形成していく役割を果たしているといえる。このことが、台湾社会の民主化への動きを豊かなものにしていると考えられるのである。

注
1)　台湾では彼らを尊重するために、「もともと住んでいた」という意味をもつ、「原住民族」という呼び方をしている。本書では、原住民族部落大学という名称を使用することもあり、台湾での表記をそのまま使用している。
2)　原住民族が住む社区のことを部落と呼ぶ。一般に community は社区と訳されるが、原住民族が住む社区は部落と訳される。
3)　2001 年以降、教育部は全国の社区大学に経費補助を行うようになっており、原住民族部落大学も、行政院原民会教文処の王瑞盈科長の促進により、「部落社区大学」の名義で、教育部から毎年 2,000 万元の経費を獲得することとなり、行政院原民会の経費 1,000 万元と合わせ、各地に部落大学の設置を奨励していった。当時の教育部は、「社区」という 2 文字がついている場合に限り、補助規定に合うとしていたため、現在使用される「原住民族部落大学」ではなく、「原住民社区大学」「原住民部落社区大学」という名称にすることで、設置のための補助金を獲得していった（雅柏甦詠・博伊哲怒「原住民族部落大学発展的機遇及挑戦：誰的部落？　什麽樣的大学？」珆済・伊斯坦大編『原住民族部落大学：政策与実務』行政院原住民族委員会、2012、p.4。林振春『社区学習』師大書苑、2008）。その後、「社区」と「部落」はともに community の中国語であることから、原住民族の社区を意味する部落のみを名称に使用することになった。
4)　「一つの中国」原則に対して、台湾には独自の主権国家が樹立されるべきであるという政治的言説と運動のことを指す。台湾には「中国人」とは異なるネイションとしての「台湾人」が存在しているとして、「台湾文化」の独自性を主張したり、形成しようとしたりする文化ナショナリズムもこれに付随するものである（若林正丈『台湾：変容し躊躇するアイデンティティ』筑摩書房、2008、pp.173-174）。
5)　2017 年現在、原住民部落大学は台北市、新北市、桃園市、高雄市、新竹県、苗栗県、台中市、南投県、嘉義県、屏東県、台東県、花蓮県、宜蘭県、基隆市、台南市の 15 県市に設置されている（https://www.apc.gov.tw/portal/docDetail.html?CID=05930CF23390CA3A

&DID=0C3331F0EBD318C255712C985BF1D3D4（最終閲覧 2018/7/13））。

6)　田哲益『台湾原住民社会運動』台湾書房、2010、p.38。

7)　2016 年 2 月末の調査によると、原住民族総数は 54 万 7,546 人であり、最も多いのは
アミ族 20 万 3,182 人、その次に多いのがパイワン族 9 万 7,537 人、最も少ないのはカナ
カナフ族 251 人である（原住民族委員会統計 http://www.apc.gov.tw/portal/docList.
html?CID=940F9579765AC6A0（最終閲覧 2016/3/31））。

8)　巴蘇亞・博伊哲努（浦忠成）「建立符合原住民需要的社区大学」『第 3 回社区大学全国研討
会』2001、p.121。

9)　撒古流・巴瓦瓦隆「以部落教師重建原住民和文化土壌的臍帯」『第 2 回社区大学全国研討会』
2000、p.60。

10)　国連人権委員会の下位機関である「差別防止・少数者保護小委員会」が、1982 年に先住
民族 NGO の参加を認める会議を開くことを決定し、1984 年には同小委員会が設置した「先
住民族作業部会」が「国連先住民族権利宣言草案」起草会議をスタートさせた（若林正丈『台
湾の政治：中華民国台湾化の戦後史』東京大学出版、2008、p.322）。

11)　夷将・拔路兒「台湾原住民族運動発展路線之初歩探討」『山海文化雙月刊』第 4 巻、
1994.5、p.25。

12)　キリスト教は台湾原住民族の最大の信仰である。約 21 万人の信者のうち、約 8 割が原住
民族であり、原住民族の 4 分の 1 の割合を占める（夷将・拔路兒「従『山胞』到『原住民』
的正名運動史」『台湾史料研究』5、1995.2、pp.116-117）。

13)　1997 年より正式に、「原住民族」という呼称になった。「原住民」との語は、異なる民族
の個人的身分の共通的自称であり、一方、「原住民族」は集合的、同一の意識形態をもつ原
住民を結合する概念であり、この 2 つの呼び方は、使い分けられている（同上、p.116）。

14)　上掲書 10) pp.325-326。

15)　上掲論文 11) p.28。このほか、本来、原住民族が居住していた土地の返還を求めて、
1988 年から「還我土地（我に土地を返せ）運動」も行った。

16)　上掲書 10) pp.321-332。

17)　周恵民「台湾社会変遷下的原住民族教育：政策的回顧与展望」黄樹民・章英華『台湾原
住民政策変遷与社会発展』中央研究院民族学研究所、2010、pp.261-263。

18)　上掲書 10) p.328。これまで、原住民の事務を担当する行政は、戦後は台湾省政府民政庁
第四科であり、1985 年 8 月に内政部「山胞工作会報」、1987 年 7 月から内政部民政司「山地
行政科」へと移行している。『台北市終身学習網通訊』第 37 期、台北市立図書館、2007.6、
p.61。

19)　「原住民族教育法」では一般教育と民族教育を分けている。一般教育は教育部の主管であ
り、「原住民学生の需要に応じて、原住民学生に対して施す一般的教育」と定義し、民族教
育は行政院原民会を主管機関に、「原住民の文化特性に応じて、原住民学生に施す伝統民族

文化教育」と定義した。しかし、近年においては教育部と原民会の職責分担が明確ではないことが問題となっている（上掲論文3）pp.5-6。上掲論文17））。

20)　上掲論文3）pp.9-10。

21)　パイワン族の芸術家であり、原住民族文化の衰退を目の当たりにし、1984年に原住民族伝統芸能を伝承するための「達瓦蘭古流工作室」を設置した。こうしたものは、部落にある教室ということで「部落教室」と呼ばれる。

22)　上掲論文9）p.61。

23)　洪輝祥「籌設部落大学的当代意義」『第3回社区大学全国研討会』2001、p.131。

24)　巴蘇亞・博伊哲努「建立符合原住民需要的社区大学」『第3回社区大学全国研討会』2001、pp.121-123。

25)　同上、p.123。

26)　X教師への聞き取り（2015/10/20）。

27)　Z教師への聞き取り（2015/12/26）。

終　章
研究の成果と残された課題

　本研究は、社区大学で学んでいる市民の実態に着目し、社区大学が台湾社会において、どのようなものとして位置づいているのかを明らかにすることを目的とした。そのために、第1章から第6章までにおいて、社区大学の理念と歴史、運営の特徴、学習者の学びの様子と意識変化のあり方、および社区大学の特殊な形態である原住民族部落大学の役割を分析してきた。

　終章では、社区大学の設置過程と運営の特徴を検討することで明らかになったことをまとめるとともに、学術課程、生活芸能課程、社団活動課程の学習者の学びの実態と意識変化の特徴について整理する。また、原住民族部落大学が果たしている役割もあわせてまとめる。これらを通じて、市民は社区大学をどのように活用し、自らの生活基盤をつくり出しているのかを明らかにし、このことから、社区大学は台湾社会においてどのようなものとして位置づいているのかを考察する。そして最後に、社区大学での市民の学びは、市民社会の形成とどのような関係にあるのかについて、考察していくこととする。

1.　研究で明らかになったこと

1.1　社区大学の設置過程について
　社区大学の歴史と理念を明らかにするなかで、社会運動を背景にもつ社区大学が、地方政府の政策として設置されていくようになった理由、しかも、黄武雄の構想では社区大学は成人の大学とされたにもかかわらず、初めて台北市で設置されるとき、なぜ生涯学習機関とされたのか、そして法的にも生涯学習

機関になったのかという点を明らかにした。

　まず、社区大学が運動から政策となり、設置に至る過程は、次のようである。社区大学は、1994 年 4 月 10 日に開始された四一〇教育改革運動を主導した黄武雄を中心に、社会改革を志向する教育改革者たちによって、1997 年末頃から設置運動が開始された。教育改革者たちは、戦後長らく政権を執ってきた国民党ではなく、反対党である民進党が民衆から支持を得ていくという当時の大きな政治変動をうまく利用して、社区大学の設置を進めていこうとした。そのため、こうした教育改革者たちの動きに、民進党員が首長となっていた地方政府が反応していき、なかでも教育改革者たちの活動拠点であり、民進党の陳水扁が市長であった台北市が、最も早く社区大学の設置業務を開始した。

　国民党政権の当時において、台北市が新たな学習機関として構想された社区大学の設置を進めたことは、中央政府に対する教育改革圧力であったと考えられてきたが、当時の台北市の社会教育・生涯学習政策の状況を見ると、異なる解釈が可能となる。当時、台北市は人びとの生涯にわたる学びを保障し、生涯学習社会を形成していくために、教育部が計画した社区学院と台北市放送大学の設置に取り組んでいたが、これらが順調に進んでいなかった。これにより、予算が大きく余ることもあり、ちょうど教育改革者たちから設置の打診があった社区大学を、新しい教育・学習機関として設置してみることにしたという事情があった。このように、運動から開始された社区大学は、民進党議員が首長になっていた地方政府に設置をかけ合い、そして首長がそれをそれぞれの事情から支持したことによって、地方政府の政策として設置が進んでいくことになったといえる。

　また、黄武雄の構想では、社区大学は成人のための大学であり、学位を授与するものとされていた。しかし、台北市で初めて社区大学が設置されるとき、それは生涯学習政策の一環として、学位授与をしない生涯学習機関として設置された。ここには、まず、地方政府である台北市には高等教育科がないため、成人の学習に関する業務を担う社会教育科が設置業務を担ったということがある。けれども、さらに重要なのは、社区大学を高等教育機関として設置したくても、その形態が大学と異なるために大学として扱えず、ひいては学位授与

ができる機関として扱うことができないという法規的な問題があったこと、また、生涯学習社会の建設が始まり、台北市には市民の多様な学習を促すために、むしろ社区大学を学位授与を行わない生涯学習機関とすることによって、柔軟性をもった多様な学習活動を展開する機関としていくという考えがあったことがある。そのため、台北市は社区大学を生涯学習政策の一環とし、多種多様な生涯学習講座を提供することで、市民の公共への参加能力を育てることを目的とする生涯学習機関として設置を開始した。ここから、社区大学は大学ではなく、生涯学習機関として扱われていくことになった。

　しかも、ここにおいて社区大学は、市民に多様な生涯学習講座を提供することを通じて、教育改革者たちが目指した公共政策に関与する市民の育成と、それを通じた市民社会の構築という理念を実現していくといった、新たな方向性が示されたのである。つまり台北市政府は、市民に大学教育ではなく、生涯学習の機会を提供することを通じて、市民の多様な文化教養学習を促し、社会改革を行っていくものとして社区大学をおくことで、生涯学習と社区大学の設置理念との整合性を図ったといえる。こうした台北市の行政的措置に対して、教育改革者側は、法規問題は簡単に解決できないと理解しており、また、構想でしかない社区大学をまずは現実に存在するものとすることが重要であると考えていたこともあり、受け入れたのである。

　法的根拠に関しては、教育改革者たちは社区大学を高等教育法規への規定を目指していたが、これは難しく、学位授与を行うかたちでの法制化はできなかった。しかし当時、1998 年 3 月に教育部から白書『学習社会に向けて』が公刊されて以降、学習機会を提供し、人びとの生涯にわたる学習を奨励する生涯学習社会の構築に向けた動きが加速しており、教育部は生涯学習法の制定に向けて動いていた。こうしたなか、行政院は、全土に急速に普及した社区大学のさらなる発展のために、社区大学に法的根拠を与えることを提案した。そして 2002 年、社区大学の条文を含んだ生涯学習法を制定した。これによって社区大学は、法的にも正式に生涯学習機関となった。

　このようにして運動を背景にもつ社区大学は、地方政府が設置する生涯学習機関となり、しかも、市民に文化教養学習の機会を提供し、市民の多様な学習

を促していくことを通じて、社会改革を行っていくものという新たな方向性の
もと、設置が進んだのである。

1.2　台北市社区大学の運営のあり方の特徴

　これまで社区大学は、社会改革型と生涯学習型の2つの類型に分かれている
と言われてきた。社会改革型社区大学は、社会改革志向の強い民間団体によっ
て運営されている社区大学に多い類型であり、教育改革者たちの理想をもと
に、社会改革に直接つながるよう、学術課程や社団活動課程における公共的な
学びと実践に重きをおいてきた。また、生涯学習型社区大学は、宗教系や教育
文化系の民間団体によって運営されている社区大学に多い類型であり、市民の
多様な文化教養学習を展開しているものである。しかし、2002年の生涯学習法
制定以後、社会改革型社区大学でも、市民の文化教養学習を奨励するようになっ
ていたり、また近年、生涯学習型社区大学でも、市民の公共活動が生まれてい
る現状において、社会改革の理念を強調するようになっていたりするため、現
在、社区大学をこの2類型に明確に区分けすることは難しくなっている。

　実際に台北市を例に、社会改革型の代表といえる文山社区大学と、生涯学習
型の代表といえる士林社区大学、南港社区大学の運営のあり方をみていくと、
社会改革型の文山社区大学では、社会改革に直結する学術学習を重視し、公共
活動に学習者を誘導しながらも、学術課程には自己実現を要素に含む講座が作
られていたり、学習者が参加しやすいように、イベント的な公共活動も展開し
たりするようになっている。ここには、行政が公共活動を奨励し、また文山社
区大学も社会改革型社区大学であるために理念を重視しているが、実際に市民
は理念的な動きをしないために、学習者の参加を促すための手法を取らざるを
得ないということがある。

　また、生涯学習型社区大学である士林社区大学と南港社区大学は、市民は
興味のないことには参加してこないということ、また、人びとの興味や学習動
機は多様であるということを前提に、まずは市民に自由に学習を展開させるた
め、学習者の需要に合わせた講座を中心に設計している。そのため、多くの講
座は生活芸能的な性質をもつものとなっている。そして、そのような生活芸能

的な講座から社団が組織されていっており、活動を労ったり、社団同士や社区組織との交流を重ねたりしていくうちに、徐々に学習者による公共活動が展開されていくようにもなっているという実態がある。こうした現状からは、生活芸能課程のような趣味講座の方が、学習者の自発的な動きを生み出していきやすいという現状があることがわかる。

　ここから、社区大学の運営の特徴としては、社会改革型は学術課程、生涯学習型は生活芸能課程というように、重点のおき所が異なってはいるものの、社会改革型でも自己充実を要素にもつ文化教養学習を開設していくようになっており、生涯学習型でも公共課題学習を展開していくようになっているというように、この2類型は、生涯学習という実践において収斂していくようなかたちになっているといえる。これまでの先行研究において、社区大学を社会改革型か生涯学習型かというように二項対立的に見てきたために、社区大学は、理念に沿ったものか、理念から逸脱したものかといった観点から論じられるようになっていたという面があるといえる。しかし、現実の社区大学は、市民の利用によって類型の融合が進むようなかたちで運営されていっているといえ、しかもこれによって、市民の公共活動の間口が広がっていくようになっていると考えられるのである。

1.3　市民の社区大学における学習実態と意識の変化

　本研究はさらに、学術課程、生活芸能課程、社団活動課程で学ぶ学習者の参与観察と聞き取りによって、社区大学における市民の学びの実態を明らかにした。学術課程、生活芸能課程、社団活動課程それぞれで学ぶ学習者の意識の変化について、以下のようにいえる。

　学術課程で学ぶ学習者は、批判的思考の獲得や、社会改革という理念への共鳴ではなく、これまで受けてきた学校教育や、これまでの生活で触れることがなかったことに対する興味から受講するようになった。そこで新たな知識を得て、新しくなっていく自己を感じられることをうれしく思い、リフレッシュし、これによってさらに学びたいと思うようになり、そして実際に学んでいくことで社会の多様性に気がつき、社会に対するイメージを変えていった。

そして、このような気づきをもたらしてくれる自由な学びの場の大切さを実感していくようにもなっていた。筆者による学術課程の参与観察と学習者へのインタビューからは、学術課程での学習が、何らかの社会的な実践へとつながっていっている様子はなく、教育改革者たちが目指したような社会改革へと直結している様子は見られなかった。しかし、社会改革を求めて受講を始めたわけではない学習者が、自己を充実し、自己の変化に驚くとともにそれを喜びとして感じることを通じて、社会の見方をも変え、社会に対する意識を変化させていっていることは確認できた。

　また、生活芸能の茶道講座では、学習者は仕事や日常のストレス解消といった、社会的な問題を背景にした動機からお茶に興味をもち、茶道講座を受講するようになった。そしてそこで友達をつくり、お茶の専門知識を学んでいくことによって、良好な人間関係の構築や学びを深めていくことだけではなく、自己の変化を感じられることをうれしく思い、その変化を喜び、さらにこの学びの過程で他者に影響を与えていることを感じていくことで、自己が社会の中に位置づいていることを感じていっていた。これによって、自分の身近な社会のことをも意識し、大切にしていこうとするようになっていた。こうした学習者の実態からは、生活芸能課程では、教育改革者たちが目指した生活の質の向上のみならず、身近な社会に対する意識をも育てることになっているといえ、むしろ、生活芸能という自己の生活に深く関わっているものだからこそ、学習者はそれに関わる社会、公共といったことをも我が事として意識していきやすいということがあるのだといえる。そして、この講座で学べる時間を大切に思い、受講できることの幸せを感じており、これが自由な学びを可能にしている社会の自由さなどを感受することへとつながっていっている。

　そして、社団活動課程で学ぶ学習者は、社団が実践する公共活動への賛同ではなく、これまで自分が使えなかった技術の習得と向上を求めて社団に参加するようになった。そして、そこで利害関係のない良好な人間関係を構築し、新しい技術を習得し、視野を拡大していく自己を感じられることに喜びを感じ、また他者との関係のなかで、承認欲求が満たされていくことで、これまで意識していなかった身近な社会をも意識し、接していくようになり、さらにそれが

楽しいので、もっと社会に接していきたいという思いをもつようになっていた。筆者が見た限りでは、こうした社団活動課程での学習は、教育改革者が想定したように、学術課程の理論学習につながっていくということは見られず、さらに学習者は社会に対する意識を高めてはいるものの、教育改革者たちが目指したような公共政策への関与へとはつながってはいなかった。だが、公共実践を求めて学び始めたわけではない学習者が、自己の充実と、自己が変化していくことの喜びを感じていくとともに、他者との関係のなかで、自分が周囲から必要とされていることのうれしさを感じていくことを経て、公共へと意識を拡大していっていることは確認できた。そして、このように自由に学べることのありがたさを思うようになっていた。

　こうした３課程の学習者の意識からは、学習者は、どの類型の社区大学であろうとも、また、どの課程で学んでいようとも、その受講動機には自己充実という欲求があることがわかる。しかも、その自己充実という欲求は、これまで学習者がおかれてきた人間関係や社会関係を反映した、きわめて社会的なものであるといえる。そして、この自己充実という欲求は、社区大学で学ぶ過程で実現されていくが、それだけでなく、それが自己変革や自他の変容へと展開していき、そのことを自ら意識化し、うれしいと感じていくことによって、結果、意識が公共へと開かれていき、社会に対する意識をも高めていくことにつながっているのである。

　つまり、学習者はどの課程で学んでいたとしても、学びの中で自己の生活世界を広げているのであり、変化していく自己と、充実していく自己の生活を大切に思うようになり、そして、こうした豊かな生活を実現できる社区大学の存在をありがたく思い、またこうした学びを可能にしている社会の豊かさを大切にしたいと思うようになっているといえるのである。

　ここまで述べてきたそれぞれの社区大学の教育内容の特徴と、特色ある課程での学習者の学びの特徴、そして、どの課程の学習者にも共通していることを示すと、表９のように表すことができる。

表9　各社区大学、学習者の学びの特徴と共通点

	文山社区大学	士林社区大学	南港社区大学
教育内容の特徴	・設置理念を背景に学術講座の開設を重視。 ・学術講座にも自己充実の要素を入れる。 ・社団活動での公共活動の義務づけ。 ・生活芸能講座に公共的な内容を導入。 ・公共活動のイベント的実施と学習者誘導。	・多様な学習者の動機・興味を背景に生活芸能講座の開設を重視。 ・学習者が組織した社団間の交流促進と公共活動の労い。 ・公共活動のイベント的実施。	・多様な学習者の動機・興味を背景に生活芸能講座の開設を重視。 ・公共活動のイベント的実施と、社区組織と連携した活動の実施。 ・社団の活動場所の拡大を促進。
課程的な特徴	学術課程（第3章）	生活芸能課程（第4章）	社団活動課程（第5章）
学習者の学びの特徴	・学習動機は社会改革への共鳴ではなく、学習内容への個人的関心。 ・社会の多様性に気がつき、社会の見方・イメージを変化させていく。 ・学びは公共実践へとはつながっていない。	・学習動機は主に日常生活・仕事のストレス解消。 ・趣味を通じて自己と社会との接点に気がつき、身近な公共課題にも関心を持つようになる。	・学習動機は公共活動への参加ではなく、趣味の追求。 ・学びの過程で承認欲求が満たされ、社会にも目が向く。 ・直接、公共政策や行政施策に関与していくことはない。
学習者の共通点	・自己充実、視野の拡大、新たな知識と人間関係・社会関係の獲得を通じて、自己の変化を意識化する。この変化を喜びに感じる。 ・自己を社会の中に位置づけ、身近な社会のことをも意識するようになる。 ・自己の生活を大切に思うようになり、より豊かなものへと創っていこうとする。 →これらを通じ、楽しい自由な学びを可能にする、自由で民主的な社会の大切さを思っていく。		

出典：筆者作成。

1.4 原住民族部落大学が果たしている役割

　さらに本研究では、社区大学の特殊な形態として、原住民族の文化学習に特化した原住民族部落大学の実態も明らかにした。原住民族部落大学は、社区大学運動の精神に共鳴した原住民の知識人らによって、まずは原住民族地区を中心に設置が進み、その後、都市部に住む原住民族の教育保障や就業支援の必要から、台北市では2004年に設置された。ここでは、原住民族という台湾社会の中の少数者である文化を、主に漢族という社会の多数者が楽しく学び、理解していくことで、自己とは異なる文化を尊重することの重要性や、相互理解の大切さを学ぶ場所になっている。

　つまり、原住民族部落大学は、原住民族文化という、多様な文化を楽しく学ぶ場であり、多文化尊重の意識を育てる場であり、そしてこのような多様な文化が根付く台湾社会を大切に思う市民を育てていくことになっているといえる。このことから、原住民族部落大学のような社区大学は、台湾社会の民主化への動きをより豊かなものにしていると考えられるのである。

2. 社区大学の社会的な位置づけ

　以上から、市民は社区大学を自己充実のために学ぶ場として活用し、ここで新たな人間関係や社会関係を結んでいくことで、生活への思いを強めていき、自分の日常生活を、より豊穣なものへと絶えず構築していっているといえる。このことから、社区大学は、市民が自由に楽しく学ぶことで自己を充実させ、生活に対して豊かな意識をつくり上げていき、生活をより良いものへとつくり直していくための拠点になっているといえる。

　こうした社区大学での学びは、教育改革者たちが目指したような、積極的に政治に関与していくような自覚的市民を育成し、社会改革をしていくことには直結していない。しかし、市民によって社区大学が生涯学習の場として活用され、自由で楽しい学びをしていくことによって、結果として、市民は社会を大切に思う気持ちを強め、公共の方へと意識を向けることになっているのである。

このことから、社区大学は、むしろ市民が楽しい自由な学びを展開する生涯学習の場となったことによって、社会の基盤となる市民の豊かな生活をつくり上げ、そして自らの生活をつくっていくことのできる自由な社会のあり方を大切に思う気持ちを醸成するというかたちで、民主的な社会基盤をつくる拠点として、台湾社会に位置づくようになっているといえる。

3. 教育改革者たちが求めた市民社会と
　社区大学での市民の学びとの関係

社区大学におけるこうした市民の学びの実態は、教育改革者たちの目的とどのような関係にあるといえるだろうか。教育改革者は、批判的思考能力をもつ市民が公共政策に関与し、行政施策にも影響を与えていくことによって市民社会を構築していくことを目指した。しかし、実際の社区大学では、市民たちは自己充実のための趣味的な学びを基礎にして、心地よい人間関係の構築や、生活の豊穣性を生み出していくことによって、新たな社会関係をつくり出していっている。しかも、市民は、このように自ら豊かな生活を生み出すことのできる自由な社会のあり方や、それを可能にする社会や政治のあり方を大切なものだとも思うようになっている。つまりこれは、もしこの自由が破壊されるようなことがあれば守っていこうというような感覚をももち合わせていくようになっていることだといえる。こうした営みは、教育改革者たちが主張した市民社会のあり方に対して、実際の市民の存在に定礎された、市民の生活レベルの実感とは切り離すことができない市民社会のあり方を実現しようとするものといえるのではないだろうか。

本来、黄武雄ら教育改革者たちが社区大学設置運動を始めた目的は、市民が社会をつくる主人公となり、そしてそれを担っていくようになることを促すためであったことを考えると、社区大学を通じて、市民の生活のあり方に近いかたちでつくられていっている民主的な社会基盤こそ、教育改革者たちが求めた本当の社会であったともいえるのではないだろうか。このような視点から社区大学を見ると、社区大学は、市民が自由な学びを展開する生涯学習施設として

活用していくことによって、自己充実のための生活芸能的な学習という迂回路を設けながら、本来の理念を実現していっていると考えられるのである。

　このような社区大学のあり方から、台湾社会の民主化や市民社会の構築のあり方として、真正面から社会改革を取り上げ、運動を進めていくよりも、市民の日常生活の営みのなかから、その必要に基づくかたちで実践を組織し、それが自らの生活を豊かにしていき、さらに、そうした豊かさを生み出していくことを可能にしている社会や政治の大切さを思う気持ちを醸成するというかたちで、市民自身が社会への関心を高めていくという筋道がとらえられるといえる。このように、市民自身が自らの生活を大切に思い、民主的な社会があることの大切さを思うということが、市民社会の基盤をつくりだすことになっていると考えられるのである。

4. 残された課題

　本研究の残された課題は以下の通りである。

　本研究では、市民が社区大学での学びを通して自己を充実させていくことで、社会への関心を高めていく様子をとらえることができた。今後、市民のこうした社会を大切に思う気持ちや、日常生活レベルからの要求によって生まれた社会的な実践から、新たな市民社会形成の論理を構築していくことが課題として残されている。

　さらに本研究は、台北市の社区大学に着目し、そこでの市民の学びの実態を明らかにしたが、台北市以外の地域に設置されている社区大学での学びの実態には触れていない。本研究は、台北市という台湾北部において最も都市化された地域の社区大学を対象にしたのみである。台湾全土に目を向けてみると、台湾南部には閩南系[1]の住民が多く住み、文化・風習のみならず、政治意識においても北部と大きな差異がある。また、社区大学の設置場所も、台北市では小・中・高校の校舎内であるのに対し、南部では社区の活動センターやお寺など、その地域にある拠点を複数活用し、それを1つの社区大学としている場合があり、それによって、市民の社区大学に対するイメージや活用の仕方、社区

大学と社区との距離感は、台北市と異なっているといえる。そのため、今後、北部の大都市である台北市だけでなく、南部、農村部、先住民族地区などにおける社区大学の実態と、学習者の学びのあり方に注目することが課題として残されている。この課題に迫ることで、社区大学の台湾社会における位置づけと、市民による社会形成のあり方を、より多角的に検討していくことができるものと思われる。

注

1) 台湾の民族構成は、四大「族群（エスニックグループ）」と呼ばれ、福建省にルーツをもち、人口の7割以上を占める閩南人、漢族の一支族である客家人、戦後中国大陸から来た中国人である外省人、原住民族の4種類に分けられている。台湾北部には外省人が多く、南部には閩南人が多いという民族分布になっている。

参考文献一覧

日本語著書・論文

〈著書〉

伊藤潔『台湾：四百年の歴史と展望』中公新書、2008（初版1993）。

岩崎育夫『アジアと市民社会：国家と社会の政治力学』アジア経済研究所、1998。

植村邦彦『市民社会とは何か：基本概念の系譜』平凡社、2010。

王静『現代中国茶文化考』思文閣、2017。

菅野敦志『台湾の国家と文化：「脱日本化」・「中国化」・「本土化」』勁草書房、2011。

西川潤・蕭新煌編『東アジアの市民社会と民主化：日本、台湾、韓国にみる』明石書店、2007。

西川潤・蕭新煌編『東アジアの社会運動と民主化』明石書店、2007。

星純子『現代台湾コミュニティ運動の地域社会学：高雄県美濃鎮における社会運動、民主化、社区総体営造』御茶の水書房、2013。

星野智『市民社会の系譜学』晃洋書房、2009。

牧野篤『主体は形成されたか：教育学の枠組みをめぐって』大学教育出版、1999。

牧野篤『認められたい欲望と過剰な自分語り：そして居合わせた他者・過去とともにある私へ』東京大学出版会、2011。

松浦さと子・小山帥人編『非営利放送とは何か：市民が創るメディア』ミネルヴァ書房、2008。

松永正義『台湾を考えるむずかしさ』研文出版、2008。

溝口雄三『方法としての中国』東京大学出版会、1989。

山口定『市民社会論：歴史的遺産と新展開』有斐閣、2004。

ユルゲン・ハーバーマス著、細谷貞雄・山田正行訳『公共性の構造転換（第2版）：市民社会の一カテゴリーについての探究』未来社、2006。

吉田傑俊『市民社会論：その理論と歴史』大月書店、2005。

林怡蓉『台湾社会における放送制度：デリベラティヴ・デモクラシーとマスメディアの規範理論の新たな地平』晃洋書房、2013。

若林正丈『台湾：変容し躊躇するアイデンティティ』筑摩書房、2008。

若林正丈『台湾の政治：中華民国台湾化の戦後史』東京大学出版会、2008。

〈論文〉

王美璇「台湾における社区大学の理念と展開：市民意識啓発の観点から」東京大学大学院教育学研究科修士論文、未出版、2009。

佐藤幸人「地域研究としての台湾経済研究」『日本台湾学会報』第1号、1998、pp.9-16。

菅野敦志「『支配―被支配』から『台湾人の主体性』へ：日本における台湾教育史の回顧と展望（研究ノート）」『名桜大学総合研究』25、2016、pp.77-86。

平塚千尋「多元社会・台湾における放送と市民」『立命館産業社会論集』第 45 巻第 1 号、2009、pp.117-127。

松田康博「台湾政治研究はどこから来て、どこへ向かうか？：これまでの 10 年、これからの 10 年」『日本台湾学会報』第 11 号、2009.5、pp.27-44。

山口香苗「台湾における初期社区大学の実態：台北市文山社区大学の成立時期を中心に」『アジア教育』第 9 巻、2015、pp.65-79。

山口香苗「台北市における社区大学の実態：士林社区大学からみる『公民社会』形成のアプローチ方法」『東京大学教育学研究科紀要』第 55 巻、2016、pp.161-171。

山口香苗「台湾における『社区大学全国促進会』の役割：社区大学法制化と公共課題解決プロジェクトの実行を中心に」『社会教育研究』第 52 号 2 巻、日本社会教育学会、2016.9、pp.25-35。

山口香苗「台湾の社区大学における『公民社会』へのアプローチ方法：台北市文山社区大学を例に」『日本公民館学会年報』第 13 号、日本公民館学会、2016.11、pp.56-66。

楊武勲「台湾における社区大学の位置づけと課題：生涯学習と大学開放の新しい試み」『東アジア社会教育研究』6、東京・沖縄・東アジア社会教育研究会、2001、pp.44-58。

楊武勲「台湾の社区大学の現状と課題に関する考察」『早稲田大学教育学部学術研究（教育・社会教育学編）』第 51 号、2003.2、pp.67-80。

楊武勲「大学改革下の大学開放の研究：日本・台湾の比較を含めて」早稲田大学博士学位論文、未出版、2004。

楊碧雲「台北市社区大学の設立とその発展・評価」『東アジア社会教育研究』11、東京・沖縄・東アジア社会教育研究会、2006、pp.55-74。

楊碧雲「台湾社区大学の発展と市民社会の建設：10 年の道程と将来」『東アジア社会教育研究』13、東京・沖縄・東アジア社会教育研究会、2008、pp.146-159。

楊碧雲「台湾における自治体が果たす社区大学の推進と役割：台北市」『東アジア社会教育研究』15、東京・沖縄・東アジア社会教育研究会、2010、pp.206-218。

楊碧雲「台北市における学習都市構想の意義と実践」『東アジア社会教育研究』18、東京・沖縄・東アジア社会教育研究会、2013、pp.152-166。

楊碧雲「台北市社区大学と社区学習体系の構築」『東アジア社会教育研究』19、東京・沖縄・東アジア社会教育研究会、2014、pp.161-172。

葉淑幸「紹介　中華民国の社会教育法」『社会教育研究年報』3、名古屋大学教育学部社会教育研究室、1981.11、pp.113-123。

中国語著書・論文

〈著書〉

蔡宏進『社区原理』三民書局、1985。

曹旭正『新社会・新文化・新「人」：台湾的社区営造』遠足文化、2013。

琺済・伊斯坦大編『原住民族部落大学政策与実務』行政院原住民族委員会、2012。

顧忠華『社大文庫 005　解読社会力：台湾的学習社会与公民社会』左岸文化、2005。

顧忠華『公民社会・苗壮』開学文化、2012。

黄武雄『黒眼珠的困惑』人本教育文教基金会出版部、1995。

黄武雄『台湾教育的重建：面対当前教育的結構性問題』遠流、1996。

黄武雄『社大文庫 001　学校在窗外』左岸文化、2003。

黄武雄『社大文庫 002　童年与解放衍本』左岸文化、2004。

黄武雄等著、顧忠華編『成人的夏山：社区大学文献選輯』左岸文化、2004。

李建興『教育新境界』師大書苑、2010。

李丁讃編『公共領域在台湾：困境与契機』桂冠、2004。

林清江『教育的未来導向』台湾書店、1994。

林振春『社区学習』師大書苑、2008。

林振春『社会教育専論』師大書苑、2011。

孫邦正『教育概論』台湾商務印書館、初版 1964。

台湾師範大学社会教育学系・中華民国社区教育学会編『社会教育概論』師大書苑、2011。

田哲益『台湾原住民社会運動』台湾書房、2010。

呉仁華『台湾光復初期教育転型研究（1945 ～ 1949)』福建教育出版社、2008。

蕭新煌・顧忠華編『台湾社会運動再出発』巨流、2010。

薛暁華『台湾民間教育改革運動：国家与社会的分析』前衛、1996。

楊碧雲編『台北市社区大学十年回顧与前瞻』台北市政府教育局、2008。

楊碧雲、蔡傳暉、李鴻瓊編『台北市社区大学教学理念与実務運作（一）』台北市政府教育局、2000。

楊碧雲、蔡傳暉、李鴻瓊編『台北市社区大学教学理念与実務運作（二)』台北市政府教育局、2000。

楊国賜編『各国終身教育政策評析』師大書苑、2015。

王宏仁編『跨戒：流動与堅持的台湾社会』群学出版、2008。

張徳永『社区大学：理論与実践』師大書苑、2001。

張茂桂『社会運動与政治転化』国家政策研究資料中心、1989。

鄭同僚、顧忠華等『社区大学与台湾社会』社区大学全国促進会、2001。

鄭正来『国家与市民社会：一種社会理論的研究路径』中央編訳出版、1999。

〈論文〉

蔡秀美「由全球公民与在地化観点論社区大学的推展策略」『成人及終身教育』36、2011.9、pp.21-27。

蔡月裡「黄武雄人本教育論述之研究」政治大学修士学位論文、未出版、2002。

陳翠娥「社区大学建構公民意識之研究：以台北市四所社区大学為例」政治大学修士学位論文、未出版、2000。

陳定銘「台湾社区大学之研究：公民社会建構与終身学習政策的実践」政治大学博士学位論文、未出版、2002。

陳其南「社区総体営造的意義」『水沙連』2、1995.10、pp.8-12。

陳淑敏「全球化脈絡下成人公民身分之研究：以宜蘭、信義和永和社区大学課程内容分析為例」台湾師範大学博士学位論文、未出版、2006。

甘陽「『民間社会』概念批判」『中国論壇』第 13 期 32 巻 2、1991.11、pp.66-73。

郭怡立「台北市社区大学績效評估之研究」台湾師範大学博士学位論文、未出版、2010。

黄富順「邁向学習社会的新里程：終身学習法的研訂、内容及特色」『成人教育』第 68 期、2002、pp.2-12。

黄富順「台湾地区社区大学的発展与省思」『教育資料集刊』27、2002.12、pp.29-42。

黄富順「与部長有約：成人及終身教育五大議題的対話」『成人及終身教育』27、2010、pp.41-49。

黄富順ら研究グループ「制訂終身教育法可行性之研究」『成人教育』第 48 期、1999.3、pp.2-8。

黄武雄「社区大学的社会定位：発展公民社会」『教育研究月刊』92、2001.12、pp.77-89。

黄玉湘「我国社区大学学員学習動機与学習満意度之研究」中正大学修士学位論文、未出版、2002。

黄昭誌「社区大学成人教師専業素養指標建構之研究」中正大学修士学位論文、未出版、2006。

江明修・陳定銘「非営利組織与公民社会之建構：以社区大学運動為例」『中大社会文化学報』2001、pp.15-34。

江綺雯「終身学習法」『終身学習』37、2002.12、pp.53-58。

柯正峰「教育奇蹟：社区大学」『社教雙月刊』101、2001.2、pp.37-39。

李丁讚「従社区総体営建邁向社区大学」『竹塹文献』7、1998.4、pp.8-10。

李瑋婷「社区教育与社区営造如何共構？：以台南社区大学台江分校為例」屏東教育大学修士学位論文、未出版、2013。

梁恩嘉「我国社区大学主管人員経営管理能力指標建構之研究」中正大学博士学位論文、未出版、2010。

林振春「社区大学的危機与挑戦」『社教雙月刊』106、2001.12、pp.41-44。

林振春「社区大学与学習型社区」『社区発展季刊』100、2002.12、pp.91-106。

林振春「社区大学的自我肯定与発展願景」『社教雙月刊』113、2003.2、pp.42-45。

劉佩雲「終生教育新紀元『成人教育法草案』誕生」『成人教育』5 期、1992.1、pp.20-24。

劉秀香「社区大学社団活動課程推動学員社区意識歴程之研究：以台南市曽文社区大学生態研習社為例」中正大学修士学位論文、未出版、2013。

劉以慧「社区大学社会資本構成要素之研究」台湾師範大学博士学位論文、未出版、2012。

南方朔「台湾的新社会運動」『中国論壇』第 269 期第 23 巻 5、1986.12.10、pp.36-40。

邱有珍「我与社会教育法案」『民主憲政』44、1973.8、pp.6-8。

王政彦「台湾地区終生学習法制化的進程与取向」『2001 年国際終身学習研討会及亜太終身学習論壇論文集』澳門成人教育協会、2001、pp.1-10。

巫吉清「従社会交換観点分析社区大学与社区発展協会之合作関係：以彰化県為例」大葉大学修士学位論文、未出版、2006。

呉仁鴻「社区大学的公民社会実践：以文山社区大学為例」清華大学修士学位論文、未出版、2001。

魏銀河「台南市社区大学学員学習満意度及其相関因素之研究」中正大学修士学位論文、未出版、2003。

謝国祺「社会変遷中社会教育館功能発揮之我見」『社教雙月刊』22、1987.11、pp. 54-55。

謝義勇「台湾地区省市社会教育館組織功能之検討与建議」『社区発展季刊』47、1989.09、pp.6-9。

徐敏雄「融入式課程設計的操作策略：以社区大学為例」『当代教育研究』季刊、第 16 巻第 3 期、2008.9、pp.59-95。

徐敏雄「社区大学融入式課程設計之研究：基隆和新竹青風香社大的比較分析」『教育科学研究期刊』第 54 巻第 3 期、2009、pp.53-84。

徐心浦「社区大学成人教師教学困擾及其因應方式之研究」中正大学修士学位論文、未出版、2004。

許育典「社区大学法制化的困難及其出路」『高雄師範大学　教育学刊』24 期、2005、pp.89-112。

楊碧雲「台北市社区大学的発展与変遷」未出版、楊氏提供資料。

楊国賜「中国国民党与社会教育」『社教雙月刊』4、1984.11、pp.26-32。

楊国賜「社会変遷中我国社会教育館功能与角色再探（座談会）」『社教雙月刊』12、1986.3、pp.4-17。

楊国賜「五十年来社会教育発展的回顧与展望」『社教雙月刊』100、2000、pp.4-8。

夷将・拔路児「台湾原住民族運動発展路線之初歩探討」『山海文化雙月刊』第 4 巻、1994.5、pp.22-38。

夷将・拔路児「従『山胞』到『原住民』的正名運動史」『台湾史料研究』5、1995.2、pp.114-122。

游欣儀「台北市社区大学学員公民意識、公民参与行為及其影響因素之研究」中山大学修士学位論文、未出版、2003。

曽議鐸「宜蘭社区大学公民社会之建構」佛光人文社会学院修士学位論文、未出版、2004

鄭明東「社会教育法平議」『教育与文化』411 巻、1974.1、pp.40-45。

張徳永「社区大学核心理念実践之探究与検証」『台湾教育社会学研究』9 巻 1 期、2009、pp.135
　　-174。

張涵洋「社区大学方案規画人員専業能力重要性及実際応用之分析」中正大学修士学位論文、未
　　出版、2002。

張明致「追求卓越彩絵人生的士林社区大学」『社教雙月刊』1999.12、pp.45-48。

張玉泓「公民意識的実践邏輯：台湾社区大学歴史発展与個案比較研究」台湾大学修士学位論文、
　　未出版、2002。

周恵民「台湾社会変遷下的原住民族教育：政策的回顧与展望」黄樹民・章英華『台湾原住民政
　　策変遷与社会発展』中央研究院民族学研究所、2010、pp.259-296。

周聖心「従個人学習到公共参与的転化歴程：以永和社区大学公共性社団学員為例」台湾師範大
　　学修士学位論文、未出版、2006。

新聞記事

顧忠華「拡大公民参与 帯動社会改革」『中国時報』11 版、1997.12.29。

李丁讃「社区大学　為社区総体営建主軸」『中国時報』1998.2.10。

楊国枢「我們為什麼要組織澄社」『中国時報』1989.6.22。

報告書、冊子

台北市政府教育局編『台北市設置社区大学規画研究暨試辦計画：学術課程之規画研究報告』『台
　　北市設置社区大学規画研究暨試辦計画：生活芸能課程之規画研究報告』『台北市設置社区大
　　学規画研究暨試辦計画：社団活動課程之規画研究報告』『台北市設置社区大学規画研究暨試
　　辦計画：文山社区大学試辦紀実報告』『台北市設置社区大学規画研究暨試辦計画：課程架構
　　与修業制度之規画研究報告』『台北市設置社区大学規画研究暨試辦計画：総報告』すべて
　　1999.5.31。

台北市政府教育局『台北市社区大学是什麼？』2002。

台北市政府教育局『2004 第二届台北市社区大学行政人員研習営　研習手冊』2004。

国立新竹生活美学館『国立新竹生活美学館 97 年活動成果専輯』2009.6。

台北市立図書館『台北市終身学習網通訊』第 37 期、2007.6。

台北市南港社区大学『在社区大学遇見志工天使』2008。

人本教育基金会『人本教育札記』1998.6。

社区大学全国促進会『社大開学』（雑誌）創刊号～8 巻（2002.12 ～ 2003.7）、10 巻（2003.9）、
　　12 ～ 17 巻（2003.11 ～ 2004.6）、20 ～ 25 巻（2004.9 ～ 2005.3）。

社区大学全国促進会『社団法人社区大学全国促進会第 6 届第 2 次会員大会手冊』2015.9。

同上『社区大学現況営運分析与未来発展』2001。

同上『2003 社区大学法制化文集』2003。

同上『第二届社区大学全国研討会：社区大学与社会発展』2000。

同上『第三届社区大学全国研討会：社区大学従普及到深化』2001。

同上『第四届社区大学全国研討会：全球化下的社区大学自我超越与永続経営』2002。

同上『第五届社区大学全国研討会：社会変遷下的全民教育 ― 社区大学的使命与挑戦』2003。

同上『第六届社区大学全国研討会：創造成人高等教育新契機 ― 社区大学与知識社会的挑戦』
　2004。

同上『第七届社区大学全国研討会：社区大学的社会責任 ― 反省与創新』2005。

同上『第八届社区大学全国研討会：社区大学与地方学的実践 ― 在地深耕』2006。

同上『第九届社区大学全国研討会：社区大学与成人学歴教育 ― 非正規教育的曙光』2007。

同上『第十届社区大学全国研討会：全球視野 在地行動』2008。

同上『第十一届社区大学全国研討会：公民社会 ― 趨勢探索与草根行動』2009。

同上『第十二届社区大学全国研討会：社区大学的教学発展与制度創新 ― 前瞻躍升永続』2010。

同上『第十三届社区大学全国研討会：社区大学的公共参与 ― 邁向公民社会与学習社会』2011。

同上『第十四届社区大学全国研討会：社区大学与低炭素社会 ― 公私協力的願景与行動』2012。

同上『第十五届社区大学全国研討会：社区大学与在地文化的創新』2013。

同上『第十六届社区大学全国研討会：在地創新、教育対話』2014。

同上『第十七届社区大学全国研討会：成人学習新典範 ― 社区大学的実践与前進』2015。

同上『第十八届社区大学全国研討会：合作互助創幸福』2016。

同上『第十九届社区大学全国研討会：文化扎根・在地躍升 ― 共創永続新家園』2017。

同上『社区大学十年有成研討会：社大運動十年的回顧与前瞻』2008。

同上『2010 年台湾社区大学現況及未来発展分析』2010。

台北市社区大学の内部資料

台北市政府教育局『102 年度台北市辨理社区大学業務自評報告』2013。

台北市政府教育局・文山社区大学・士林社区大学『台北市 88 学年度　社区大学評鑑報告』
　2000.7。

台北市文山社区大学『台北市文山社区大学理念手冊』2001.9。

台北市文山社区大学『台北市政府委託社団法人台北市社区大学民間促進会辨理台北市文山社区
　大学行政契約書』2015。

台北市文山社区大学『台北市文山社区大学 101 年度自評報告書』2012.11。

台北市文山社区大学『文山社区大学選課手冊』1999 年 2 学期、2001 年 2 学期、2003 年
　1 学期、2013 年第 1 学期、2014 年第 2 学期、2015 年第 2 学期、2016 年第 1 学期分。

台北市士林社区大学『台北市士林社区大学自評報告』2010 ～ 2014 年度版。

台北市士林社区大学『士林社区大学選課手冊』2014 年第 2 学期〜 2015 年度分。
台北市南港社区大学『南港社区大学選課手冊』2013 年第 2 学期〜 2014 年度分。

年報・年鑑・立法院公報など

教育部『中華民国教育年鑑』『中華民国教育年報』の各年版。
教育部「邁向学習社会白皮書」1998。
行政院『教育改革審議委員会総諮議報告書』（1 〜 4 と総報告書の計 5 冊）1996。
立法院「立法院公報」第 91 巻第 18 期、院会記録（3214 号）、2002.3.19。
立法院「立法院公報」第 91 巻第 46 期、委員会記録（3242 号）、2002.5.9。
立法院「立法院公報」第 91 巻第 49 期、委員会記録（3245 号）、2002.5.20。
立法院「立法院公報」第 91 巻第 39 期、院会記録（3235 号）、2002.5.31。
立法院議案関係文書「院総第八号・委員提案第 3829 号」2002.3.16、「院総第八号・委員提案第
　3829 号之一」2002.5.29。

主なホームページ

教育部：http://www.edu.tw
台北市政府：http://www.gov.taipei
台北市政府教育局：http://www.doe.gov.taipei
台北市学習型城市網：http://www.lct.tp.edu.tw/bin/home.php
台北市社区大学聯網：http://www.ccwt.tp.edu.tw/cht/index.php
社区大学全国促進会：http://www.napcu.org.tw/index.html
全国法規資料庫：http://law.moj.gov.tw

【資料】
社区大学学習者への半構造化インタビュー記録

質問項目

○ 氏名（インタビュー日）

1. 基本情報：年齢、性別、職業、学歴・経歴、居住地

2. 社区大学で学ぶようになった動機

 （1）いつから社区大学に通っているのか、社区大学の情報をどのように得たのか。

 （2）この講座に通うようになった動機は何か。

 （3）当講座以外にも通った（通っている）講座はあるか。

3. 講座での経験

 （1）講座で学んでいて、楽しい、おもしろいと思うことは何か。

 （2）なぜ継続して学ぶのか。何に引きつけられ続けて学ぶのか。

4. 自己変容

 （1）講座で学習を始めてから、どのような変容を感じるか。

 （2）あるいは家族や友人から、どのような反応があったか。

5. 今後の展望

 （1）今後の学習展望は何か。

 （2）社区大学に対して思うこと。

〈学術課程（文山社区大学）〉

○ CG（インタビュー日：2015年10月15日、12月3日）

1. 61歳、男性、土木エンジニア、大学卒業、台北市大同区在住

2. 社区大学で学ぶようになった動機

 （1）いつから社区大学に通っているのか、社区大学の情報をどのように得たのか。

　もう15年くらい前から通っています。以前は自宅近くの士林社区大学に通っていましたが、ここ（文山社区大学：筆者注）なら、深い内容のものがあると聞いたので来ました。昔はマルクス主義とかの講座もありました。士林には、投資とか社交ダンスとかはたくさんあるんですが。たぶん、文山には公務員とか政治家が多く住んでいて、士林は商業区なので、社区大学の質はこういうことと関係しているのかもしれません。

　社区大学のことは、家族から聞きました。

　── 社区大学と聞いて、どのようなものだと思ったか？

　教育部が建てたものではないので、もちろん正式な大学だとは思いませんでした。

（2）この講座に通うようになった**動機**は何か。

　まずは、自分の専門外のことを学んでみたいと思ったからです。この講座を選んだのは、前にこの講座の紹介ビデオを見たことがあって、内容が新しくて珍しいものだと思ったので、行ってみる価値があるなと思ったからです。

（3）当講座以外にも通った（通っている）講座はあるか。

　あります。主に、ビデオ撮影の講座に出ています。あと、以前は士林社区大学の絵画講座に出ていたので、ここでも続けています。

3．講座での経験

（1）講座で学んでいて、楽しい、おもしろいと思うことは何か。

　この講座では、先生から多くのこれまでとは異なる知識とか概念を聞くことができるので、収穫が多いと思うことです。

（2）なぜ継続して学ぶのか。何に引きつけられ続けて学ぶのか。

　自分の知識とか考え方を、継続して鍛えたいと思っています。それで、この講座にずっと出ています。

　それから、先生の知識の多さには敬服します。ジャズの話とか、何でも出てきます。小説とか、あれを書いていたのは誰とか、あれを言っていたのは誰とか。

4．自己変容

（1）講座で学習を始めてから、どのような変容を感じるか。

　考え方に変化がありました。例えば、資本主義の醜い部分を学んでから、これまでは時々コカコーラを飲んでいましたが、飲みたくないと思うようになりました。

　―資本主義の醜い部分とは？

　前の内容で、コカコーラにはベトナム戦争を支持するものとしての意味があったという話があったんです。

5．今後の展望

（2）社区大学に対して思うこと。

　深みのある、哲学のような講座を開いてほしいです。

○HD（インタビュー日：2015 年 10 月 15 日）

1．49 歳、男性、無職、大学卒業、台北市信義区在住

2．社区大学で学ぶようになった動機

（1）いつから社区大学に通っているのか、社区大学の情報をどのように得たのか。

　約 8 年前です。学習者募集のチラシを見ました。

　―信義区から文山に通う理由は何か？

　ここは学術講座が多いので来ています。

（2）この講座に通うようになった動機は何か。

　好奇心からです。内容が、以前、触れたことのないものだったからです。

（3）当講座以外にも通った（通っている）講座はあるか。

　あります。たくさんあるので覚えていませんが、学術課程の講座を中心に出ています。

3．講座での経験

（1）講座で学んでいて、楽しい、おもしろいと思うことは何か。

　笑い話をする人がいて、それがおもしろいです。

（2）なぜ継続して学ぶのか。何に引きつけられ続けて学ぶのか。

　知識を増やしたいと思うからです。

4．自己変容

（1）講座で学習を始めてから、どのような変容を感じるか。

　考え方に変化があったと思います。時々、学んだことを思い出したりします。

5．今後の展望

（2）社区大学に対して思うこと。

　社区大学は、独自の校舎をもってやってほしいと思います。

○ZP（インタビュー日：2015年11月12日、11月19日）

1．63歳、女性、退職、大学卒業、台北市文山区在住

2．社区大学で学ぶようになった動機

（1）いつから社区大学に通っているのか、社区大学の情報をどのように得たのか。

　1999年の春学期から来ています。そのときは文学の講座に出ました。社区大学が配っていた冊子を見て、台北市のネットで調べて、学習者募集をしているのを知りました。

（2）この講座に通うようになった動機は何か。

　題目を見て惹かれました。学校で習ったことのない内容だったので。私たちは強国政治、つまりアメリカや欧米とか強い国のことしか学びませんでした。なので、第三世界と聞いて、これ良いなと。もっと世界を理解したい、特に弱者といわれる人たちの角度からこの世界を見てみたいと思ったからです。

　それから先生が準備してくる教材が豊富で、話し方も上手なので、獲得できるものが多いのではないかと思ったからです。

（3）当講座以外にも通った（通っている）講座はあるか。

　もう10年以上社区大学に来ているので、たくさんあります。

3. 講座での経験

（1）講座で学んでいて、楽しい、おもしろいと思うことは何か。

　学ぶこと自体、楽しいことだと思います。特に、自分が好きなことを主題にした講座で学べることは楽しいです。

（2）なぜ継続して学ぶのか。何に引きつけられ続けて学ぶのか。

　継続するのも、ずっと学べるからです。自分がもともと知らなかったことを知ることができるからです。あるいは表面的なことしか知らなかったことを深く知ることができるからです。

4. 自己変容

（1）講座で学習を始めてから、どのような変容を感じるか。

　物事を見る角度が多様になったと思います。例えば、これまで黒人を見ると、なんだか怖いなとか思っていたのですが、ここで黒人世界を知って、彼らのことを知ったので、怖いとは思わなくなりました。それから、より弱者のことを考えたり、国際情勢にも関心をもつようになりました。

5. 今後の展望

（2）社区大学に対して思うこと。

　学術講座が減っているので、もっと増やして欲しいです。もともとここは、成人、大学に行けなかった人の大学としてできたんです。でも今は、ちょっと普通の塾と変わらなくなってしまったと思います。不満はありますが、仕方ないとも思います。経営のためには、人に合わせないとやっていけませんから。昔は1つか2つかしか社区大学がなかったので、大学の先生を呼べたけれど、今は増えているので補助が足りなくなったのかなと。

　　―昔から、社区大学は本当の大学のような講座をしていたのか？

　私が出ていた講座は、レポートや報告とかがあって、本当に大学みたいにやっていました。でも、当時は仕事をしていたので、負担が大きかったです。講座に一回出るだけで、疲れました。

○ XD（インタビュー日：2015年11月19日、12月31日）

1. 62歳、男性、保険業、修士修了、台北市文山区在住

2. 社区大学で学ぶようになった動機

（1）いつから社区大学に通っているのか、社区大学の情報をどのように得たのか。

　2008年から通っています。家の隣に社区大学ができたので、もともと社区大学があることは知っていました。家から近い木柵の方に行っていて、講座を調べました。

（2）この講座に通うようになった動機は何か。

　動機は、中東に関する講座に出たいと思ったからです。先生の講座は、中東、アフリカ、アジアなど、一つひとつの国を話していました。当時、中東の話をしていたので、そのときから始めて、今も出ています。

（3）当講座以外にも通った（通っている）講座はあるか。

　たくさんあります。主に歴史の講座です。西洋の歴史とか。あとは農業や木工の講座にも出たことがあります。

3. 講座での経験

（1）講座で学んでいて、楽しい、おもしろいと思うことは何か。

　楽しいことは、見聞を広げることができることです。学校教育では、戦争とかの出来事を流すだけで、その背景にまでは触れませんでした。でも、ここでは社会科学の視点から解釈してくれます。これも歴史の一つの見方に過ぎませんが、事が起こった背景を知ることができます。以前、学校で学んでいたときは、知識が少ないし、今のように系統的に教えてくれる先生はいませんでした。

（2）なぜ継続して学ぶのか。何に引きつけられ続けて学ぶのか。

　継続して学ぶのは、学べるからです。私は、この講座を映画を見るようなものと考えています。でも映画は見たら忘れてしまうので、ここに来れば、自分で学ぶことができるからです。学ぶと言っても、一生懸命にやるということではありません。ここで学んで、吸収できることを吸収すればいい。吸収しきれないならば、それはそれでいい。自分が特に関心があることではなくても、ここでは、他の人はどういうことを考えるのか、ほかにどういう考えがあるのかが学べるからです。つまり、学ぶことは娯楽です。私は先生の考えに、必ずしもすべて賛成しているわけではありません。違う考えをもっていることは悪いことではないので、自分の考えを確認したいんです。

4. 自己変容

（1）講座で学習を始めてから、どのような変容を感じるか。

　一般的な話になってしまいますが、異なる角度から、物事を見ることができるようになりました。例えば、イスラエルとヨルダンとか、ずっと戦争ばかりしている国だなと思っていたのですが、ここでその背景を聞いて、なぜずっと戦争をしているのかがわかったので、ちょっと世界の見方が変わりました。

5. 今後の展望

（2）社区大学に対して思うこと。

　継続して開講してほしいです。

○ ZY（インタビュー日：2015 年 12 月 17 日）

1. 42 歳、女性、大学職員、大学卒業、新北市深坑区在住

2. 社区大学で学ぶようになった動機

（1）いつから社区大学に通っているのか、社区大学の情報をどのように得たのか。

　2002 年から、確か水彩画の講座だったと思います。当時はそれに出ていました。この講座には、来るようになって 4、5 年です。2002 年のとき、自宅ポストに社区大学の学生募集のダイレクトメールが入っていたので、その後、ネットで社区大学について調べました。社区大学に来るようになってからは、ずっと継続して来ています。

（2）この講座に通うようになった動機は何か。

　私がこれまで学んできた講座は、だいたい、哲学、音楽、映画といった領域です。比較的興味があるものです。たぶん、一般的には、これらは使用価値がないと思われがちですが、私はこういうものに興味があるんです。その後、先生の講座紹介を見ました。

　私は、本来、もっと早くこの講座に来て、話を聞いてみたかったんです。でもちょっと重いかなと思って。仕事の後にこういう内容の講座に出るのは、少し重いんじゃないかなと思っていたんです。でも、その後、来るようになってから、何でもっと早くから来なかったんだろうと後悔しました。なぜなら、先生はすでに 10 年くらい講座をしていて、でも私は 4、5 年くらい前からしか来ていません。なので、私はこれまでの多くの講座を逃してしまっているんです。とても惜しいことをしたなと思っているんです。もともと私は哲学とか音楽に興味があって、この領域を開講している先生の講座に来ているんです。良い先生に出会うことができたと思います。

（3）当講座以外にも通った（通っている）講座はあるか。

　たくさんあります。例えば、講座名でいえば、「多元文化と生活」「ギリシャ哲学」「古典音楽」「音楽と人生」「映画メモ」「視野の外のアジア」「視野の外の世界」などです。

3. 講座での経験

（1）講座で学んでいて、楽しい、おもしろいと思うことは何か。

　新しいことを学べることです。それから良い先生に出会えたこと、新たな友達ができたことです。

（2）なぜ継続して学ぶのか。何に引きつけられ続けて学ぶのか。

　私は、新しいものを吸収したいと思うからです。仕事をしているとき、ずっと自分を消耗しているなと思うんです。していることは、そんなに興味があることではありませんから。でも毎日、そういう多くのことをやらなくてはいけません。自分が本当

に好きなことではないんです。仕事の後は正直とても疲れていて、ずっと消耗していて。でも、疲れてはいるけれども、朝7時に家を出て、10時にやっと家に帰ってくる、でもこれがかえって充電できた感覚があるんです。ものが入ってきて、ずっと消耗しているだけではなくて、なんというか、収穫したというか、力を得た感覚があるんです。私が講座にずっと来る理由はこれです。でも一度、本当に疲れ過ぎて、来られなかったときもあります。

4. 自己変容

（1）講座で学習を始めてから、どのような変容を感じるか。

　感覚が研ぎすまされていく感覚があります。先生の講座にきて、文学作品や映画あるいはドキュメンタリーとか、以前はこうした多くのものに対して、感覚が変化するということはありませんでしたが、感覚が敏感になっていっていると思います。先生の教え方が良いのだと思います。とても深みがありますから。

　それから視野が拡大しました。普段は、先生が話すようなものに、自分から見に行ったり、触れに行ったりすることはありませんでしたが、講座に出るようになって、これまでは触れることがなかったような映画や、資料に触れたり、違う物に触れたりしていて、これはとても重要なことだと思います。それから、聞いたり見たりするもの、テレビとかメディアを鵜呑みにしてはいけないということに気がつきました。国の異なる面を見ることができるようになりました。もし、ずっと講座に来ることができるのならば、良い先生にも出会えたので、仕事が忙しくなくなればいいなと思います。

5. 今後の展望

（1）今後の学習展望は何か。

　ずっと学びたいので、ずっと継続してほしいと思います。

○BN（インタビュー日：2015年12月17日）

1. 47歳、女性、中学校教諭（国語）、大学卒業、台北市文山区在住

2. 社区大学で学ぶようになった動機

（1）いつから社区大学に通っているのか、社区大学の情報をどのように得たのか。

　2002年から社区大学に来ていて、ずっと美術、絵を描く講座に来ています。そして、この講座には2009年から来ています。

（2）この講座に通うようになった動機は何か。

　以前、私が出ていた講座は美術ですが、美術は感情、ソフトなものですよね。なので、生活の中にも、もっと理解すべきことがあるのではないかと思いました。それで、これまでとはまったく違うものを選んだんです。

　それで、私はもともと歴史に興味がありましたし、先生の講座は、以前は「視野の外のアジア」で、私は、アジアに特に関心がありますので、これにしました。欧米にはそんなに興味はないんですが。それから、先生の講座はすべて弱者層や国家の問題を対象にしています。私はこれにも興味があります。

　それからもう一つの決め手は、私は第1回の講座を聴講したときに、先生が話してくれることがとても豊富で、多くを話してくれると思いました。他の講座の先生とは違うなと思いました。他の講座では、例えば創作とかでは、学習者たちだけでやっていて、先生は少ししか関わってきません。でも、この講座は違い、基本的に先生が話します。この方が内容が多いですから、私は良いと思ったんです。今はこのように話してくれる先生は少ないです。

3. 講座での経験

（1）講座で学んでいて、楽しい、おもしろいと思うことは何か。

　楽しいことは、早く物事を理解できることです。先生が話してくれることが多いので、早く理解することができて、私たちが自分で見るよりもとても早いです。それから、先生がみせてくれる資料には、このことについて理解するための方向が示されていますので、簡単に方向がわかります。世の中には情報が多いですが、自分はこの専門ではないから、こういう情報をどう判断したらいいのかがわかりませんけれど。

（2）なぜ継続して学ぶのか。何に引きつけられ続けて学ぶのか。

　継続するのも、今話したようなことと、あと、先生が真面目に教えてくれるので、一度も逃したくないと思うからです。

4. 自己変容

（1）講座で学習を始めてから、どのような変容を感じるか。

　自分の勉強の仕方と、物事を見る習慣に影響があったと思います。どういうことかというと、今まではある議題があって、それについて知らないときは、自分から知りにいくことはありませんでした。でも今は、興味を持つようになると、さらに興味が湧いてきて、自分から知りにいこうとするようになりました。それから、物事の背後にあるロジックを見ようとしたり、もともと知っていたことであっても、関連づけたり、足りない部分を補足しようと思うようになりました。

5. 今後の展望

（2）社区大学に対して思うこと。

　学術性の高い講座を多く開講して欲しいです。だんだんこのような講座が少なくなっているような気がしますので。

○LY（インタビュー日：2015 年 12 月 24 日）

1. 47 歳、女性、製造業、大学卒業、新北市新店区在住

2. 社区大学で学ぶようになった動機

（1）いつから社区大学に通っているのか。

　社区大学に通い始めたのは、1999 年の 3 月からです。文山社区大学の第 2 期目からです。結構早くから来ているんです。はじめは心理学の講座に出たかったんです。でも、社区大学が始まった当初、人が多くて抽選でした。希望者が多くて抽選で決めたんですが、1 回目は心理学は当たらなくて、2 回目、3 回目で当たりました。なので、はじめは違う講座、人が少ない講座に出ていました。出たかったのは、「認知と学習」という講座です。これも心理学に属するもので、内容は、子どもと親の関係みたいなものです。

　私は、家からここが近かったので来たんですが、後にもっと近いところにも社区大学ができたんです。でも、そこの講座はあまり好きではなくて。それに、もうここに慣れているので、ここに来ています。一般的には、私が知っている限りでは、多くの人は自宅近くの社区大学にずっと通っています。なので、昔からの人たちはもうここにはあまりいないと思います。昔は、それぞれ遠くから来ている人もいました。

　― 社区大学の情報をどのように得たのか。

　会社の同僚から聞きました。当時、私は本を売る会社にいたんですが、本を売っているのに、知っている本がこんなに少なくていいのかなとずっと思っていました。いつも、本を売るのならもっと本を読むべきなんじゃないかと。いつも怠けていて、本を真面目に読むなんてしていないなと。それで同僚が、ここの第 1 学期の講座に抽選で当たって、それで、あなたもまずは来てみたらと言われたので、行ってみたんです。

　― 社区大学と初めて聞いたとき、どのようなところだと思ったか？

　社区大学と初めて聞いたとき、社会人とかが学べるところだと思いました。初期の頃、ここに来ていた人たちは、みんな年齢が高くて、昔、学ぶ機会がなかった人たちでした。それに、勉強の意欲が高い。私が出ていた講座には 70 ～ 80 代が多くて、みんな小卒とかで、中学・高校に行く機会がなかった人たちのようでした。だから、ここに来る目的は、勉強すること。先生も大学の教授レベルでした。政治大学の先生がほとんどでした。教えるものは、大学の講座に比較的合わせたようなものでしたが、歴史とか統計学とかは大学で学ぶようなものではありませんでした。ここは学習者のレベルは高くありませんから。なので、先生の教え方は大学とは違っていたと思います。当時の社区大学は、学習者の年齢はみんな若くないということ、それから大学の先生をわざわざ招いていたことを覚えています。

（2）この講座に通うようになった**動機**は何か。

　もともとＳ先生は、マルクスに関する講座を開いていました。「マルクスの資本論からみる社会と世界」とか、マルクスと何とか。新しい講座を開く前には、試しに開講することがあって、当時私は「相声」の講座を聞きに行っていたんですが、友達２人がＳ先生の講座に行っていたので、聴講に行ったら、Ｓ先生の中国語の発音がとても標準だったので、びっくりしました。話し方がとても標準で、それに、話をするときに本とかを見たりしないで、何年に何があったとか話していたので、「この先生は、なんでこんなにすごいの」って思ったんです。それがきっかけで、この講座に興味が湧いたので来るようになりました。この講座が終わった後も、そのまま先生の講座に出ています。

（3）当講座以外にも通った（通っている）講座はあるか。

　相声、京劇、歴史の講座に出たことがあります。なぜなら歴史に興味があるからです。でもこういう講座は少なくなっています。多くの人は、現実的なすぐに使えるものを学ぼうとして、歴史とかは役に立たないと思っています。でも、私は歴史はとても有用だと思っていて、過去のことを知ると、実はたくさんのことは過去に根拠がある、だから今こういう結果になっているんだということがわかると思うんです。家族も私がこういう講座に出ることにあまり賛成ではなくて、「もっと実用的なものを学んだら？　投資とか、すぐにお金を稼げるものにすれば？」とか言われます。多くの人は、お金に関する講座に出れば、すぐに利益があると思っていますが、私はこういうものにはあまり興味がないんです。私が出たことのある講座は、ちょっとバラバラです。相声は、自分の話し方とか、もっと良くなればいいなという思いからだし、京劇は、中国の劇に興味があるので、という感じです。

3.　講座での経験

（1）講座で学んでいて、楽しい、おもしろいと思うことは何か。

　楽しいことは、絶えず思考させられるので、自分の物事の判断力の部分が変わったことです。私たちの世代は、伝統的な教育を受けていて、教科書にあるものはすべて正しくて、先生の言うことがいつも正しいと思っていました。でも、この講座に出て、「あれ？　以前はテレビやニュースで言っていたことは正しいと思っていたのに、違うんじゃないか」ということに気がついたとき、自分ってすごいかもって思うんです。考えが変わったなって思うんです。これがとてもうれしいです。

　自分で思考しなければ、以前からずっと知識を教え込まれていて、すでに飼いならされているみたいなものです。政府が言っていることはすべて正しいと思ってしまいます。講座に出るようになってから、物事の背後にはとても細かいものがあるんだと

いうことに気がつきました。

（2）なぜ継続して学ぶのか。何に引きつけられ続けて学ぶのか。

　一つは、先生の教え方が個人的に良いと思うということと、もう一つは、先生が教えてくれる内容が良いということがあります。それは主流社会では見えないもので、そういうものを知ることができるからです。それに、私は英語ができないので、国際的な情報を収集することができません。でも先生が教えてくれるものから、本当はたくさんのものは、私が表面的に見ていたものだけではないんだ、もっと深い所に原因があったんだと知れるんです。たぶん、政府とか、統治者がみんなに教えたくないものを知れる。実は、自分が見ているものだけではないものがあって、それを知ることができる。なので、台湾で言われていることはこんなにも狭いものなんだと知ることができました。

　しかも、先生が話すことは、私たちが主流と思うこととはまったく違うもので、これまでの台湾では聞くことのできないものです。こうした内容は、昔の台湾では話してはいけないことでした。スパイとか言われますから。開放的でなかったし、もし台湾語を話したら、罰金という時代でした。学校の先生も、国語を話せといっていたし、台湾語ですら話したら罰を受ける時代だったんです。高圧的な政治の影響で。

4. 自己変容

（1）講座で学習を始めてから、どのような変容を感じるか。

　絶えず考えるようになってから、多くのことに対して以前みたいに悪い面だけを連想するようにならなくなりました。私は両極端な人間で、白か黒。グレーゾーンというものはありませんでした。でも講座に出るようになって、多くのことは、環境とかいろいろなところから影響を受けていることに気がつきました。世の中には、善か悪かだけでとらえきれないものがたくさんあって、そうしてしまうと身動きがとれなくなってしまうことがあるんだなって。そうではなくて、先生がよく言うような「妥協」という方法もありなんだなと気がつきました。なので、アメリカに対しても、これまではすべて良いと思っていましたが、違うかもと思うようになりました。これまではアメリカに対して民主的で自由で、アメリカのやることはすべてが正しいと思っていました。でも、こういう面だけではないんだなって思いました。

5. 今後の展望

（2）社区大学に対して思うこと。

　私は、社区大学に来てもう長いし、事務の人とも顔見知りなので、難しいなとは思うのですが。社区大学は、職員がよく変わります。後から知ったんですが、運営のためには資金が必要です。お金があってこそ運営ができますが、私が言ったような歴史

の講座は学術課程になりますが、こういうものはあまり効果がないようです。なので、講座が変わって、今は例えばヨガ、運動、社交ダンスとかを多く開講しています。歴史のような、Ｓ先生の講座のようなものは人数がどんどん減っています。ただ私が思うのは、社区大学の運営がうまくいってくれればいい、私が行っているような講座にも、多くの人が来るようになってほしい。ただ、そう思うだけです。それに社区大学の場所も、場所を（学校に：筆者注）借りているだけなので、何かしらよろしくないことがあれば、すぐに停止されてしまいます。とても大変だと思います。

○ LZ（インタビュー日：2015 年 12 月 24 日）
1．42 歳、男性、中学校教諭（歴史）、修士修了、台北市内湖区在住
2．社区大学で学ぶようになった動機
（1）いつから社区大学に通っているのか、社区大学の情報をどのように得たのか。
　私の妻が、昔ここの職員をやっていたことがあったので、それで社区大学を知って、来るようになりました。8 年くらい前から来ています。
（2）この講座に通うようになった動機は何か。
　私は、歴史を教えていますが、異なる歴史解釈に触れることができると思ったからです。先生の歴史観が好きだからです。台湾の歴史教育は、基本的には国民党の教育です。政党の性質と関係があるものです。でも、先生のは異なる方向性です。なので、ここでは私たちが正規の学校教育では学ぶことのなかった、触れることのなかった内容を学ぶことができます。学校で教えるとき、このような内容は今も教えませんが、少なくとも私は知っておきたいなと思ったからです。
（3）当講座以外にも通った（通っている）講座はあるか。
　二胡と日本語です。
3．講座での経験
（1）講座で学んでいて、楽しい、おもしろいと思うことは何か。
　社会的に、あまり聞かないことを聞くことができることです。台湾社会では、南米やアフリカの情報は聞きません。中央アジアのことならなおさら話しませんし、聞いたことがない国だってあります。私たちが台湾で聞くことのできるニュースの多くは、ヨーロッパで何が起こった、アメリカで何が起こった、ということです。感覚的に弱いと思われている国には、台湾人は関心がありませんので、世界観がとても狭いと思います。
（2）なぜ継続して学ぶのか。何に引きつけられ続けて学ぶのか。
　先生について学んでいると、新たなことが入ってくるからです。先生は、永遠に新

たなものを教えてくれます。私は中学で教えていますが、中1、中2、中3と、3年1クールを繰り返すだけです。教える内容は、ほとんど変わることはありません。なので、私は先生をとても尊敬しています。これまで一度も内容が重複していないんですよ。先生の知識はとても豊富だと思います。きっと、吸収しきれることはないでしょう。

4. 自己変容

（1）講座で学習を始めてから、どのような変容を感じるか。

　異なる角度から物事を見る方法を学んだと思います。台湾では国民党式の教育が主流でした。国民党は親米ですから、基本的には右派に位置づきます。先生は左派の視点から話しますよね。台湾では、基本的に左派の話をすることはありませんでした。台湾で共産党のことを話すのは、大きなタブーで、共産党は親中ですから、話したらスパイとか売国奴とか言われました。でも今ここでは、左派のことを聞くことができるんです。一つのことを、右派からと左派からの観点から聞くことができることは非常に興味深いです。

5. 今後の展望

（2）社区大学に対して思うこと。

　このような講座を多く開講して欲しいです。文山社区大学は、開設時には、もともと社会性のある講座を推進していました。しかし、現在は一般的なものが多くて、学術性の講座は人が少ないので、開かなくなりました。お金が入らないので開けないので、理想は経済的な問題には勝てないのでしょう。

〈生活芸能課程（士林社区大学）〉

○LS（インタビュー日：2015年4月17日）

1. 61歳、女性、会社監事、大専卒業、台北市大同区在住

2. 社区大学で学ぶようになった動機

（1）いつから社区大学に通っているのか、社区大学の情報をどのように得たのか。

　1999年9月から通っています。まだ、この講座がなかったときです。この講座は2000年からです。外国から帰ってきて10年ぐらいが経ったときだったんですが、車を運転していたら、ちょうど旗がヒラヒラ揺れているのが見えたんです。学習者募集って書いてある旗だったんですが、気になって学校に入ってみて、何か聞いてみたら、社区大学というものができて、学習者を募集していると。台湾で新しい学校をつくるので、まだ始まったばかりでみんな知らないから、お知らせしているんだと言っていました。それで社区大学を知りました。

（2）この講座に通うようになった動機は何か。

お茶には、その文化の中にたくさんの歴史、たくさんの文化、それからたくさんの礼儀があると思ったからです。それから茶芸には、お茶がどのように来たのかとか、入れる技法とかコツがあり、重要なことが多いと思いました。

――講座に来る前からお茶の知識があったのか？

いいえ。ゼロからのスタートです。

（3）当講座以外にも通った（通っている）講座はあるか。

昔は、華道講座、国際礼儀、法律講座などに行きました。その後、養生講座にも行きました。副校長の講座で、「角度を変えて自分を見る」という講座にも出ました。不動産関係とかも。初めに出たのは、国際礼儀と法律です。長年、社区大学にいるので、いろいろ出ています。すべて私の興味です。しかも、生活において必要な知識とか、常識を学べるものです。

3. 講座での経験

（1）講座で学んでいて、楽しい、おもしろいと思うことは何か。

お茶を飲むということは、養生の一つです。実際にお茶は、健康的な飲み物です。それから、お茶をいれることは、団体の親睦を深めることができるし、毛筆とか、花とか、陶芸とかとも合わせることができます。なので、お茶は広い学問だと思います。

（2）なぜ継続して学ぶのか。何に引きつけられ続けて学ぶのか。

お茶を学ぶことは、精神上において、「和敬静寂」という茶道の精神があるんですが、これは一つひとつの字をとっても、大きな学問があるんです。なので、人生学ぶことが本当に多いと思います。私は、この茶道精神を心に人生計画をしたいと思うからです。

4. 自己変容

（1）講座で学習を始めてから、どのような変容を感じるか。

私の変化は、私の周りの友達はみんなお茶を飲む人ではありませんが、私が彼（彼女）らや家族に影響を与えているようだということです。例えば、私の子どもは普段お茶をいれることはしませんが、海外に行ったときに、私の好きなお茶を買ってきてくれたり、誕生日やクリスマスとかにお茶をプレゼントしてくれたりするようになったんです。重要なのは、これは子どもがお茶を知っているということ、海外にいてもお茶を気にかける、つまりお茶について何かしら学んでいるということだと思うんです。

生活上においては、お茶に対するときは、いつも平常心で接するようにしています。「以茶為師（お茶を師とする）」「以茶為友（お茶を友とする）」ということばもあり、お茶をいれることで気持ちをリラックスすることができるようになりました。

　それから、私の講座への考え方というのは、興味を同じくする友達、団体ということです。お茶友達は、普段お酒を飲みにいくような友達とは異なります。ここに来る、お茶をいれる友達同士では、みんな心を落ち着かせることができるんです。なので、ここの友達は、感情的にも親睦的にもとても OK な感じがするんです。

　それから、茶道の講座に来るようになってから、いろいろな活動に参加するようになりました。すべてお茶と合わせることができるものです。例えば、華道、陶芸、琴とか。なので、茶道を始めてからより人間関係が広くなりました。

5. 今後の展望

　(2) 社区大学に対して思うこと。

　社区大学は、今後どんどん良くなっていってほしいです。社区大学には、あらゆる年代の人がいます。20 歳だって 40 歳だって、80 代だっています。なので社区大学の責任は非常に大きいものがあると思います。それから社区大学の校長も重要な役割です。こうした学校をつくって、教育をするという精神をもって、みんなに生涯学習の場を提供するという。これは今後、軽視できないことだと思います。

○ JR（インタビュー日：2015 年 4 月 17 日）

1. 68 歳、男性、会社員、高職卒業、台北市士林区在住

2. 社区大学で学ぶようになった動機

　(1) いつから社区大学に通っているのか、社区大学の情報をどのように得たのか。

　2000 年からです。すでに 15 年以上通っています。娘がインターネットで調べて教えてくれたんです。私が家で暇そうにしているのを見て。

　(2) この講座に通うようになった動機は何か。

　お茶に興味があるからです。

　(3) 当講座以外にも通った（通っている）講座はあるか。

　ありません。

3. 講座での経験

　(1) 講座で学んでいて、楽しい、おもしろいと思うことは何か。

　たくさんの友達と知り合えることです。それから、みんながいれたおいしいお茶を一緒に飲んで楽しめることです。

　(2) なぜ継続して学ぶのか。何に引きつけられ続けて学ぶのか。

　私の唯一の興味といえばお茶だからです。酒も飲まないし、飲むと言えばお茶です。もう 15 年も講座に出ていて、先生が話す内容もほぼわかっています。でも、ここは酒を飲んでけんかをしたりとかがなく、とてもいい雰囲気だから来ています。

224

4. 自己変容

（1）講座で学習を始めてから、どのような変容を感じるか。

　生活の重心ができました。気持ちも、ストレスを解消することができるようになりました。多くの人と出会って、毎学期、新しい友達が来て知り合える。これがずっと続きます。

（2）あるいは家族や友人から、どのような反応があったか。

　家族もとても賛成してくれています。夜、講座に来るということは、とても真面目なことの一つだからです。それに、ここにいる人はとてもいい人で、健康的です。講座に来なければ、映画に行ったり、ショッピングしたりとか、これは時間の浪費だと思うんです。

5. 今後の展望

（2）社区大学に対して思うこと。

　講座に対して、特に願望はありません。今のままでよいです。先生が来て、お茶を教えてくれる、これだけで十分です。

○ LQ（インタビュー日：2015 年 4 月 12 日）

1. 48 歳、男性、自営業、大学卒業、台北市文山区在住

2. 社区大学で学ぶようになった動機

（1）いつから社区大学に通っているのか、社区大学の情報をどのように得たのか。

　2014 年から来ています。私の顧客が、私がお茶に興味があることを知って、士林社区大学に茶道の有名な先生がいることを教えてくれました。それで、ネットで調べてみたら、この業界では本当に有名な人で。

　──それまでは社区大学を知らなかったか？

　知りませんでした。大学に一般人が学べる生涯学習センターがあることくらいは知っていましたが、社区大学というものがあることは知りませんでした。

（2）この講座に通うようになった動機は何か。

　お茶に興味があるからですが、でも、詳しい知識は持っていません。なので、ここに来て茶道の基礎を学びたいと思ったからです。それから茶道の「美」というか、どういうふうに茶器を並べるかとかの、美的感覚を体験したかったからです。それにお茶の技法も知りたいと思いました。すでに 20 年くらい、自分で入れてお茶を飲んでいますが、適当にいれているだけです。いれる順序とか方法とか、水温や時間の管理などは学んだことがないので、専門的な知識がありません。

（3）当講座以外にも通った（通っている）講座はあるか。

　校長が開いていた気功の講座に出たことがあります。

3. 講座での経験

（1）講座で学んでいて、楽しい、おもしろいと思うことは何か。

先生の教え方に活気があるところです。しかも無意識のうちに、自然とお茶以外にも関心をもてるように、茶道の深い部分を教えてくれていると思います。

それからお茶は、とても深い学問だと思うので、ずっと学び続ける必要があります。しかもお茶は、学んでいくなかで、生活に楽しみをもたらしてくれることがわかりました。例えば、友達とどのようにいれるのか研究したり、どのような香りだとか、どういうふうに茶器を置くのかとか、お茶を学ぶ過程で、多くの異なるレベルの美学と生活の楽しみに触れることができることです。

（2）なぜ継続して学ぶのか。何に引きつけられ続けて学ぶのか。

継続して学ぶ理由は、自分はまだ深く学んでいないと思うからです。ある部分は、絶えず復習しないとならないので、止めてはならないと思います。例えば、先生が教えてくれたことは、その場ではわかったつもりですが、その後、もっと磨いて、学んで、練習してとやっていかないと、生活の中に入っていかないと思うんです。そうしてこそ、細かな部分を感じることができる。どうやっていれるのか、時間をコントロールするのか、香りを感じるのか、色を見るかは、繰り返し練習しないといけないと思います。

それから、毎回お茶に対する感覚が違うというのもあります。たぶん来年は、お茶に対する感覚が今と違うだろうし、異なる感覚が生まれているかもしれないし、新たな考えをもっているかもしれない。お茶をいれていくなかで、理解していること、悟っていることが異なっていくと思うんです。

私は自分の技能をもっと向上させたいと思います。先生について学んで、みんなともいっしょに討論したり、観察したりしたいと思うからです。みんなで研究するというのは、とても大切だと思います。みんなはどのようにいれているのか、知識をどのように伝えているのかを見て、切磋琢磨していきたいんです。お茶をいれることは、自分だけのものではないと思うんです。ひとりでやっているんではなくて、みんなで共有してこそ、進歩があると思っています。自分の領域というのは限られていますから、みんなと討論していくことが必要です。

4. 自己変容

（1）講座で学習を始めてから、どのような変容を感じるか。

少なくとも、茶席のセッティングができるようになりました。それから今は、自分の考えも出るようになりました。自分で小物を加えたり、飾りを足したり。先生が教えてくれるのは、変わることのない基礎の部分なので、そこに自分で変化を足しています。このようにしたらきれいだとか、花とか陶器、木とかを加えて、茶席をもっと

きれいにしています。これは自分でも成長した部分だと思います。こうしたものには、正解はないですし、今日はこう並べるけれど、明日はこう並べるとは限らないです。

　それから、私は、仕事の後にお茶をいれます。気持ちを楽にさせるために、仕事を終えた後なんですが、そのときに、友達を呼んだりして、お茶をいれて、話をしながら、お茶の種類とかを研究するんです。友達との間にも話題が増えました。この香りはどういう特徴があるとか、どこの茶葉は、茶器はよく売れているとか、どこに変わった茶器があるとか。みんなで情報を共有して、いれ方もそれぞれが方法をもっていて。どうやっていれるとおいしいとか、みんなで研究するんです。

5.　今後の展望

（2）社区大学に対して思うこと。

　社区大学は、教室内のことが多くて、校外学習が少ないと思います。お茶を作る過程の知識は、私たちには不足しています。お茶はどのようにしてできているのか、どのように乾燥させ、煎っているのか、こういうものには接触しにくいです。授業で先生はビデオや写真を見せてくれて教えてくれますが、実際に自分で行ったことはありません。社区大学は、人件、お金、施設の関係から、外で講座を行うことは難しいですが、こうした校外に出て触れる部分を増やすとおもしろいと思います。

○LM（インタビュー日：2015年5月1日）

1.　48歳、女性、エンジニア、大専卒業、台北市士林区在住

2.　社区大学で学ぶようになった動機

（1）いつから社区大学に通っているのか、社区大学の情報をどのように得たのか。

　2008年から講座に来ています。外に貼ってあったポスターを見て来ました。

（2）この講座に通うようになった動機は何か。

　お茶に興味があって。やっぱり中国人ですから。ちょっと知っておきたいなという思いがありました。それに、どうやっていれるのかちょっと学んでみたいと思ったからです。

（3）当講座以外にも通った（通っている）講座はあるか。

　健康維持とか、按摩、つぼとか、身体の健康に関することに興味があって行ったことがあります。すべて好奇心からです。

3.　講座での経験

（1）講座で学んでいて、楽しい、おもしろいと思うことは何か。

　生活が充実したことです。ここに来て、みんなとおしゃべりできますから。それに、ここでみんなが真面目に学んでいるのが見られるので、楽しいです。私より年上のお

じいちゃん、おばあちゃんもいて、すごいなって。自分は何だか恥ずかしいなって思ったりします。

（2）なぜ継続して学ぶのか。何に引きつけられ続けて学ぶのか。

　子どもが小さかったときは、講座に来ることはできませんでしたが、今は大きくなって（高校1年）、塾に行っている時間なので、来ることができるようになりました。それに、学ぶことは楽しいので、もっとこの領域のことを知りたいなと思うので。

4. 自己変容

（1）講座で学習を始めてから、どのような変容を感じるか。

　お茶の知識が増えて、お茶についてより多くを理解できるようになりました。それから、生活のリズムというか、歩調を考えるようになりました。先生がお茶をいれる動作はとてもゆっくりで、みんなもお茶をいれるとき、ゆっくりと動きますよね。でも自分はいつも何をするにも、せかせかと速くやってしまうんです。それで、「ん？もっとゆっくりやった方がいいかな？」とか思うようになりました。これまでは、お茶をいれるにも、まだ時間になっていないのに、耐えられずにいれてしまっていて。リズムですね。

　それから、環境をよりたくさん知ったと思います。異なることを知ったというか。ここで、いろいろな人と知り合って、背景の異なる人が多いので、いろいろな世界があるんだなと思いました。

5. 今後の展望

（2）社区大学に対して思うこと。

　社区大学はここの社区の発展のためにあって、例えば、士林区の文化や古蹟のガイドとかも育てています。これはとても良いことだと思います。今は高齢者も多くなっているので、この社区のために、この社区の高齢者のために、あるいはこの地区の人びとのための学習の機会をつくって、彼らの生活が充実できるようになればいいと思います。

○ XJ（インタビュー日：2015年5月8日）

1. 49歳、女性、大学教員、博士修了、台北市士林区在住

2. 社区大学で学ぶようになった動機

（1）いつから社区大学に通っているのか、社区大学の情報をどのように得たのか。

　学習者としては2011年から来ています。そのときは、ガイドとか、ワイン醸造とかの講座に出ました。仕事に関わるものです。茶道もそうなんです。

　私は以前、社区大学で教えたことがあります。当時の台北県にあった社区大学で、

「健康と生活」の講座でした。当時、社区大学ができたばかりということで、教えに行ったのですが、講座をやるには機材とか設備が必要なんですが、それが準備できないというので教えに行かなくなりました。その後、結構、社区大学は、学校とか地域の資源を使って教えていて、例えば学校の調理室とかで講座をしているところもあるんですね。料理の講座ではもちろん使っていい。私の専門の観光業だと、今は多くの社区大学で開講しています。例えば士林には飲料系だとお茶以外にも最近ワインがあるし、まだコーヒー講座はありませんが、南港や内湖、文山にはありますね。

（2）この講座に通うようになった動機は何か。

一番の動機は、専門領域の新しい知識を得るためです。ワイン業界のソムリエのように、お茶業界にも良くいれるための知識と技術が必要です。どのようにしたら良いお茶をいれられるのか、その技術と文化を学びたいと思ったからです。

（3）当講座以外にも通った（通っている）講座はあるか。

あります。さっき言ったワインとガイド。

3. 講座での経験

（1）講座で学んでいて、楽しい、おもしろいと思うことは何か。

関心を同じくする友達と一緒にお茶を飲んで、知識と文化を分け合って、ということができるところです。気持ちを通わせることができるので。

（2）なぜ継続して学ぶのか。何に引きつけられ続けて学ぶのか。

継続してみんなとの関係性を保って、親睦を深めたいと思うからです。ここではリラックスできるんです。それに、この講座は配置がとても良くて、金曜日ですよ。すごく良いです。職場からも近いですし。近くで学べるので。

4. 自己変容

（1）講座で学習を始めてから、どのような変容を感じるか。

お茶を学んで、自分の生活に少し味わいが増したと思うし、心の修養もしていると思います。それから、先生の教え方を学んで、自分の仕事の能力も向上していると思います。

5. 今後の展望

（2）社区大学に対して思うこと。

社区大学は、永久的に続いていってほしいと思います。

○LG（インタビュー日：2015 年 5 月 29 日）

1.　40 歳　女性、専業主婦、高校卒業、台北市士林区在住

2.　社区大学で学ぶようになった動機

（1）いつから社区大学に通っているのか、社区大学の情報をどのように得たのか。

　2014 年 9 月から来ています。家に届く広告を見て来ました。自宅が学校の近くなので、前から社区大学があることは知っていましたが、子どもが小さかったので当時は通えませんでした。今は時間ができたのでこの講座に通うようになりました。

（2）この講座に通うようになった動機は何か。

　お茶に興味があって、どうやっていれればおいしいお茶がいれられるのか、家族と楽しめるのかなと思ったからです。小さい頃からお茶を飲んでいましたが、適当にいれていただけなので、もっとお茶の知識を学びたいと思ったからです。

（3）当講座以外にも通った（通っている）講座はあるか。

　ありません。この講座に来たのが初めてです。

3.　講座での経験

（1）講座で学んでいて、楽しい、おもしろいと思うことは何か。

　金曜日の夜に、みんなと先生と一緒にお茶を飲みながら授業に出られる、これが最も楽しいことです。

（2）なぜ継続して学ぶのか。何に引きつけられ続けて学ぶのか。

　お茶の知識はとても広いし、多いです。なのでもっと知りたいと思うので、講座に出続けています。

4.　自己変容

（1）講座で学習を始めてから、どのような変容を感じるか。

　お茶を学ぶなかで、お茶が好きな友達と、お茶を飲みながら、おしゃべりをすることができるようになりました。中国のお茶、日本のお茶とか、お茶に関することを話します。飲みながら、感想を言ったりして、例えば、烏龍茶はこういうふうにいれるんだよとか、鉄観音はこういうふうにいれたらもっとおいしくなるよとか。お茶は気持ちを静めてくれるので、こうやってお茶を飲んで、お茶を語るというのは、とても幸せなことだと思います。

5.　今後の展望

（1）今後の学習展望は何か。

　自分がいれるお茶が、いつも同じようにいれられるようになればいいなと思います。でもこれはとても難しいことですが。

○ CS（インタビュー日：2015 年 6 月 3 日）

1．51 歳、男性、自営業、高校卒業、台北市士林区在住

2．社区大学で学ぶようになった動機

（1）いつから社区大学に通っているのか、社区大学の情報をどのように得たのか。

2005 年から来ています。

（2）この講座に通うようになった動機は何か。

20 年以上、茶葉の収集をしていますが、講座で学ぶものとは違うので、もっと多方面から勉強して、知識をもっと増やしたいと思ったからです。古い茶葉は、古ければ古いほどいいんです。香りと味が違うんです。こういうものは学校では学びませんから。

（3）当講座以外にも通った（通っている）講座はあるか。

松山社区大学の茶芸講座に通ったことがあります。

3．講座での経験

（1）講座で学んでいて、楽しい、おもしろいと思うことは何か。

知識面より、純粋に友達と交流できる、お話しできるというところです。

（2）なぜ継続して学ぶのか。何に引きつけられ続けて学ぶのか。

お茶は深い学問だからです。

4．自己変容

（1）講座で学習を始めてから、どのような変容を感じるか。

特に、変化とかは感じていません。気持ちが良いと思うくらいです。

○ ZW（インタビュー日：2015 年 6 月 3 日）

1．54 歳、男性、自営業、高校卒業、台北市北投区在住

2．社区大学で学ぶようになった動機

（1）いつから社区大学に通っているのか、社区大学の情報をどのように得たのか。

士林社区大学が成立して 2 年目なので、2000 年からです。ガソリンスタンドにあった看板に、茶道の講座があると書いてあるのを見て、講座に来るようになりました。

（2）この講座に通うようになった動機は何か。

勉強したいと思ったからです。私はお茶を売る仕事をしていますが、茶芸の知識については不足しているので、学びたいと思いました。

（3）当講座以外にも通った（通っている）講座はあるか。

人相学に行ったことがあります。社区大学ができる前は、紳士協会というのが講座を開いていました。結構多くの学生を募集していて。どの地区にも紳士協会はあった

と思います。その後、社区大学ができたので、それからは社区大学の方に。組織的なので。

3. 講座での経験

（1）講座で学んでいて、楽しい、おもしろいと思うことは何か。

　基本的な茶道の概念を学べることです。今までは、自分の思うようにお茶をいれていました。民間の方法です。でも茶道、茶芸といった専門的なことはすべて R 先生から学びました。お茶をいれるときは、自分の思うがままにいれます。民間の方法は、自分の思うがままです。でも、先生は、基本の動作を教えてくれます。重要なのは、先生が教えてくれる基本の動作を自分に内面化する、消化することです。そうすると茶道の精神が理解できるんです。

（2）なぜ継続して学ぶのか。何に引きつけられ続けて学ぶのか。

　継続して学んでいる理由は、先生が熱心に教えてくれるからです。先生の人となり、知識です。それから、クラスのみんなにも感情が芽生えているからです。一番大きいのは、みんなと先生に対する愛着です。

4. 自己変容

（1）講座で学習を始めてから、どのような変容を感じるか。

　学習を始めてから、実は自分はまだまだ足りないなと思うことが多くなりました。だから、それを突破したい、専門的なことを学習したいという動機につながっています。

5. 今後の展望

（2）社区大学に対して思うこと。

　社区大学は、学びたいと思っている人に対して、成長の機会を与えてくれるところだと思っています。私は、社区大学は社区の力を集めるところになってほしいです。社区の講座とか、社区の問題を指導するとか。これは期待ですけれど。社区の問題への指導は、家庭のこととか、環境生態のこととかであれば、とてもいいと思います。それから、高齢者に対して、台湾は高齢化の問題がありますから、この方面に対して何か力を発揮してもらえればと思います。

○ FY（インタビュー日：2015 年 6 月 12 日）

1. 38 歳、女性、会社員、大学卒業、新北市板橋区在住

2. 社区大学で学ぶようになった動機

（1）いつから社区大学に通っているのか、社区大学の情報をどのように得たのか。

　だいたい 3 年くらい前から講座に来ています。

（2）この講座に通うようになった動機は何か。

　小学校の友達（CC）がここで茶道の講座に出ていて、ここに良い先生がいると、深いことを教えてくれて、社区大学で開講しているなんてラッキーだよと聞きました。それで、金曜日だし、行ってみようかなと思って、友達と一緒に来たのがきっかけです。それに友達はすごくお茶をいれることができる人で、お母さんも国際大会で賞を取った人で、この領域にはとても長けているんです。そんな彼女が、先生はすごく深い部分を教えてくれると言うのなら、きっとすごいんだろうなと思いました。そして実際に来てみたら、先生が優しくてとても品があるなと思いました。講座に出て、先生からたくさんの知識も学べるし、自分も品格を養っているようで、心身ともに有益だし、とてもいいなと思いました。クラスのみんなもいい人ばかりでした。

（3）当講座以外にも通った（通っている）講座はあるか。

　社区大学だとないですが、似たようなものならば、救国団の講座に出たことがあります。それから、婦女大学（新北市のカトリック系大学が開設している学習センター）の日本語講座、陶芸の講座にも出たことがあります。

3. 講座での経験

（1）講座で学んでいて、楽しい、おもしろいと思うことは何か。

　一番楽しいことは、金曜日の夜、一週間の仕事がやっと終わって、ついにみんなと一緒にお茶が飲める時間が来た〜って思うことです。

　それから、長年講座に来ている先輩たちは、もう十数年一緒にいるので本当に仲が良く、みんなケチケチしていません。もっている情報とか公開して、みんなと知識を共有しています。なので、こういうみんなとお話しながら、お茶を飲んで、家族みたいで楽しいです。

（2）なぜ継続して学ぶのか。何に引きつけられ続けて学ぶのか。

　前にクラスの人が言っていたんですが、お茶は学べば学ぶほど、自分が知っていることが少ないということに気づくと。すごく深いなと思って、これが、私が継続して学ぶ理由です。継続していると、常に新しい何かを発見できるんです。なので、私は真面目にお茶に接して、人に一杯のお茶をいれてもてなす、それで充実感を味わえます。

4. 自己変容

（1）講座で学習を始めてから、どのような変容を感じるか。

　お茶を学んでから、ある部分においては、まず落ち着いて考えようとするようになりました。考えてから行動する、何かをするというように。

（2）あるいは家族や友人から、どのような反応があったか。

　茶道を学び始めてから、たまに時間を見つけて、父や母にお茶をいれてあげるよう

になりました。そしたら、「あれ？ 今までこんなことしなかったのに」って驚かれました。家族との時間が増えて、家族も喜んでいるし、すごく価値のあることだなと思っています。

5. 今後の展望

（2）社区大学に対して思うこと。

交流の部分が増えたらいいと思います。毎年私たちがやっている「奉茶日」みたいな、社区大学全部の講座の人にお茶を配ってみんなで楽しむというような、こういう関わりをもつことは良いことだと思いますし、茶道を広めるという面においてもいいと思います。

〇ZZ（インタビュー日：2015年11月20日）

1. 44歳、女性、専業主婦、大学卒業、新北市板橋区在住

2. 社区大学で学ぶようになった動機

（1）いつから社区大学に通っているのか、社区大学の情報をどのように得たのか。

2013年から通っています。当時、この講座に通っていた人に教えてもらいました。

（2）この講座に通うようになった動機は何か。

お茶の知識をもっと勉強したいと思ったからです。

（3）当講座以外にも通った（通っている）講座はあるか。

古琴、水墨画、ヨガ、お香などです。でも社区大学ではなくて、他のところの講座です。

3. 講座での経験

（1）講座で学んでいて、楽しい、おもしろいと思うことは何か。

みんなと一緒に討論して、お茶の知識を分け合って、多くの人と友達となれることが、とても楽しいです。それから、講座を通じて、たくさんのお茶の専門知識を得ることができることです。

（2）なぜ継続して学ぶのか。何に引きつけられ続けて学ぶのか。

学ぶことに終わりはないからです。「活到老学到老（諺で、「生きている限り学び続ける」の意味）」ですから。それに、先生がもっている専門知識を私たちはまだ学び終えていません。まだまだ先生には知識があるので、それを話し終えていないと思うんです。なので、私もずっと学びたいと思います。

4. 自己変容

（1）講座で学習を始めてから、どのような変容を感じるか。

生活に対する思いとか、感じることとかが変わりました。気持ちが明るくなって、

広い心で物事をとらえられるようになって、損得で考えなくなりました。知識や楽しいことを、自分から進んでみんなに教えることもできるようになりました。友人からも、以前より、品があるというか、どんどん雰囲気が良くなっていると言われます。お茶をいれる試合とかでも、成果を上げることができるようになりました。

　私は、お茶を学び始めてから、以前とは変わっていると思いますし、しかも良い方向にいっていると思います。お茶がもたらしてくれる思想や感情は、私にとってプラスのものなので、勉強するのが楽しいです。

5.　今後の展望

　(2)　社区大学に対して思うこと。

　社区大学と私たちの講座が一緒になって、もっと社会に対してお茶を広めていけたらいいと思います。男性も、子どもも、女性も、茶道が教養の必修科みたいになれば、社会はもっと穏やかになるんじゃないかなと思います。

○ XL（インタビュー日：2015年11月27日）

1.　58歳、女性、専業主婦、中学卒業、台北市士林区在住

2.　社区大学で学ぶようになった動機

　(1)　いつから社区大学に通っているのか、社区大学の情報をどのように得たのか。

　1999年の開講時から来ています。宣伝を見てきました。

　(2)　この講座に通うようになった動機は何か。

　以前、茶会に参加したときに、お茶をいれている人の厳かで、静かで、心地よい感じを見て、それからお茶に興味をもつようになりました。士林社区大学の宣伝を見たとき、お茶の講座があったので、行ってみようと思いました。

　(3)　当講座以外にも通った（通っている）講座はあるか。

　あります。服飾デザインです。

3.　講座での経験

　(1)　講座で学んでいて、楽しい、おもしろいと思うことは何か。

　先生が私たちに新たなものを教えてくれることです。それから、ここは友達に会える時間、交流できる時間なんです。新しい人とも交流できます。出会いは一期一会で、ここで顔を合わせることができる。15年のうちに、仕事の関係で一度講座には行けないときがありましたが、社団の方にはずっと来ています。もう一緒に学んで長い人もいるので、家族のように思うことがあります。しかも、なぜか年々関係が良くなっているように思います。

（2） なぜ継続して学ぶのか。何に引きつけられ続けて学ぶのか。

　先生が熱心に教えてくれるからです。それに、お茶の知識はたくさんあるので、全部理解しているとは言えないんです。ただお茶をいれるだけでなく、先生は、お茶の歴史やお茶にまつわる伝記なども教えてくれるので、それを学べるからです。

4. 自己変容

（1） 講座で学習を始めてから、どのような変容を感じるか。

　生活が豊かになって、気持ちが明るくなりました。考え方も明るくなったので、人間関係も良くなったと思います。

5. 今後の展望

（2） 社区大学に対して思うこと。

　技能を教えてくれる講座をもっと開いてほしいです。

○ CC （インタビュー日：2015 年 12 月 4 日）

1. 38 歳、女性、大学卒業、塾講師、新北市三重区在住

2. 社区大学で学ぶようになった動機

（1） いつから社区大学に通っているのか、社区大学の情報をどのように得たのか。

　母親と一緒に来て、もう 5 年くらい学んでいます。

（2） この講座に通うようになった動機は何か。

　茶芸は、短い時間においても日常の身の回りの煩わしいことを忘れさせてくれる機会です。気持ちもリフレッシュできるので。

（3） 当講座以外にも通った（通っている）講座はあるか。

　これ以外はありません。仕事が忙しくて。

3. 講座での経験

（1） 講座で学んでいて、楽しい、おもしろいと思うことは何か。

　リフレッシュする以外に、お茶の知識を得ることができることです。茶葉をどのように選ぶのかということから、お茶の用具まで、より多くを理解することができることです。

（2） なぜ継続して学ぶのか。何に引きつけられ続けて学ぶのか。

　人が何かをするときは、それに対して愛情があるからだと思います。みんな忙しいなか継続して来るのは、やっぱりみんなこれが好きなんだと思います。それから、どうやって講座をつくるのか、どれだけの時間を割くのか、お金は仲間と美しいものやことを共有するために使うのだとか、こういうことを学べるからです。継続して学んでいるのは、ここには学ぶに値するものがたくさんあるからです。

4. 自己変容

（1）講座で学習を始めてから、どのような変容を感じるか。

　先生やみんなから、無形の知識、知恵を得ました。例えば、すべてが一期一会で、できるだけ最も良い方法で人に接するようにすること。それから茶器を大切にすること。使う物だけではなくて、身の回りのもの、人のものもそうする必要があります。それから、お茶をいれて人をもてなすとき、茶葉を尊重して大切にすること。なぜならそこには茶農家の苦労があるので、それに感謝すること。お茶をいれてもてなすことは、相手を尊重しているということでもあります。身の回りのものを尊重し、身の回りのことを慈しむ。このように、たくさんのことを学びました。

　それから、お茶を通じて、周りの人とお茶を共有して知識を分け合ってという経験によって、人間関係が拡大したのがとてもうれしいです。人が飲みたいと思っていた味を出せたとき、自信につながります。それに、友達が、私が茶芸を学んでいるのを知って、楽しそうに、興味津々でお茶の質問をしてくるんです。時々、質問が多くて、後で答えられなかった部分を調べたりするので、自主的な学習にもつながっているなと思います。

5. 今後の展望

（2）社区大学に対して思うこと。

　みんなもう少し静かに講座に出てもいいんじゃないかと思います。先生に対する尊重でもあるし、それが礼儀かと。

○ WC（インタビュー日：2015 年 12 月 4 日）

1. 58 歳、女性、退職、大専卒業、台北市北投区在住

2. 社区大学で学ぶようになった動機

（1）いつから社区大学に通っているのか、社区大学の情報をどのように得たのか。

　3〜4 年前からこの講座に来ています。ネットで調べてきました。

（2）この講座に通うようになった動機は何か。

　社区大学の講座は多様で、金額も高くありませんから、特技を身につけたり、趣味を見つけたりできると思ったからです。それから、お茶にも興味がありました。

（3）当講座以外にも通った（通っている）講座はあるか。

　今はもうなくなっていますが、10 年くらい前に、陶芸の講座に出たことがあります。

3. 講座での経験

（1）講座で学んでいて、楽しい、おもしろいと思うことは何か。

　いろいろな種類のお茶の知識を知ることができて、どのようにしたらおいしくお茶

がいれられるのかとか、いろいろな種類のお茶を飲むことができることです。

それから、学習者の間は、家族のように仲が良いからです。

（2）なぜ継続して学ぶのか。何に引きつけられ続けて学ぶのか。

お茶の知識には終わりがありません。先生の講座計画は、毎学期違うものなので、続けて学びたくなります。

4．自己変容

（1）講座で学習を始めてから、どのような変容を感じるか。

お茶をいれることは、心を休めることができるし、仕事の合間や、生活の合間に気持ちを落ち着かせて、ゆったりとした気持ちをもつことができるようになりました。今は、退職したので、退職後の生活に楽しみができました。お茶を通じて友達に出会い、交流するようになりました。

5．今後の展望

（2）社区大学に対して思うこと。

人文素養の講座を開講してほしいです。生態環境や植物などがいいです。

〈社団活動課程（南港社区大学）〉
○LA（インタビュー日：2014年6月18日）
1．65歳、女性、退職、小学卒業、台北市南港区在住
2．社区大学で学ぶようになった動機

（1）いつから社区大学に通っているのか、社区大学の情報をどのように得たのか。

私は2006年から通っています。小さいときは、そんなに勉強の機会に恵まれたわけでなく、パソコンも知らず、学校の雰囲気みたいなものも、ほとんど感じたことはありませんでした。私はパソコンが使えなかったので、あるとき、娘が私の妹のパソコンに写真を送ったので、妹にその写真を見せてもらっていました。私はまったく操作できないので、妹に「そこクリックして」と言われてもうまくできなかったんです。妹は、私にパソコンを壊されるのではないかと、とってもイライラしていました。その様子を見て私は、「それなら自分で勉強するよ」と言ったんです。南港社区大学は、当時、歩道橋に学生募集の横断幕をかけていて、そこにいろんな講座が書いてあって、パソコン講座もあると書いてあったんです。それですぐに社区大学に行って、申し込んだんです。それが2006年で、M先生のパソコン講座で学び始めました。

ちょうど、2006年の3月から紳士協会のボランティアもしているんです。社区大学のパソコン講座には、9月からです。そろそろ退職するときだったので、退職してから何をしよう、何もしないと痴呆になっちゃうんじゃないかと思って。それで退職後の

ためにもと思って、ボランティアとか、パソコン講座とかを始めたというものあります。

（2）この社団に通うようになった動機は何か。

パソコンの講座では、インターネットの使い方とか、一部しか学べません。ちょうどこの社団ができたので、続けて学べると思いました。社団なら、人との交流があるんです。インタビューとか何か聞きにいったりして、そしてその結果を一つの文章にして、写真とか、ビデオとか、それをホームページに載せて全世界の人がそれを見るんです。とても新鮮で、好奇心が湧きました。

（3）当社団以外にも通った（通っている）講座はあるか。

合唱、この講座の先生はここで一番有名な先生なんですよ。それからカラオケ、硬筆画。それから、これは外ですけどヨガも習っています。

3. 社団での経験

（1）社団で学んでいて、楽しい、おもしろいと思うことは何か。

もし、ある場所を取材に行って、例えばそこが社会的な弱者で、助けを必要としていると。そこで彼らの家庭の問題や、生活の問題とかが解決されたというようなことがあれば、うれしいです。それと、私が作った報道が、公共テレビに採用されたら、うれしいです。少しお金ももらえますしね。まあ、お金というよりは、そういう報道を作れた、うまく作ることができたなと思うとき、やってて楽しいと思います。

それに、ここは職員も親切で、校長、副校長も私を見かけるとよく声をかけてくれます。この間、校長に会ったとき、「しばらく会ってなかったけど、報道とかフェイスブックとかちゃんと見てるよ。まだ『いいね』は押してないけど」とか、副校長も「今どんなニュース作ってるの？」とか声をかけてくれるんです。一言だけなんですが、関心をもたれている気がします。物質上の楽しさではなくて、こういう一言、感情面で楽しいなと思います。

（2）なぜ継続して学ぶのか。何に引きつけられ続けて学ぶのか。

先生の教え方が良いところです。継続して学んでいるのは先生の影響が大きいと思います。新しいものを教えてくれます。それから、職員とも、みんなとも、和気藹々としているからです。校長や副校長も、会えば話しかけてくれますし。これは大きな魅力だと思います。それから、ある人は、私が教えることがあるので、次の学期も私がいるなら、私も来ると言ってくれました。前に、私が教室にいなかったとき、なんで今日はいないんだと、みんな心配してくれていたそうです。こういうのが、ここの魅力だと思います。

それから、作ったものをホームページに載せて、多くの人が見てくれたり、一言残

してくれたり、うまく作れているとか言ってもらえるとやりがいを感じます。

4. 自己変容

（1）社団で学習を始めてから、どのような変容を感じるか。

　人生観が変わりました。以前は自己中心的で人の意見を聞きませんでした。でも社団に参加して、多くの人に会って、たくさんの影響を受けて、人の意見を素直に聞けるようになりました。意見を聞いて自分を変えようとすることもできるようになりました。

（2）あるいは家族や友人から、どのような反応があったか。

　娘や嫁は、「お母さんがやりたいなら、どんどんやりな」って言ってくれます。子どもたちは独立して、夫も亡くなっているので今一人暮らしですから。息子も、会っていなくても、ホームページを見れば、私がどういうことをしているのかがわかると言って、喜んでくれています。今は、ニュースは400編くらいあります。達成感があります。

○ HY（インタビュー日：2014年10月10日）

1. 68歳、女性、自営業、高校卒業、台北市南港区在住

2. 社区大学で学ぶようになった動機

（1）いつから社区大学に通っているのか、社区大学の情報をどのように得たのか。

　2000年から来ています。南港社区大学ができたときです。南港社区大学は、今は致福感恩文教基金会がやっていますが、それが2003年からで、その前の基金会のときから来ています。友達から、南港社区大学が学生募集していると聞きました。私は、大学に行けなかったという心残りがあって、正規教育は高校までしか受けていませんから。なので、それを埋めるために社区大学に行ってみようと思いました。

　―大卒への憧れがあったのか？

　学歴が欲しかったというわけではなくて、続けて勉強したかったという思いがずっとありました。なので、社区大学に来ました。

（2）この社団に通うようになった動機は何か。

　2003年から、山のガイドの講座に出ていて、そのときの先生が、公共テレビが公民ニュース番組を作るので、南港社区大学も公民記者養成の講座を作るんだけど、これに参加しないかと誘われたんです。それで、まあ、なんとなく「わかりました、やります」と言って。

（3）当社団以外にも通った（通っている）講座はあるか。

　日本語の講座に出ました。父親から日本語を教えてもらったことがあって。文字とか単語とか。父親は日本の教育を受けた人なので。それから、パソコン、郷土教育、

生態環境です。今も出ているのは、この社団と、環境をビデオで撮る社団、山水生態の社団、撮影講座の4つです。

3. 社団での経験

（1）社団で学んでいて、楽しい、おもしろいと思うことは何か。

楽しいのはみんなと勉強して、みんなと共有するところです。授業の雰囲気とか、作った作品とかをみんなで共有するところです。

（2）なぜ継続して学ぶのか。何に引きつけられ続けて学ぶのか。

ある先生が、公民記者になることを勧めてくれて。それに、自分で見たもの、社会で起こっていることを、自分で書いて伝えるということ、「私の手は、私の口を書く」と言っていましたが、これをずっと続けたいと思うからです。

それから、もし、私が作ったニュースで、社会で起こっていることを誰かが知ったとか、そうなると、とても充実感が味わえます。しかも、それによって問題が改善されるとか、内容が進歩したとか、そういうことがあれば、とてもうれしいです。それから、誰かが私の文章を見て、まだまだ改善の余地はあるけれども、誰かが反応を返してくれて、良かったと言ってくれれば、これは自分への慰めにもなるし、報われたと思います。

4. 自己変容

（1）社団で学習を始めてから、どのような変容を感じるか。

みんなと交流するので、社会に参加しているので孤独でなくなりました。そうでなければ、私はずっと家で旦那と子どもの面倒をみる主婦です。社会に参加してこそ成長があります。考え方も変わりました。「井の中の蛙」でなくなりました。一人で家にいると、テレビを見て、ご飯を食べて、仕事をして。これ以外何もなければとても孤独です。つまらないんです。私の役割は今、多岐にわたっています。母であり、妻であり、仕事ももっていて、社区大学の学生であり、公民記者であり、ボランティアでもあります。なので、とても気持ちいいんです。

（2）あるいは家族や友人から、どのような反応があったか。

家族は、とても支持してくれています。例えば、土曜日とか日曜日に私が家にいると、おかしいと思うみたいです。「なんで家にいるの？　今日は取材に行かないの？」って。これはある意味、期待してくれているということでしょう。こういうことをしているのだから、いいでしょうと。

5. 今後の展望

（2）社区大学に対して思うこと。

公民記者のニュースは一般メディアとは違って、なんと言うか、誇張されていない、

地に足がついた角度から見ています。現実に近いのです。もちろん作った個人の主観が入っていないとはいえませんが、こういうものがみんなに受け入れられるといいと思います。

それから、「公民（いわゆる近代的市民）」を育てることです。

— あなたのいう「公民」とはどういうものか？

社会貢献できる人です。善良な人。公民記者がこういう善良な方向に影響力をもてればいいと思います。

○ YS（インタビュー日：2014 年 12 月 6 日）

1．62 歳、男性、自営業、大学卒業、台北市内湖区在住

2．社区大学で学ぶようになった動機

（1）いつから社区大学に通っているのか、社区大学の情報をどのように得たのか。

2008 年から来ています。ネットで調べたのと、両親がちょうど南港社区大学の側に住んでいて、この辺りによく来ているので、知りました。

（2）この社団に通うようになった動機は何か。

私は商業関係（個人会計事務所）の仕事をしているので、パソコンがどんどん進歩しているとき、仕事のためにもできた方がいいなと思いました。時代の流れに遅れないためにはパソコンを学ぶ必要があると思ったのが学習を始めた動機です。例えば、ネットでの商売とか、商業関係の情報だとかを、もっと使えるようになりたいと思って来ました。

それで、M 先生のパソコン講座で学んでいて、そのとき、先生の人柄が良いなと思ったんです。とても親切で、思いやりがあって。教えるのも一歩一歩、段階を踏んで教えてくれるので、とても良いと思いました。その後、公民新聞社という社団があると聞いて、続けて先生から学びたいと思っていたので、社団の内容については何も知らなかったんですが、先生が教えてくれるなら私も学ぼうと思いました。

（3）当社団以外にも通った（通っている）講座はあるか。

パソコンのほかに、インターネット売買、足裏按摩とか、ほかにもたくさんあります。

3．社団での経験

（1）社団で学んでいて、楽しい、おもしろいと思うことは何か。

仕事において、私たちがしていることというのは、常に誰かのためにしていることです。顧客のために、家族のためにというように。でも、社区大学では自分がやりたいことをしています。なので、気持ちの面において、社区大学に行くことはとても楽しいです。何かのプレッシャーやストレスがあって学習をしているわけではないから

です。なので、社区大学では、今までの人生とは違う人生を歩んでいると思います。クラスメイトとの間には、何のストレスもありません。お客だ、誰だ、みたいに仕事においての関係はなく、みんなの関係は平等です。だから一緒にいて、和気藹々とできるので、楽しいです。

（2）なぜ継続して学ぶのか。何に引きつけられ続けて学ぶのか。

先生がとてもいいからです。本当にいいと思います。（自分が経験した：筆者注）今までの学習は、あるところまで学んだら終わりでしたが、M先生の教え方は今までと違う感じがします。なので、先生にずっとついて学びたいと思います。

4. 自己変容

（1）社団で学習を始めてから、どのような変容を感じるか。

社区大学では、今までとは違う体験をしています。自分のために学ぶ、自分のために生きるという。これが自分の気持ちをだんだんと明るくしてくれていると感じています。

5. 今後の展望

（2）社区大学に対して思うこと。

社区大学はとても良いものだと思います。特に退職した人は、生活において目標を見失いがちですが、多くの人を外に出す、そういう機会を与えてくれて、第二の人生を探すにも有益だと思います。それに学ぶことで達成感を味わえるし、プレッシャーもありません。学びたいと思ったことを学んでいい。なので、社区大学を宣伝して、多くの人が来るようになればいいと思います。

それから、社区大学は私たちにいろいろなことを見せてくれます。自分の生活圏は狭くて、閉じられたものです。でも社区大学は多くの事業を行って、広い世界を見せてくれます。そして私たちがどういうことをもっと知って、関わっていった方がいいかを理解できますので、社区大学はとても良いものだと思います。

○ CX（インタビュー日：2014年12月6日）

1. 61歳、女性、自営業、小学卒業、台北市南港区在住

2. 社区大学で学ぶようになった動機

（1）いつから社区大学に通っているのか、社区大学の情報をどのように得たのか。

2000年くらいから、横断幕で知って社区大学に来るようになりました。

（2）この社団に通うようになった動機は何か。

時代は進歩していて、みんなパソコンが使えるのに、私はできませんでした。子どもは家でパソコンをやっていましたが、私は起動するのもままならなくて。子どもた

ちは何かあるとお父さんに教えてもらっていました。そんなとき、南港社区大学の学生募集の横断幕を見て、よし、勉強しにいこうと思いました。

社団には、先生が勧めてくれたので入りました。

（3）当社団以外にも通った（通っている）講座はあるか。

ヨガ講座に通ったことがあります。

3. 社団での経験

（1）社団で学んでいて、楽しい、おもしろいと思うことは何か。

たくさんのことを学びました。公民記者では、講座でインタビューに行ったり、いろいろな所に行きます。政府機関に関することも知ることができて、いろいろなことを知ることができることが楽しいです。

（2）なぜ継続して学ぶのか。何に引きつけられ続けて学ぶのか。

良い先生と、良いクラスメイトに出会えたからです。たくさんのことを学べるだけでなく、たくさんの友達もできて。公民記者に出るようになって、とても充実しているので続けたいと思います。特に LA は私の憧れで、いつか私も彼女みたいにできるようになりたいと思っています。

4. 自己変容

（1）社団で学習を始めてから、どのような変容を感じるか。

生活の質が変わりました。気持ちも明るくなりました。ネットが使えるようになったので、すぐに情報を得ることができるし、考え方も変わりました。

（2）あるいは家族や友人から、どのような反応があったか。

友達が、私と同じでパソコンができないのですが、私ができるようになったのを見て、羨ましいと言っています。

5. 今後の展望

（2）社区大学に対して思うこと。

社区大学の存在は、とても大切だと思います。私みたいに進学の機会に恵まれなかった人が、もっと学びたいと思ったとき、社区大学は、たくさんのことを与えてくれます。なので、社区大学がもっと良くなっていって、みんなのために講座もたくさん開いてくれればもっといいと思います。退職した人も、ここに来れば、第二の人生も見つかると思います。

○ZM（インタビュー日：2015 年 3 月 21 日）

1. 62 歳、女性、退職、高商卒業、新北市汐止区在住
2. 社区大学で学ぶようになった動機

（1）いつから社区大学に通っているのか、社区大学の情報をどのように得たのか。

　友達の紹介で、社区大学に来ました。来てみたら、たくさんの講座があって、とても興味が湧きました。

（2）この社団に通うようになった動機は何か。

　私は写真を撮ることが好きなので、公民新聞社に入っていろんなところに行って写真を撮りたいと思ったからです。講座に出てみたら、先生がとても熱心に教えてくれて、撮影以外にもビデオの編集の仕方、ムービーの作り方なども教えてくれて、ちょっと自分が映画監督になったようでした。私たちは専門でないけれど、私たちにもこういうビデオ、報道が作れるんだと思って、今まで自分でもこんなことができるとは考えたこともなかったので、すごいと思いました。

（3）当社団以外にも通った（通っている）講座はあるか。

　社区大学の講座を見ると、どれにでも参加したくなってしまうんです。これまでにダンス、合唱の講座に通ったことがあります。でも、ダンスは足が動かないし、声は生まれつきこんなんだし。なのでこれから、書道とか、水墨画とかを習って、精神面の修養とかしたいと思っています。

3. 社団での経験

（1）社団で学んでいて、楽しい、おもしろいと思うことは何か。

　講座に来て、仲間ができたことがうれしいです。この年になっても、クラスメイトと呼べる友達ができたのが、すごくうれしいです。それから、ここで先生が教えてくれることは、学校では教わらないことです。それに試験もありませんから、気楽で楽しいです。先生もゆっくりと教えてくれます。

　私たちは、誰にも注目されていないことを発掘する、これが公民記者の一つの役割だと思っています。禁煙とか薬物防止とか、少しお固い政府の活動にも関われるのもおもしろいです。学校が推薦する活動にも参加できるのは、とても良いことだと思います。自分の生活圏はとても狭いものです。でもこうした活動に参加することで、多くの人に出会えました。例えば（社区大学の近くの：筆者注）病院が活動やイベントをやるとき、いつも私たちは行きますね。そうしたら、そこの院長とか理事長とかと知り合いになれたんです。こうやって人間関係が拡大されるのが楽しいです。

（2）なぜ継続して学ぶのか。何に引きつけられ続けて学ぶのか。

　すでに社団への愛着があるからです。それに、活動のとき、みんなで参加して、みんなで学ぶことができることです。ある人が、私たちの記憶には制限があるけれども、写真はずっと残すことができると言っていました。撮ったものを後で見て、「わあ、私にもこういう技術があるんだ」って思うんです。

区大学に対して思うこと。

学に対する要望とかではないです。ただ、自分が好きな講座を開講してさえ
い。好きなものがあれば行くので。継続して学ぶことができますので。

インタビュー日：2015 年 5 月 16 日）

、男性、自営業、小学校卒業、台北市信義区在住

学で学ぶようになった動機

から社区大学に通っているのか、社区大学の情報をどのように得たのか。

から来ています。パンフレットを見て来ました。

社団に通うようになった動機は何か。

に必要だと思ったからです。なので、パソコンの入門、初級から始めまし

入ったのは、先生が勧めてくれたからです。

団以外にも通った（通っている）講座はあるか。

に唐詩の講座に出ています。

の経験

で学んでいて、楽しい、おもしろいと思うことは何か。

を使えるようになったので、新しい知識が入ってきて、情報を得られるよ
ことです。生活環境も変わって、新しい友達ができました。

継続して学ぶのか。何に引きつけられ続けて学ぶのか。

始めて、進級に行って。生活が生き生きしている気がするので、継続して
す。

容

で学習を始めてから、どのような変容を感じるか。

行くので、人生観が変わりました。物事の見方が変わったというか。進歩
ます。

展望

大学に対して思うこと。

生活に関する講座を開講して欲しいです。

4. 自己変容

（1）社団で学習を始めてから、どのような変容を感じるか。

　活動に参加するなかで、一般より貧しい家庭のところに行くことがあります。そんなとき、この人たちも頑張っているんだから、私もやろうと思うことがあります。人を撮影しに行って、自分のこと考えて、気持ちが変わりました。なんと言うか、闊達したというか、思い切れるようになったというか。外の世界を見たので。

（2）あるいは家族や友人から、どのような反応があったか。

　旦那が、これまでは「この年で何が学習だ」とか言っていましたが、今は、社区大学に行くと言うと、「遅れないで行きなよ」って言ってくれるようになりました。こうやって、周りの人も変えているようです。今後は、旦那も誘って来ようと思っています。

5. 今後の展望

（2）社区大学に対して思うこと。

　社区大学は、すでに十分な講座がありますが、講座がもっと多様になっていってほしいと思います。それから、社区大学はもっと他の学校と協力していくといいと思います。例えば台北市内だけでなく、いろいろなところを訪問して、自分のところで遊んでいるだけでなく、一緒に協力していくと楽しいと思います。

　私が住んでいるところには、社区発展協会というのがたくさんあります。社区大学と似ていますが、社区大学の講座は学校内なので、そこに先生を呼んで、社区の中で講座をやれば、もっと年配のおじいちゃん、おばあちゃんとかも行けるようになるのではないかと思います。

○CQ（インタビュー日：2015 年 5 月 18 日）

1. 65 歳、男性、小学卒業、里長、新北市汐止区在住

2. 社区大学で学ぶようになった動機

（1）いつから社区大学に通っているのか、社区大学の情報をどのように得たのか。

　2007 年からです。娘が見つけて教えてくれました。最初はパソコン講座に通いました。

（2）この社団に通うようになった動機は何か。

　パソコンは、現代社会に必須なもので、里長をしているので、学ばないといけないなと思ったからです。自己充実のためです。公民新聞社には、2010 年から来ています。社団には先生が勧めてくれたので入りましたが、一番の動機は、学習能力を高めたい、知識を増やしたいと思ったからです。

（3）当社団以外にも通った（通っている）講座はあるか。

ありません。

3. 社団での経験

（1）社団で学んでいて、楽しい、おもしろいと思うことは何か。

できるようになった、このときが一番楽しいです。わかった、このときが一番楽しいです。もちろん、ここで友達ができたこともです。ゼロから始めて、アルファベットもわからなかったのに。

（2）なぜ継続して学ぶのか。何に引きつけられ続けて学ぶのか。

常に新しい知識が入ってくるので、継続したいと思います。

4. 自己変容

（1）社団で学習を始めてから、どのような変容を感じるか。

わかったことがあると、知識も増えてうれしいということと、やることも、スムーズにいくようになりました。

5. 今後の展望

（1）今後の学習展望は何か。

たくさんの報道を作って、社会に貢献したいと思います。社会の不平等とかを発見して、社会の役に立ちたいです。自分に対する抱負ですが。

○LT（インタビュー日：2015年10月31日）

1. 64歳、女性、退職、専科卒業、台北市南港区在住

2. 社区大学で学ぶようになった動機

（1）いつから社区大学に通っているのか、社区大学の情報をどのように得たのか。

2005、2006年くらいから来ています。姪が社区大学に来ていたのでついて来ました。社団に入ったのは2007年です。

（2）この社団に通うようになった動機は何か。

私はパソコンにはまったくの無知で、できなかったので、子どもたちに毎回教えてもらうたびに、「お母さん、なんで何度言ってもできないの？ 覚えないの？」って怒られたので、私もイラっときて、「わかったよ。もうあんたたちには聞かないよ。自分で勉強するよ」と言ったんです。子どもたちも怒るし、だから私もイライラするし。若い人は、ずっと同じ質問をされるのが嫌なんでしょうね。自分で学べば、もう聞かなくて済みますし。

それで、パソコンを学び始めて、しばらくすると公共テレビがpeopo（番組：筆者注）を成立して、先生が勧めてくれたので、試してみようと思って入りました。ビデ

オ編集などは、まったくできなかったので試してみよ
るようなものではないので、やってみようと思いまし

（3）当社団以外にも通った（通っている）講座は

台湾料理、パン作り、洋食、ケーキ・おかし作りな
ています。

3. 社団での経験

（1）社団で学んでいて、楽しい、おもしろいと思

何かを学んだときが楽しいです。私は、一回で全
す。どのくらい学んだかは問題ではなく、やってみ
日少し学んだ、明日少し学んだ、これを蓄積してい
ものだと思います。なので、少しでも学べたら、う

今、学んでいるのは自分が好きなことです。学校
のではないので、ストレスもありません。何かを学
にそれを与えるのも好きではありません。

（2）なぜ継続して学ぶのか。何に引きつけられ

編集の知識をもっと知りたいと思うからです。
いるので技能を学びたいと思います。それと、みん
そういう関係ができています。外に撮影に行くと
きます。先生が開講するかぎり、出続けたいです。

それから、なぜ社区大学に来るのかというと、
いからです。特に私たちの年齢は反応が遅いです
が不可欠です。先生は、私たちと年齢が近いの
何回も繰り返し教えてくれるんです。ゆっくりと
をずっとやらせるとかがありません。

4. 自己変容

（1）社団で学習を始めてから、どのような変

社団に参加して、周りのこと、小さなことに
も何も思わなかったことやもの、人にも、今は
になりました。学校や社区にも、少しですが助
す。

5. 今後の展望

（1）今後の学習展望は何か。

もっとニュースを作って、社会の不公平とか

あ と が き

　本書は、台湾で民主化運動とともに生まれた「社区大学」について研究した成果をまとめたものである。

　市民による新たな民主社会づくりを目指して生まれた社区大学は、設置から20年以上が経過した。この間、社区大学は自然環境や伝統文化の保全、食の安全、地域づくり、マイノリティ支援など、さまざまな公共課題に取り組み、そして近年は急速に進む少子化・高齢化による社会構造の変化を背景に、その存在感を増している。つまり、市民が社区大学での学びによって公共に参加していくことが、社会的にも、そして行政からも、よりいっそう求められるようになっているのである。

　実際に、社区大学では、学びを通じて公共課題に積極的に関わっていく市民が、一部とはいえ徐々に生まれている。しかし、本研究では、その部分をとりわけ強調して描き出すことはしなかった。なぜなら、そこに本研究の結論をおくのはなんだか違うのではないかという思いを、筆者自身、社区大学に通うなかで抱くようになったからである。もちろん、地域や社会といった公共に自ら参加していく市民が生まれていることは素晴らしいことであり、社区大学の本来の設置目的もそこにある。しかし、社区大学で、溢れんばかりの好奇心と輝くような笑顔で、楽しそうに仲間たちと学んでいる多くの人びとの姿を見ていると、ここにこそ自由で豊かな民主社会をつくるための要の部分があるように思え、社会課題解決学習や公共参加ということよりも、社区大学で市民がこの日常の生活の土壌を耕す姿こそに、新たな民主社会形成の可能性を見いだせないかと考えるようになったのである。

　それゆえ、本書をお読みくださった方の中には、本書からは、社区大学という生涯学習施設が、いかにして学びを通じて公共に参加する市民を育成しているのかをうかがい知ることができず、物足りなさを感じた方がいるはずである。ご批判、ご意見をいただくことができるならば、大変ありがたいことであ

る。

　本書は、2019年11月に東京大学大学院教育学研究科より博士（教育学）学位を授与された論文「台湾『社区大学』の展開と特質 — 市民受講者の実態調査から」に、若干の修正を加えたものである。本研究にひとまずの区切りをつけることができたのは、多くの方々のご指導とご支援があったからである。ここに感謝の気持ちを記したい。

　筆者は特に台湾滞在期間中（2013年8月〜2016年2月）、現地の方々に大変お世話になった。まず、筆者が調査に入ることを快諾してくださった台北市社区大学の関係者の方々、学習者の方々に心から感謝申し上げたい。日本から突如やって来た筆者を、あたかも昔からの知人であるかのように温かく受け入れ、情報を惜しげもなく提供してくださった。本研究はこの方々の協力があってこそ成立したものである。また、筆者の留学を受け入れてくださった台湾師範大学社会教育コースの張德永先生には、社区大学のことのみならず、台湾の社会教育・生涯学習全般について専門的なことを学ぶ機会を与えていただいた。張先生のご指導によって、台湾社会教育・生涯学習の特色を深く学ぶことができたとともに、台湾社会そのものに対する興味もより強くなったと感じている。そして、当時、台北市政府教育局生涯教育科の専門員であり、台北市社区大学設置の中心人物である楊碧雲さんには、筆者の研究面から生活面まで大変お世話になった。行政側の中心として社区大学の設置を進めた当時の貴重なお話や、社区大学、社会教育に対する考えや思いを、いつも熱心に語ってくださった。筆者は、社区大学が現在、楽しい時間と多様な場面を生み出し、多くの人から愛されるものになっているのは、この方にその設置業務が担われたからこそではないかとも思っている。さらに、東京大学大学院の先輩である王美璇さんにも感謝申し上げたい。筆者の台湾での研究生活を気にかけてくださり、困ったことがあるといつも助けてくださった。王さんの存在はとても心強く、筆者が台湾で充実した日々を送ることができたのは、紛れもなく王さんのおかげである。

　そして、研究にあたっては、これまで指導教員の牧野篤先生（東京大学）に大変お世話になった。研究方向が迷走したときも執筆が進まないときも、諦

めずにいることができたのは、いつも研究への好奇心を駆り立てるようなご指導、ご助言をしてくださった牧野先生のおかげである。厚く御礼申し上げたい。博論審査にあたっては、李正連先生（東京大学）、北村友人先生（東京大学）、上田孝典先生（筑波大学）、新保敦子先生（早稲田大学）にも貴重なご意見をいただいた。李先生からは、社区大学がもつ運動性や地域性を見ることの大切さをご指摘いただいた。北村先生は、社区大学と類似施設との関連やリカレント教育との接合性を考えるヒントをくださった。上田先生は、公共意識や公共活動に対する見方について、今後筆者が取り組むべき課題を示唆してくださった。新保先生からは、インタビューの分析方法や研究の枠組みについて、大変参考になるご意見をいただいた。

　筆者の力不足ゆえ、先生方のご指摘を本書に十分生かしきれなかったことをお詫びするとともに、今後につながる多くのご意見をくださったことに心から感謝申し上げる。

　そして、台湾滞在にあたり、公益財団法人平和中島財団から奨学金をいただいた。この支援がなければ長期間台湾に滞在し調査を行うことはかなわなかった。資金面から研究の遂行を後押ししてくださったことに心から御礼申し上げたい。

　最後に、本書の出版に際して、大学教育出版の佐藤守氏、中島美代子氏に多くの助言をいただいた。出版に向けてご尽力いただいたことに、心から感謝申し上げる。ありがとうございました。

2020 年 5 月

　　　　　　　　　　　　　　　　　　　　　　　　　　　山口香苗

■ 著者紹介

山口　香苗　（やまぐち　かなえ）

1985年生まれ。早稲田大学教育・総合科学学術院助教。
埼玉大学教育学部卒業、東京大学大学院教育学研究科博士課程
修了。博士（教育学）。

主要論文

「台湾社会教育・生涯学習法制の変遷と特徴：社会教育法制定か
　ら65年」『東アジア社会教育研究』24号、2019年、pp.32-41。
「台湾における『社区大学全国促進会』の役割：社区大学法制化
　と公共課題解決プロジェクトの実行を中心に」『社会教育学研
　究』第52巻2号、2016年、pp.25-35　など。

市民がつくる社会の学び
　― 台湾「社区大学」の展開と特質 ―

2020年8月31日　初版第1刷発行

■ 著　　者 ―――山口香苗
■ 発 行 者 ―――佐藤　守
■ 発 行 所 ―――株式会社　大学教育出版
　　　　　　　　〒700-0953　岡山市南区西市855-4
　　　　　　　　電話（086）244-1268　FAX（086）246-0294
■ 印刷製本 ―――モリモト印刷㈱

ISBN978-4-86692-091-7